Bakari Sellers

Trostland

Die Geschichte meiner vergessenen Heimat und meiner Familie

Aus dem amerikanischen Englisch von Heike Schlatterer

HarperCollins

Die Originalausgabe erschien 2020 unter dem Titel
My Vanishing Country: A Memoir bei Amistad,
an imprint of HarperCollins *Publishers*, New York.

1. Auflage 2021

Deutsche Erstausgabe

Published by arrangement with
Amistad, an imprint of HarperCollins *Publishers*, US
Gesetzt aus der Stempel Garamond
von GGP Media GmbH, Pößneck
Druck und Bindung von CPI books GmbH, Leck
Printed in Germany
ISBN 978-3-7499-0206-4
www.harpercollins.de

Klimaneutral
Druckprodukt
ClimatePartner.com/15109-2009-1001

MIX
Papier
FSC FSC® C083411

Für Ellen, Kai, Stokely und Sadie

God of our weary years
God of our silent tears
Thou who has brought us thus far on the way
Thou who has by thy might
Led us into the light
Keep us forever in the path, we pray

»Lift Every Voice and Sing«
J. Rosamond Johnson und James Weldon Johnson

Inhalt

Einleitung

Schwarz, provinziell und stolz

Ich stamme aus dem sogenannten Low Country in South Carolina, wo Schönheit, Vernachlässigung und Geschichte untrennbar ineinander verflochten sind. Wer etwa fünfzig Meilen landeinwärts fährt, egal in welche Richtung, wird auf denselben Feldern stehen, auf denen sich einst Sklaven, darunter auch einige meiner nicht allzu fernen Vorfahren, an Baumwolle, Indigo, Zuckerrohr, Reis, Weizengras und Sojabohnen abgeschuftet haben. Genauer gesagt komme ich aus Denmark, einem Städtchen, in dem jeder meinen Nachnamen kennt – einen Namen, wie ich als Kind lernte, der mit Ehre, aber auch mit Schande verbunden war.

Denmark liegt in Bamberg County. Um dorthin zu kommen, fährt man ganz einfach von Columbia, der Hauptstadt des Bundesstaates, auf dem Highway 321, rauscht an Mais- und Baumwollfeldern und Sümpfen vorbei, die über weites grünes Marschland kriechen.

Am Ende hat man das Gefühl, um die halbe Welt gereist und irgendwo in Skandinavien gelandet zu sein, denn nacheinander tauchen Ortschaften mit Namen wie Norway, Sweden und schließlich Denmark auf. Die beiden ersten sind so winzig, dass man sie verpasst, wenn man im falschen Moment blinzelt. Dann kommt man an einer Hühnerfarm vorbei, die nach purer Scheiße riecht, bis man schließlich Denmark erreicht, eine Gemeinde mit 3 400 Seelen, die fast alle Afroamerikaner sind.

Besucher glauben oft, die »skandinavischen« Ortschaften, die jeweils neun Meilen auseinanderliegen, hätten ihre Namen von nordischen Siedlern, aber das stimmt nicht. Die beiden anderen Orte griffen das Thema einfach auf, als meine Heimatstadt nach B. A. Denmark benannt wurde, einem Geschäftsmann im 19. Jahrhundert, der mit Eisenbahnen reich wurde. Ich malte mir jedoch gern meine eigene Theorie aus: Meine Heimatstadt wurde nach einem freigekommenen und gebildeten afroamerikanischen Zimmermann namens Denmark Vesey benannt, der als Anführer des »Vesey-Komplotts« verurteilt und hingerichtet wurde. Das Komplott war eine clever geplante Sklavenrevolte im Jahr 1822. Veseys Sinn für Gerechtigkeit und seine rebellische Natur haben mich schon immer angesprochen.

Fährt man weiter durch die abgeschiedenen Ortschaften, kommt man an anmutigen viktorianischen Häusern und verfallenen Shotgun Houses vorbei. Es heißt, dass eine Gewehrkugel direkt durch die Vordertür bis zur Hintertür dieser schmalen, lang gezogenen Häuser fliegen kann – und früher glaubten wir, dass die Shotguns deswegen so hießen. Doch heutzutage erfreut sich eine Theorie zunehmender Beliebtheit, nach der die schachtelförmigen Häuschen, die nicht breiter als 3,60 Meter sind, auf einen in Westafrika verbreiteten Haustyp namens *shogun* (»Haus Gottes«) zurückgehen. Die Shotguns spielen in der Geschichte der Südstaaten eine bedeutende Rolle und sind aus der afroamerikanischen Folklore des tiefen Südens ebenso wenig wegzudenken wie die verfallenen Gebäude aus den sterbenden Innenstädten dieser Gegend.

Für mich ruht eine urige Schönheit in diesen Geisterstädten mit ihren baufälligen Verweisen auf ihre einst blühende Vergangenheit. Die verlassenen Straßen beschwören ein Gefühl von Nostalgie in mir herauf, aber auch von Kummer und Leid: Wenn ich in Denmark an eine Tankstelle fahre, treffe ich aller Wahrscheinlichkeit nach einen Mann aus meiner Kindheit, der dort, wie mir dann mit einem Mal klar wird, seit über zwanzig Jahren herumsteht.

Denmark ist ein faszinierendes Landstädtchen, vor allem, wenn man bedenkt, was es einmal zu bieten hatte. Es liegt etwa eine Stunde von Augusta, Charleston und Columbia entfernt und war früher dank dem guten alten B. A. Denmark ein wichtiger Verkehrsknoten, wo die Züge von drei großen Bahnunternehmen ein- und ausfuhren. Der einst so geschäftige Ortskern ist ein perfektes Beispiel für den Niedergang des vergessenen ländlichen Black Belts, wie man die Region ursprünglich aufgrund ihres schwarzen, fruchtbaren Bodens bezeichnete, doch heute schließt der Begriff noch eine Reihe aneinandergrenzender Gebiete in verschiedenen Bundesstaaten mit ein, die die höchste Armutsrate des Landes aufweisen.

Die meisten Geschäfte in Denmark, die zur Zeit meines Vaters florierten, sind heute geschlossen. Ein Waschsalon hat noch geöffnet, ebenso das Billigkaufhaus *Poole's Five and Dime*, ein paar Restaurants und ein Eisenwarenladen – aber das war's dann auch fast schon. Im ganzen Umland gibt es kein einziges Krankenhaus mehr. Wer vor vierzig Jahren durch Denmark oder eine andere Stadt in Alabama oder Mississippi gefahren wäre, hätte das schwarze Leben allerorten pulsieren gesehen. Die Schienen führten in den Norden, Süden, Osten und Westen, nach Chicago, Atlanta, New York City und Los Angeles. Früher hatte Denmark eine Sauerkonservenfabrik, eine Coca-Cola-Abfüllanlage und eine Möbelbaufirma. Die Einwohner gingen allen möglichen Berufen nach – Maurer, Techniker, Bauarbeiter, Bäcker, Maler und Köche – und es gab schwarze Unternehmen aller Art, daher herrschte ein gewisser Wohlstand in der Stadt, in der Afroamerikaner mit fünfundachtzig Prozent den höchsten Anteil an der Bevölkerung stellten.

Trotz der heutigen extremen Armut haben schon immer zahlreiche gebildete Schwarze in Denmark gelebt, was vor allem daran liegt, dass zwei historische afroamerikanische Colleges hier ihren Sitz haben: das Denmark Technical College und das Vorheers College, dessen Präsident mein Vater war. Die Stadt hatte also viel zu bieten. Doch als die Gleise stillgelegt wurden, funkte die Politik dazwischen. Es heißt immer, dass Unternehmen schuld am Verfall der Städte wären, doch meiner Meinung nach ist das 1994 geschlossene North American Free Trade Agreement

(NAFTA) der Grund für den Niedergang von South Carolina. Eine Textilfabrik nach der anderen schloss ihre Türen und verlegte die Produktion ins Ausland, sie zogen weg, und mit ihnen auch die Jobs, die verloren gingen.

*

Ich war damals sechs Jahre alt, als mein Vater 1990 beschloss, mit uns von Greensboro in North Carolina zurück in seine Heimatstadt Denmark zu ziehen, aus der er vor über zwanzig Jahren geflohen war. Die Rückkehr des verlorenen Sohnes. Wenn ich älter gewesen wäre, hätte ich sicher Einwände gegen unseren Umzug in dieses abgelegene Provinzkaff gehabt, doch was mich als Teenager skeptisch gestimmt hätte, war genau das, was meinem sechsjährigen Ich besonders gut gefiel: Dort kannten alle unseren Namen.

In South Carolina fragen wir Schwarzen eigentlich nicht nach dem Nachnamen, wir fragen nach der Verwandtschaft. Natürlich gibt es viele Varianten dieses Brauchs, je nachdem, woher man kommt. Afroamerikaner im sogenannten Upcountry im Nordwesten des Bundesstaates wollen beispielsweise wissen: »Wie heißen deine Leute?« In Denmark fragt man schlicht: »Wer sind deine Leute?« Das ist eine sehr direkte Frage, um Mutter und Vater und andere Verwandte zu ermitteln, die man vielleicht kennen müsste. Wir können dadurch herausfinden, ob wir entfernt oder sogar näher verwandt sind. Wir offenbaren unseren Stammbaum und unsere Herkunft. Dieses Vorgehen lässt sich leicht bis in die Zeit der Sklaverei zurückverfolgen. Sklaven wurden von ihrer Familie getrennt, ihnen wurde alles genommen, was ihnen lieb war. Daher suchen wir noch heute nach einer verwandten Seele, versuchen ein Stück Heimat zu fassen zu bekommen, weshalb wir uns »Cousin«, »Onkel«, »Tante« oder »Schwester« nennen, auch wenn wir nicht blutsverwandt sind.

Als schüchterner kleiner Junge, der gerade in eine neue Stadt gezogen war, merkte ich schnell, dass Denmark kein völlig fremdes Terrain war. Wo auch immer ich auftauchte, sagte mir jemand, ob Kind oder Erwachsener: »Wir sind verwandt.«

Oder: »Du, Bakari, du bist doch der Junge von Cleveland Sellers!«

Oder: »Der kleine CL!«

Oder: »Ich kannte deinen Großvater!«

In Denmark lagen meine Wurzeln.

Hier war meine Heimat.

*

Durch Denmarks trostlose Innenstadt zu fahren ist ein bisschen wie in die Augen eines geliebten Menschen zu blicken und kein Funkeln mehr darin zu sehen. Das Licht wirkt trüb.

Der einstige Glanz ist verblasst. Denmark ist ein Mikrokosmos des vergessenen »Schwarzen Südens«, den Isolierung, Sparmaßnahmen und miserable Wohn- und Ausbildungsverhältnisse bis ins Mark erschüttert haben.

Was ich in Denmark gesehen und erlebt habe, hat mir gezeigt, dass das Lebenselixier aller Gemeinschaften in kleinen Unternehmen zu finden ist. Ob man nun die florierende »Black Wall Street« mit ihren zahlreichen Geschäften in Tulsa im frühen 20. Jahrhundert, die Harlem Renaissance der 1920er-Jahre oder die Familie Sellers in den 1950er- und 1960er-Jahren in Denmark als Beispiel nimmt, Black Power bedeutete stets auch wirtschaftliche Eigenständigkeit und Zugang zur Wahlurne.

Heute jedoch sieht man in den armen schwarzen Städten, dass die meisten Bewohner abgehängt wurden. Die Industrie ist aufgrund der globalisierten Wirtschaft in andere Länder abgewandert. Denmark ist heute ein Ort, wo sauberes Wasser, eine einfache Internetverbindung und ein örtliches Krankenhaus längst nicht selbstverständlich sind.

Das wunderbare Leben eines Jungen vom Land

Als meine Familie nach Denmark zog, konnte mein Vater zwar einen Harvard-Abschluss vorweisen, doch leider verhinderte eine Vorstrafe, dass er einen guten Job fand.

In Greensboro hatten wir ein seltsames Leben geführt; mal hielten wir uns mit staatlichen Lebensmittelzuweisungen über Wasser, mal beschäftigten wir ein Dienstmädchen. Meine Eltern hatten finanzielle Probleme, wollten für ihre Kinder aber nur das Beste. Mein Vater beispielsweise war schon immer ein großer Anhänger der historischen afroamerikanischen Hochschulen gewesen. Er konnte es sich zwar nicht leisten, nahm uns aber mit zu den spektakulären Footballspielen der North Carolina Agricultural and Technical State University, die für die Auftritte ihrer Marching Band berühmt sind. Meine Schwester erzählt gern, wie mein Vater uns mit der Marching Band aufs Spielfeld marschieren ließ. Wer käme beim Anblick der niedlichen Kinder schon auf den Gedanken, dass sie sich Sitzplätze erschleichen wollten? Und so huschten wir zu den Tribünen, wo wir uns wie vereinbart mit unserem Vater trafen. Ein genialer Plan, mit dem mein Vater viel Geld sparte, das er ohnehin nicht hatte; noch dazu bescherte er uns einen Riesenspaß. Wir saßen auf den besten Plätzen, und wenn jemand kam und uns verscheuchte, flitzten wir einfach auf einen freien Platz in der Nähe. Unsere Familie schlug sich so durch, und mein Bruder, meine Schwester und ich kannten es nicht anders. Wenn uns der Stromversorger das Licht abschaltete, dachten wir einfach, es sei Spieleabend, weil wir Monopoly sowieso immer bei Kerzenlicht spielten.

1990 war meine Großmutter an Brustkrebs gestorben, nachdem mein Großvater schon ein Jahr zuvor den Kampf gegen seinen Bauchspeicheldrüsenkrebs verloren hatte. Also zogen wir nach Denmark in das kleine einstöckige Haus, in dem mein Vater aufgewachsen war. Die Schlafzimmer waren hintereinander angeordnet. Zuerst kam das Schlafzimmer meiner Eltern, von dem eine Tür in mein Zimmer führte, und in meinem Zimmer war wiederum eine Tür zum Zimmer meines Bruders. Meine Großeltern, die vor ihrem Tod sehr krank gewesen waren, hatten getrennte Zimmer gehabt, was bedeutete, dass mein Bruder und ich nicht nur in ihren Betten schliefen, sondern auch auf ihren Matratzen – und damit quasi in ihrem Totenbett. Mein Bruder fand es besonders gruselig, im Bett des Großvaters zu schlafen, weil er dort auch tatsächlich gestorben war.

Um ihren Lebensunterhalt zu verdienen, führten meine Eltern auch das Motel meiner Großeltern weiter, das gleich neben dem Haus lag. Unsere Familie besaß noch weitere Häuser und Grundstücke im ganzen Viertel und im Umland, die uns heute noch gehören. Es war nicht immer leicht, die Miete einzutreiben, da viele nicht bezahlen konnten. Wir setzten unsere Mieter nie vor die Tür, sondern nahmen mal vierzig Dollar hier und mal fünfzig Dollar da. Meinem Vater war die pünktliche Zahlung nicht so wichtig. Hauptsache, die Menschen behielten ihre Würde. Daher nahmen wir deutlich mehr Geld ein, als mein Vater einige Wochen in Afrika war und meine Mutter die Miete eintrieb. Alle wussten, dass mit Gwen Sellers nicht zu spaßen war.

Meine Mutter, die aus Memphis stammt, empfand für Denmark eine Art Hassliebe. Nach vielen Jahren liebte sie den Ort, aber richtig gefallen hat er ihr nie. Schon früh warnte sie uns, dass Denmark rückständig sei und die Leute uns aufgrund der Vergangenheit meines Vaters nicht mögen würden. Sie legte großen Wert auf den Unterschied zwischen »Provinz« und den Südstaaten allgemein. Mein Vater war ihrer Meinung nach provinziell, genau wie Denmark.

Meine ältere Schwester, die bereits auf dem College war und nichts mit Denmark zu tun haben wollte, war nicht provinziell. Mir gefiel es, provinziell zu sein, genau wie mein Vater. Von Anfang an liebte ich Denmark. Angeblich lässt sich nach der berühmten Nadel im Heuhaufen ja lange suchen, aber ich fand sie sofort. Worauf wir hier verzichten mussten, war sowieso nie wichtig gewesen. Also pickte ich mir aus dieser alten Stadt alles heraus, was sie mir bot. Ich sprach ihre Mundart, schlenderte auf ihren kaputten Wegen, bediente mich ihrer Tümpel und der Baumwollfelder, die uns als Abenteuerspielplatz dienten.

Im Gegensatz zu mir weinte mein Bruder Cleveland Lumumba Sellers, der acht Jahre älter ist als ich, nach unserem Umzug zwei Wochen lang. Er wollte mir das Eingewöhnen erleichtern und verbrachte viel Zeit mit mir draußen, um Football oder »Toss-up Tackle« zu spielen (dabei wirft ein Spieler den Ball in die Luft, und wer ihn fängt, rennt los, bis er von den anderen zu Boden gebracht wird). Wir gingen auch zum Angeln an den Mill Pond. Leute vom Land haben nichts übrig für Angelrollen oder anderen teuren Schnickschnack, den wir uns ohnehin nicht leisten konnten. Wir nahmen einfach ein altes Bambusrohr und eine Schnur und holten uns noch Larven oder Würmer aus dem kleinen Laden an der Ecke.

Ob man beim Angeln einen guten Tag hatte, lässt sich daran erkennen, dass einem danach die Beine wehtun, denn dann war man zu beschäftigt, um auch nur einen Moment von seinem Fischeimer aufzustehen. Natürlich wusste man auch, dass man einen guten Tag erwischt hatte, wenn dieser Eimer voll mit »Crappies« war, einem Fisch mit vielen Gräten, der in Teichen und Bächen lebt. Crappies lassen sich leicht zubereiten: Man putzt sie, bestreut sie großzügig mit Würzsalz und brät sie in sprudelndem Fett, um sie anschließend mit Senf und Weißbrot zu genießen. Weißbrot war in jedem Haushalt in Denmark ein Grundnahrungsmittel, weil es billig war. Leider klebt es gern am Gaumen fest, aber wem einmal eine Gräte im Hals stecken bleibt, kann eine Scheibe unzerkaut hinunterschlucken, dadurch wird die kratzende Gräte Richtung

Magen geschoben. Ein bewährtes Hausmittel der Provinzler.

In Denmark fuhren wir entweder mit dem Fahrrad oder gingen zu Fuß. Wir wurden nicht von der Mutter oder der Mutter eines Freundes herumchauffiert. Unsere Beine trugen uns dorthin, wo wir hinmussten.

In einer ländlichen Ortschaft wie Denmark bedeutete Basketball die Welt. Um zu spielen, brachen wir am Wochenende in die Sporthalle vom College ein, in dieselbe Halle, in der bereits mein Vater als Junge gespielt hatte. Irgendwann kam uns der Trainer auf die Schliche und ließ die Tür einfach offen. Es gab sonst nur noch zwei weitere Basketballkörbe in der Gegend. Der eine gehörte meinen Freunden Boo und Chicko, die in einem Haus am Ende unserer Straße wohnten, und der andere gehörte meiner Familie. Er befand sich hinter dem Motel. Wir spielten immer sehr lange, und ich war danach so verdreckt, dass mich meine Mutter erst ins Haus ließ, wenn ich mich draußen vor der Fliegentür ausgezogen hatte.

Aber obwohl ich mit fünfzehn schon eine Größe von 1,95 Meter erreicht hatte, war ich kein LeBron James. Mein mittelmäßiges Spiel wurde mir gern von einem meiner besten Freunde unter die Nase gerieben. Er hieß Jamil Williams, aber wir nannten ihn Pop. Meine Familie liebte Pop. Mein Vater war für Pop eine Art Ersatzvater, und ich war wie ein Bruder für ihn. Er war ein gutherziger Kerl, steckte aber immer in Schwierigkeiten. Und er war ein hervorragender Sportler. Er übte sich in Leichtathletik und spielte ausgezeichnet Fußball und Basketball. Ich hingegen konnte zwar sämtliche Statistiken zu meinen Lieblingsspielern und -mannschaften herunterrattern, war aber nicht gerade ein Bewegungstalent. Pop und ich saßen oft in meinem Zimmer und unterhielten uns über unsere Lieblingssportler. Ich hätte den Ball gern in den Korb befördert wie mein Held Larry Davis, der aus Denmark stammte, aber Pop verteidigte einfach zu gut. Er schüttelte dann den Kopf und erklärte im breitesten schwarzen Südstaatendialekt, den man sich vorstellen kann: »Bo« (wie man hier auf dem Land für »Boy« sagte), »Bo, gib mir den Ball. Du kannst einfach nicht spielen, Superhirn.«

»Wie meinst du das?«, fragte ich.

»Bleib einfach bei deinen Büchern«, antwortete er.

»Willst du etwa behaupten, ich kann nicht spielen?«

»Neeein, werfen kannst du schon, aber du kommst einfach nicht an den Korb.«

Pop betrachtete sich als meinen Beschützer. Er sagte oft, die Leute hielten meine Familie für vermögender, als sie war, weil die meisten Einwohner der Stadt praktisch gar nichts hatten. »Und deshalb denken sie, sie könnten Bakari eine reindrücken«, erzählte er den Leuten. »Ich gehe dann dazwischen und sag: ›Lasst das mal schön bleiben! Lasst Bakari in Ruhe!‹ Und das tun sie dann auch.«

Es war ein Glück, dass ich Pop hatte. Er führte mich in Denmark ein, in mein neues Viertel, und zeigte mir sein Leben, das sich sehr von meinem unterschied. Er lebte »auf der anderen Seite der Schienen« im heruntergekommenen Teil der Stadt. Dabei war das Viertel, in dem ich wohnte, auch nicht gerade wohlhabend, tatsächlich wirkte es auf Außenstehende extrem marode, ein Bild der Armut mit heruntergekommenen schäbigen Häusern. Aber es war ein ruhiges Viertel, in dem alle sich kannten. Gegenüber von unserem Haus gab es ein Kunstatelier. Und von Mr. Meyers, einem schwarzen Ladeninhaber im Ruhestand, bekamen wir Bonbons geschenkt. Er saß immer mit seinem Stuhl vor seinem früheren Laden und hielt ein Nickerchen. Manchmal brieten seine Söhne Hotdogs, die wir ihnen für ein paar Cent abkauften. Bei der »Icy Lady« gab es Slush-Eis durchs Küchenfenster. Und noch heute lässt mein Dad die Schlüssel im Auto. Wer den Wagen braucht, nimmt ihn einfach, und später klopft vielleicht ein ganz anderer Mensch an die Tür und bringt die Schlüssel zurück.

Doch in dem Teil der Stadt, in dem Pop wohnte, ging es rau und manchmal auch gewalttätig zu. Und obwohl ich nicht außergewöhnlich beliebt war, zählte ich sofort zu den coolen Jungs, weil ich Leute auf beiden Seiten der Schienen kannte.

Der Junge mit einer alten Seele

Meinem älteren Bruder Lumumba fiel es nicht so leicht wie mir, sich in Denmark einzugewöhnen. Tatsächlich war er todunglücklich, aber er war auch ein sehr pragmatisch denkender Mensch, daher machte er auf der Highschool viel Sport, um sich dadurch verbunden zu fühlen. Vor den Spielen seiner Basketballmannschaft besuchte ich ihn oft in der Umkleidekabine, wo es allerdings keine Beleuchtung gab, weshalb er und seine Teamkollegen sich irgendwann in einem Klassenzimmer umzogen. Sie hatten auch keine Trainingsanzüge, nur Shorts, und selbst die reichten nicht für alle, deshalb musste jede Woche ein Junge aussetzen.

Pop und ich begleiteten meinen Bruder zu Turnieren an anderen Schulen, die schicke Sporthallen und große, gut beleuchtete Kabinen hatten. Damals war ich zwar erst sechs oder sieben, fragte mich aber dennoch, warum die Mannschaft meines Bruders so behandelt wurde, obwohl sie zu den besten Teams des Landes zählte.

Manche mögen das für die altklugen Worte eines kleinen Jungen halten, aber ich hatte meine Gründe dafür. Bevor wir nach Denmark zogen, hatte mich mein Vater bereits als Kleinkind zu verschiedenen kommunalen Sitzungen und akademischen Konferenzen mitgenommen. Dank ihm, meinem Bruder und Pop baute ich ein Bewusstsein für mein Umfeld und kulturelle Unterschiede auf, noch bevor ich die großen Zusammenhänge erfassen konnte. Dass Pop auf der einen Seite der Schienen lebte und wir auf der anderen, war plötzlich irrelevant: Wir hatten alle zu kämpfen. Und der Unterschied zwischen der baufälligen Schule meines Bruders und den reichen weißen Highschools sprang einem ohnehin sofort ins Auge.

Nicht jeder verstand diese Seite meiner Persönlichkeit oder wusste sie zu schätzen. Meine Schwester Nosizwe, die zwölf Jahre älter ist, hielt mich für das seltsamste Kind der Welt. »Bakari ist kein normales Kind«, sagte sie immer. »Er ist ein kleiner alter Mann im Körper eines Kindes.«

Sie sagte meinem Vater auch: »Ich mag ihn nicht besonders.«

»Er ist dein kleiner Bruder«, antwortete mein Vater dann. »Du musst nett zu ihm sein.«

Auf meine Schwester mochte ich wie ein alter Mann wirken, doch ich konnte auch durchaus unreif und kindisch sein. Meine Familie wird ohne zu zögern bestätigen, dass mir niemand vorschreiben konnte, was ich tun durfte und was nicht. Und ich gebe offen zu, dass ich sehr nah am Wasser gebaut bin, genau wie mein Vater. Ich reagiere sehr emotional und leidenschaftlich, wenn ich etwas mag oder wenn ich etwas meiner Meinung nach tun kann, aber auch sehr aufgebracht, wenn lieben Menschen etwas Schlimmes passiert oder wenn ich das Gefühl habe, das Leben sei ungerecht.

Als ich acht war, verlor mein Lieblingsteam, die Basketballmannschaft der Duke University, im Finale der Hochschulmeisterschaft gegen Kentucky. Und ich machte mich zum Deppen. Meine Familie erinnert mich immer wieder gerne daran, wie ich mich daheim auf den Boden warf und brüllte, als ob mich jemand windelweich prügeln würde. Als meine eigene Basketballmannschaft ein paar Jahre später einmal ein wichtiges Spiel verlor, warf ich mich auf den Boden der Sporthalle, vor allen Zuschauern und Sportlern, und schrie und weinte und behauptete, wir hätten verloren, weil das Team so furchtbar sei.

Genauso leidenschaftlich konnte ich werden, wenn es um Gerechtigkeit ging. »Bakari konnte schon als kleiner Junge gut reden. Er hat mit jedem diskutiert«, erzählte Pop überall herum. »Ich sagte ihm schon damals, er würde einmal Anwalt oder Politiker werden, und heute ist er beides. Bakari diskutierte mit den Leuten: ›Warum willst du den verprügeln? Er hat dir nichts getan.‹«

Meine Schwester Nosizwe dagegen sah in mir keinen zukünftigen Anwalt, sondern ein altkluges Kind mit einem überzogenen Selbstbewusstsein, das viel zu viel redete. Doch gleichzeitig war ich auch sehr ängstlich; eine Kombination, die Kindern wie Erwachsenen eigenartig vorkommen musste. Nosizwe und ich führten bizarre Streitgespräche darüber, wer von uns beiden klüger sei. Ich glaube, sie wollte verhindern, dass ich mir zu viel auf mich einbildete, allerdings hatte sie keine Ahnung, wie sie das bewerkstelligen sollte. Sie sagte einfach: »Es gibt einen feinen Unterschied zwischen Selbstbewusstsein und Arroganz. Wir haben beide dieselbe Mom und denselben Daddy, die uns dasselbe beigebracht haben. Alles, was du kannst, kann ich auch. Aber ich habe mich in dieser Welt einfach für etwas anderes entschieden.«

Mein schlaues Mundwerk brachte Nosizwe immer wieder gegen mich auf, auch wenn wir uns schließlich doch noch zusammenrauften und uns heute sehr gernhaben. Trotz ihres anfänglichen Ärgers war meine Schwester wie eine zweite Mutter für mich. Während ihres Medizinstudiums fuhr sie an den meisten Wochenenden die neunzig Meilen von Charleston nach Denmark, um mich abzuholen. Ich begleitete sie dann überallhin, unterhielt mich mit ihren Freundinnen, aß in schicken Restaurants und war bei ihren Verabredungen mit dabei. Ich nannte sie »meine Mutter-Schwester-Freundin«. Wenn ich mich mit einem Problem an sie wandte, fragte sie: »Brauchst du mich als Mutter, Schwester oder Freundin? Ich bin nicht für deine Erziehung zuständig, gut möglich, dass ich mit dem, was du mir erzählst, direkt zu Daddy gehe.«

Damals dachte ich, sie wolle einfach mit mir zusammen sein, aber heute ist mir klar, dass sie mir eine Auszeit von zu Hause geben wollte, weil es dort zunehmend zu Spannungen kam.

»Von Bakari habe ich gelernt, wie man Zuneigung zeigt«, sagte sie vor Kurzem. »Er war eins dieser ›Ich hab dich lieb‹-Kinder. Das mit einem kuschelt. Wir sind uns sehr nahe. In unserer Familie wird nicht groß umarmt. Ich umarme meine Mutter bis heute nicht, aber Bakari hat uns das beigebracht. Auf ein Kind, das einen umarmt und ›ich hab dich lieb‹ sagt, muss man einfach reagieren.«

*

Als Teenager versuchte ich mich bei der Melonenernte. Mit der Ernte von Cantaloupe-Melonen konnte man zweihundertfünfzig Dollar die Woche verdienen, mit Wassermelonen sogar dreihundertfünfzig Dollar. Dazu stellte man sich einfach an den Straßenrand und wartete, bis ein Farmer mit seinem Pick-up vorbeikam und einen zu seiner Farm mitnahm. Dort war man dann den ganzen Tag auf dem Feld und erntete die Melonen beziehungsweise warf sie in den Anhänger. Gutes Geld, aber die Arbeit war sehr hart. Überflüssig zu erwähnen, dass sie mir bald zu schwer wurde.

Obwohl Denmark ein schwarzes Städtchen war, gab es doch ein paar weiße Läden und Lokale. Mein Vater durfte in seiner Jugend noch nicht in weißen Restaurants essen oder in weißen Geschäften Kleider anprobieren. Und trotzdem wuchs er in soliden Verhältnissen in der Mittelschicht auf, war bei den Pfadfindern, las Comics und war Ministrant in der St. Philips Episcopal Church auf dem Campus des Voorhees College. Auf dem Campus besuchte er auch die Middle School und die Highschool. Als Junge fragte er seine Eltern, ob er sich nicht als Baumwollpflücker versuchen könne. Sie waren einverstanden, tuschelten aber hinter seinem Rücken, dass ihm die Arbeit bald zu schwer werden würde. Und wie ich bei der Melonenernte hielt auch er nicht lange durch – nur zwei Tage.

*

Im sogenannten Bible Belt, der durch den evangelikalen Protestantismus geprägt ist, stand die Kirche an erster Stelle, aber wir gehörten nicht zu den Leuten, die montags, mittwochs, samstags und sonntags in die Kirche gingen. Andererseits waren wir auch keine »Osterfamilien«, die sich nur einmal im Jahr im schönsten Sonntagsstaat zum Gottesdienst blicken ließen. Wir gingen jeden Sonntag in die Kirche. Als meine Großeltern noch lebten, graute mir vor diesen gemeinsamen Kirchgängen, weil wir gleich zwei Gottesdienste besuchen mussten – in der Bethel African Methodist Episcopal Church und in der Rome Baptist Church –, denn meine Großeltern gehörten seltsamerweise (ich weiß bis heute nicht, warum) zwei verschiedenen Kirchen an. Als wir 1990 nach Denmark zogen, wurden wir Mitglied der St. Philips-Gemeinde. Der Bürgermeister ging in diese Kirche, ebenso der Präsident des Voorhees College und einige Lehrer.

Wie schon mein Vater war ich ab meinem sechsten Lebensjahr Ministrant. Ich zündete die Kerzen an, trug das Kreuz und half dem Pfarrer bei allem, was er tat. Beim Abendmahl boten wir echten Wein an. In einem unbeobachteten Moment tranken wir Ministranten dann den übrigen Wein – und spülten mit einem Schluck abgestandenem Weihwasser nach.

Wir waren zwar nicht die religiöseste Familie in der Straße, doch meine Eltern beteten viel. Wir sprachen immer ein Tischgebet vor dem Essen; das mache ich heute noch. Ich spreche es nicht laut, aber ich schließe die Augen und beuge den Kopf, egal, mit wem ich esse.

*

Den Namen Sellers brachte man in Denmark mit Mut und Ehre in Verbindung, aber auch mit Kummer und Verlust. Wenn man es mit *Game of Thrones* vergleichen würde, wären wir das Haus Stark von Winterfell. Pop bekam oft eine Abreibung verpasst, weil er sich mit den Sellers herumtrieb. »Du hältst dich wohl für was Bessres, weil du mit den Sellers rumhängst«, hieß es dann. Aber Pop war kein Dummkopf. Wenn er in Schwierigkeiten geriet, kam ihm der Name Sellers, der wie ein Schutzzauber wirkte, schnell über die Lippen.

Mein Vater kehrte nach Denmark zurück, weil er glaubte, er müsse zu Ende bringen, was seine Eltern begonnen hatten – eine Stadt voranbringen, die in Armut versunken war. Mein Großvater Cleveland Sellers Sr. war in Denmark ein angesehener Geschäftsmann. Jeder kannte ihn, weil man entweder seine Fisch-Sandwiches in seinen Cafés aß oder von ihm in seinem Taxi herumkutschiert wurde. Vielleicht hatte man sogar in seiner Kneipe gesessen oder in seinem Motel übernachtet, wenn man seine Kinder an den beiden örtlichen Colleges besuchte. Mein Großvater, der im Zweiten Weltkrieg gekämpft hatte, besaß zwanzig Mietshäuser und ein Motel mit sechs Zimmern direkt neben unserem früheren Haus, das heute leer steht. Mein Bruder erinnert sich noch daran, dass er im Büro meines Großvaters spielte und zusah, wie er den

Leuten ein bisschen Geld lieh, mehr, als die Bank ihnen geben würde. Mein Großvater wusste aber auch, wie er sein Geld wiederbekam. Wenn die Leute etwas brauchten – wenn zum Beispiel ein Sohn im Gefängnis gelandet war oder sie einen zu hohen Kredit aufgenommen hatten, den sie nicht zurückzahlen konnten –, wandten sie sich an meinen Großvater.

Meine Großmutter stammte aus dem Westen von South Carolina, aus Abbeville. Sie war aus einer Liebesbeziehung hervorgegangen – sie hatte einen weißen Vater, der nicht bei seiner schwarzen Familie leben konnte, und eine schwarze Mutter. Sie arbeitete als Ernährungsberaterin am heutigen Denmark Technical College, außerdem engagierte sie sich für Obdachlose und war im Vorstand der NAACP (National Association for the Advancement of Colored People), einer der ältesten schwarzen Bürgerrechtsorganisationen der USA. Als meinem Vater auffiel, dass ein Junge an seiner Schule im Müll nach Essen suchte, und seiner Mutter davon erzählte, machte sie jeden Tag ein zusätzliches Sandwich, das er dem Jungen geben konnte.

Mit zehn hörte mein Vater von dem Mord an Emmett Till, einem vierzehnjährigen Jungen aus Chicago. Emmett hatte 1955 seinen Großvater in Money in Mississippi besucht und wurde dort ermordet, weil er angeblich einer jungen, weißen Frau hinterhergepfiffen hatte. Seine Mutter Mamie Till bestand darauf, den Sarg bei der Beisetzung offen zu lassen, wodurch die schweren Misshandlungen im Gesicht des Jungen zu sehen waren. Das *Jet Magazine* und andere Medien veröffentlichten die Fotos. *Jet* lag als unverzichtbare Lektüre in jedem schwarzen Haushalt auf dem Couchtisch oder stapelte sich fein säuberlich im Regal auf der Toilette. Das Magazin brachte Artikel über Prominente, Schilderungen von Verbrechen und ein bisschen Klatsch. *Jet* prägte das kollektive Gedächtnis der afroamerikanischen Bevölkerung und enthielt genau das, was wir lesen wollten. Es gab auch Fotos schwarzer Schönheiten im Badeanzug, die Jungs wie ich jede Woche zuallererst aufschlugen.

Als *Jet* das Bild von Emmett Till in seinem offenen Sarg veröffentlichte, nahmen schwarze Kinder und Jugendliche im ganzen Land die Zeitschrift mit in die Schule. Die afroamerikanischen Lehrer meines Vaters klärten die Kinder über die wahren Verhältnisse auf, obwohl Schwarze in den damaligen Schulbüchern noch als faul dargestellt wurden und sogar Regeln für den »richtigen« Umgang mit Schwarzen vermittelt werden sollten. Tills Tod bedeute, erklärten die Lehrer, dass die schwarzen Jungen und Mädchen eine Aufgabe hatten – sie müssten der ungerechten Behandlung ihrer Leute ein Ende setzen.

Tills Tod beschäftigte meinen Vater so sehr, dass er mit sechzehn ein Sit-in in einem weißen Restaurant in Denmark organisierte. Überall in den USA lasen afroamerikanische Kinder mit Namen wie Stokely, Jesse, Kathleen, Angela und Cleveland das *Jet Magazine.* Jahre später, in den Sechzigern, kamen sie bei großen Demonstrationen zusammen. Dass mein Vater das Gesicht des ermordeten schwarzen Jungen nicht vergessen konnte, bewegt mich bis heute, vor allem aber hatte mein Vater deswegen richtig viel Ärger.

Denn in Denmark kannten die Leute meinen Nachnamen noch aus einem anderen Grund.

Und hier beginnt meine Geschichte.

I

Die Wunden sind noch nicht verheilt

»Sei kein toter Held«

Der 8. Februar 1968 ist einer der wichtigsten Tage in meinem Leben – obwohl ich erst sechzehn Jahre später geboren wurde.

An diesem Tag versuchten etwa zweihundert schwarze Studierende des South Carolina State College das Zugangsverbot für Schwarze bei einer weißen Bowlingbahn in Orangeburg aufzuheben. Nach mehrtägigen Protesten stellten sich Polizisten der Highway Patrol in einer Reihe auf und feuerten in eine Gruppe unbewaffneter Studenten. Sie töteten drei schwarze Jugendliche, die gerade einmal achtzehn oder noch jünger waren – Samuel Hammond Jr., Delano Middleton und Henry

Smith – und verwundeten achtundzwanzig weitere Demonstranten.

Nach acht oder zehn Sekunden war alles vorbei – das ist gerade einmal die Zeit, in der man zwei Schluck Kaffee trinkt oder sich die Schuhe zuschnürt. Das ist so lange, wie man sich beim Bullenreiten auf dem Bullen halten muss, um Punkte zu machen. Soziologen sagen, dass es acht Sekunden dauert, um einen ersten Eindruck bei jemandem zu hinterlassen. Und es dauerte acht Sekunden, um so viele Leben zu zerstören.

In diesen wenigen Sekunden leuchtete der Himmel hell vom Mündungsfeuer der Gewehre, und Studenten rannten um ihr Leben, als die Schrotmunition, die Jäger beim Töten von Großwild wie Rehen oder Hirschen verwenden, sie in den Rücken traf, in den Hinterkopf und ihre Fußsohlen. Ein Jugendlicher wurde ins Gesicht geschossen und verlor dadurch sechzehn Zähne, einem anderem durchlöcherten die Schrotkugeln das Herz, und ein anderer, ein unbeteiligter Schüler der Highschool, der auf seine Mutter wartete, die im College arbeitete, wurde sechsmal getroffen.

Das Schießen endete so schnell wieder, wie es begonnen hatte, doch für manche endete es nie.

Einer der jungen Männer, die an diesem Abend verwundet wurden, war Cleveland Sellers, mein Vater. Ein junger, frisch verheirateter Bürgerrechtsaktivist, der an diesem Abend verhaftet, in eine Zelle geworfen und verurteilt wurde – und als Einziger eine Haftstrafe wegen Anstiftung zu einem Aufstand verbüßte, der nie stattgefunden hatte.

Meine Eltern haben immer wieder mit mir über das Massaker von Orangeburg gesprochen. Ich bin mir ziemlich sicher, dass mir die Geschichte bereits im Mutterleib eingeflüstert wurde.

Ich habe sie auch aus den Mündern derjenigen gehört, die an jenem Abend verwundet wurden. Ich hörte sie von den Angehörigen der Toten und natürlich auch vom »Agitator« persönlich. Und mit jeder Erzählung erfahre ich etwas Neues.

Ich bin ein Kind der Bürgerrechtsbewegung. Es gibt ein Foto von mir auf dem Arm von »Onkel« Jesse Jackson, der mich hochhält, damit ich ein Pferd füttern kann. Ich war das Wahlkampfbaby im Präsidentschaftswahlkampf 1988, als Jackson einen zweiten Anlauf unternahm, zum Präsidentschaftskandidaten der Demokraten nominiert zu werden. Er war einer von vielen »Onkeln« und »Tanten«, lauter Berühmtheiten und Legenden. Ich ging schon als Kind ans Telefon und rief dann meinen Vater mit den Worten: »Dad, Onkel Julian [Bond] ist am Apparat« oder »Onkel Stokely [Carmichael] will dich sprechen« oder »Tante Kathleen [Cleaver] ruft an.«

Diese Tanten und Onkel inspirierten mich zu meinem eigenen Weg, stellten aber auch eine Verbindung zur Vergangenheit dar und lieferten mir so Leitlinien für die kommenden Jahre.

Meine Schwester hatte recht. Ich war ein eigenartiges Kind, eine sehr alte Seele. Mein Vater verfolgte mir gegenüber ein bestimmtes Ziel, und ich war empfänglich dafür. Er hörte nie auf, mir die Realität des Lebens vor Augen zu führen. Vielleicht entwickelte sich das Bewusstsein, dass ich eine bestimmte Verpflichtung im Leben hatte, daher früher und schneller als bei den meisten anderen Kindern. Mein frühes Wissen um die Ungerechtigkeiten der Bürgerrechtsbewegung hat mich daher bereits als Kind bedrückt, mir aber bei allen Tränen auch Hoffnung gegeben – und eine Aufgabe. Der Weg meines Vaters und mein eigener sind miteinander verwoben. Und wie er wollte ich die Spaltung dieser Nation überwinden.

Mein Vater, der die Ereignisse an jenem Abend stets mit Behutsamkeit und Bedacht erklärte, achtete immer darauf, die Namen aller Beteiligten am Orangeburg-Massaker zu nennen, weil er nicht wollte, dass wir mit der Vorstellung aufwuchsen, die einzigen Helden der Bürgerrechtsbewegung seien Rosa Parks und Martin Luther King Jr. gewesen. Die Helden sind immer noch unter uns, das wollte er uns vermitteln.

Die Geschichte, die er uns am Beispiel des Massakers erzählte, ist für mich mit starken Bildern verknüpft, weil ich ihn oft zum Originalschauplatz am South Carolina State College begleite. Er zeigt mir die Stelle, wo der Abfallbehälter stand, der ihm Deckung gab, sodass er sich wenige Sekunden, nachdem er am linken Arm getroffen worden war, vor der Polizei zurückziehen und einem anderen verletzten Studenten helfen konnte. Oder er zeigt mir die Böschung, auf der die Studenten standen, als die Polizei auf sie feuerte.

1968 war mein Vater gerade einmal dreiundzwanzig, ein Jahr älter als ich, als ich ins Repräsentantenhaus von South Carolina gewählt wurde. Damals war er ein bekannter Anführer der Bürgerrechtsbewegung des Student Nonviolent Coordinating Committee (SNCC). Einige Jahre zuvor hatte er sein Studium an der Howard University abgebrochen, um für den SNCC in Mississippi zu arbeiten und nach drei vermissten Aktivisten zu suchen.

Mein Großvater war gegen das Engagement meines Vaters. Er verfolgte die zunehmenden Spannungen im Fernsehen, und mein Vater hielt ihn per Brief auf dem Laufenden. In einem der Briefe flehte mein Großvater meinen Dad an, nach Hause zu kommen: »Das Motel wartet auf dich. Bitte komm nach Hause, du warst lange genug weg. Es wird Zeit, dass du dein Studium wiederaufnimmst. Ich kann nicht schlafen. Ich denke immer an dich ... Wenn du nach Hause fliegen willst, ruf mich an. Ich werde alles in die Wege leiten. Richte es doch bitte ein, dass ich dich an Thanksgiving sehe. Gwen [seine Schwester] wollen wir auch einladen. Bitte sei kein toter Held.«

*

Mein Vater hatte seiner Mutter versprochen, ans College zurückzukehren und seinen Abschluss zu machen. Orangeburg war der ideale Ort, um ihr dieses Versprechen zu erfüllen, denn dort gab es zwei historische afroamerikanische Colleges, außerdem lag es nur fünfundzwanzig Meilen nordöstlich von Denmark entfernt. Doch die Stadt mit ihren 14 000 Einwohnern hatte noch mehr zu bieten: eine Geschichte von Protesten. Das Orangeburg-Massaker war Teil einer längeren Entwicklung. Studentenproteste waren dort nichts Neues.

Martin Luther King Jr., der mit meinem Vater befreundet war, hatte in Orangeburg schon Reden gehalten – und hatte die Trauung meines Vaters und seiner ersten Frau im kleinen Kreis im berühmten Keller der Ebenezer Baptist Church in Atlanta vollzogen. Das frisch vermählte Paar mietete ein Haus in Orangeburg, und mein Vater versuchte, die schwarzen Einwohner in der Geschichte der Afroamerikaner zu unterrichten und sie politisch zu stärken.

Doch die Studenten am South Carolina State College hatten in jenem Winter eine andere Idee. Sie wollten erreichen, dass die örtliche Bowlingbahn auch für Schwarze geöffnet wurde. Mein Vater hingegen war der Ansicht, dass die Zeit der Sit-ins, Protestmärsche und Demonstrationen vorbei war. Stattdessen wollte er in Orangeburg Interesse an der Black-Power-Bewegung wecken, an schwarzer Identität und afrikanischer Geschichte. Er studierte zwar nicht am College, fand auf dem Campus aber dennoch ein Publikum. Die Mitglieder der studentischen Ortsgruppe des Black American Coordinating Committee wussten, dass mein Vater seit Langem in der Bürgerrechtsbewegung aktiv war und eng mit Stokely Carmichael zusammengearbeitet hatte, seinem ehemaligen Zimmergenossen an der Howard University, und mit Dr. King.

»Wir hatten kein Interesse an der Bowlingbahn, das kam erst, als die Studenten attackiert wurden«, erklärt er mir. »Nach drei [aufeinanderfolgenden] Abenden mit Schüssen war mir klar, dass die angespannte Situation eskaliert war. Wir versuchten, mit der Verwaltung und der Fakultät zusammenzuarbeiten, um Strategien zu entwickeln und den Studenten zu helfen, aus der Ecke herauszukommen, in die sie sich manövriert hatten.«

Die Ausschreitungen begannen am Dienstag, dem zweiten Tag der Proteste, als ein Student verhaftet wurde, weil er einen Polizisten beschimpft hatte. Wütend über die Verhaftung versammelten sich etwa Dreihundert Demonstranten, die meisten Studenten am South Carolina State, auf dem Parkplatz der Bowlingbahn. Die Stimmung war angespannt, aber nicht gewalttätig, bis ein Feuerwehrfahrzeug auftauchte. Die Studenten, die sich daran erinnerten, dass Tausend friedliche Demonstranten einige Jahre zuvor in Orangeburg mit heftigen Wassersalven traktiert worden waren, reagierten mit Empörung.

Als jemand die Glastür der Bowlingbahn einschlug, »eilten etwa fünfzig Polizisten herbei, schwangen hölzerne Schlagstöcke und ließen sie auf Dutzende Studenten niedergehen, die Platzwunden am Kopf und Verletzungen am Rücken erlitten«, erinnert sich mein Vater. »Mehrfach kam es vor, dass ein Polizist ein Mädchen an den Armen festhielt, während ein anderer mit dem Schlagstock auf ihren Rücken einprügelte.«

Warum hat das für mich so große Bedeutung, und warum sollte es uns allen wichtig sein? Wir müssen die Ungleichbehandlung in autoritären Systemen und das Erbe der Gewalt erkennen, das auch heute noch besteht. Immer wieder kommt die Frage auf, ob Rassismus eine Rolle spielt, wenn unbewaffnete Afroamerikaner von der Polizei erschossen werden. Aber benötigen wir wirklich wissenschaftliche Untersuchungen wie die der Boston University im *Journal of the National Medical Association* von 2018, die uns bestätigen, dass Polizeigewalt definitiv mit strukturellem Rassismus zusammenhängt? Die Experten für öffentliche Gesundheit der Universität erklären uns, es sei falsch, anzunehmen, dass die Gewalt gegen Schwarze nur von einzelnen Polizisten ausgehe; das Problem liege vielmehr »in der Gesamtgesellschaft« und darin, wie Schwarze seit Jahrhunderten behandelt werden.

In den Sechzigerjahren wusste mein Vater, was jemandem wie ihm zustoßen konnte. »Unfälle passieren«, sagt er immer. Um sich ein Bild vom bürgerrechtlichen Aktivismus meines Vaters zu machen, lohnt ein Blick ins Haus meiner Kindheit. Zwischen ein paar Büchern in der Bibliothek meines Vaters steckt etwa ein Foto von meinem Vater, der neben Dr. Martin Luther King Jr. steht, und eins von ihm als Achtzehnjährigem im Oval Office von Präsident Lyndon B. Johnson. Es gibt auch ein Foto, das meinen Vater zusammen mit Muhammad Ali, Stokely Carmichael und Elijah Muhammad zeigt, und mehrere zusammen mit Dr. King oder mit Dad neben Onkel Stokely oder Onkel Julian.

Auf allen Fotos steht mein Vater ein wenig im Schatten dieser charismatischen Männer. Er wusste, dass die Lautesten zur Zielscheibe werden. Doch auch seine Arbeit und sein Image brachten ihm einige Aufmerksamkeit ein – vor allem vom FBI und vom Gouverneur von South Carolina, der wild entschlossen war, ihm alles, was in Orangeburg passierte, in die Schuhe zu schieben. Bereits Tage vor den Schüssen auf die Demonstranten erkannte mein Vater die nicht unbedingt subtilen Anzeichen, dass er zum Sündenbock für den Aufstand auserkoren worden war.

So wusste man beispielsweise sofort, dass er in einem schlichten kleinen Haus gegenüber vom South Carolina State College wohnte, weil mitten auf der Straße ein Panzer stand, das Geschütz aufs Haus gerichtet. »Das Rohr zeigte direkt auf mein Haus. Ich wusste, dass ich dort nicht bleiben konnte«, erzählt mein Vater. »Das wäre der Zwischenfall gewesen, den sie benötigten, um den schwarzen Aktivisten loszuwerden. Sie hätten behauptet, es hätte einen Schusswechsel gegeben, weshalb sie den Panzer hätten einsetzen müssen, natürlich zu ihrem größten Bedauern. Aber ich hätte mich dort eben auch nicht aufhalten dürfen.«

Mein Vater erkannte auch, dass diejenigen, die das Sagen hatten, vor allem Gouverneur Robert McNair und das FBI, ein Narrativ entwickelten. Sie erklärten der Öffentlichkeit, die »Agitatoren der Black-Power-Bewegung« würden die Studenten aufhetzen, es liege nicht an den weißen Polizisten und Politikern. »Es gab nicht viele Leute, die aufstanden und sagten, die Polizei hat etwas falsch gemacht«, erklärt er mir. »Stattdessen hieß es: ›Die Polizei ist unser *Freund*‹. Selbst unsere eigenen Leute fingen an, das zu sagen, und schlugen einen Ton an, der sich gegen Black Power richtete. Sie sagten: ›Wir wollen das nicht‹ und ›Wir wollen, dass unsere Studenten studieren, nicht protestieren‹.«

So ist die menschliche Natur. Nur wenige Menschen stehen auf und setzen sich für Gerechtigkeit ein. Selbst heute sind viele wohlmeinende Leute unabhängig von ihrer Herkunft, ihrem Geschlecht und Alter ratlos, wie sie sich verhalten sollen. Martin Luther King Jr. hat einmal gesagt: »Am Ende werden wir uns nicht an die Worte unserer Feinde erinnern, sondern an das Schweigen unserer Freunde.«

Als Gouverneur McNair in aller Öffentlichkeit behauptete, »schwarze Aktivisten von außen« würden die Studenten aufhetzen, wusste mein Vater, dass ihm Unheil drohte. »Ich war damals der einzige schwarze Aktivist im Umfeld des Campus, und ich hatte genügend Erfahrung, um zu erkennen, wenn jemandem etwas angehängt werden soll«, berichtet er und erinnert mich daran, dass er in Selma in Alabama mit dabei war und auch beim Marsch auf Washington 1963 und dass er von 1964 bis 1965 ein Jahr lang in Mississippi war, wo die Aktivisten Andrew Goodman, James Cheney und Michael Schwerner ermordet wurden. Er hatte damals die Aufgabe gehabt, mitten in der Nacht loszufahren und nach den drei Vermissten zu suchen.

Aus jener Zeit wusste er, dass er genau abwägen musste, wem er trauen konnte. In Mississippi waren es überwiegend schwarze Farmer, die sich für die Bürgerrechtsaktivisten umhörten. »Die Farmer zogen tagsüber los und gaben sich als Jäger aus, aber wenn sie zurückkamen, erzählten sie uns, wo eine alte Scheune lag und wo Brunnen oder Schluchten waren, in denen man Geiseln festhalten oder Leichen entsorgen konnte«, erzählt mein Dad. Die Situation war oft schwierig. Es gab Zeiten, in denen eigentlich die Angst im Vordergrund hätte stehen müssen, aber ich fragte mich immer, wie wir aus der Situation herauskamen. Wie beenden wir die Sache, ohne Menschenleben zu gefährden?

Als der Gouverneur von South Carolina und die Polizei weiter ihre Reden schwangen und den »Black-Power-Agitatoren« in Orangeburg die Schuld gaben, war meinem Vater klar, dass sie ihm eine Falle stellten. »Ich war mir fast sicher, nicht mit heiler Haut davonzukommen, aber ich wollte alles tun, um zu verhindern, dass ich oder einer der Studenten ums Leben kam.«

Nach tage- und nächtelangen Beratungen und Diskussionen in Orangeburg brauchte mein Vater dringend Schlaf. Als ein Student ihm sein Zimmer im Wohnheim anbot, nahm er dankend an. Kurz nachdem er eingedöst war, klopfte es an die Tür. Ein Student sagte ihm, er habe Schüsse gehört, und denke, das solle mein Vater wissen. Als erfahrener Aktivist war mein Vater sehr beunruhigt, denn er wusste, dass Demonstrationen nie bei Dunkelheit stattfinden sollten.

An dieser Stelle der Erzählung deutet mein Vater auf die freie Anhöhe, auf der damals eine Gruppe männlicher Studenten stand. »Es war dunkel, aber da waren keine Schüsse, nichts. Als ich näher kam, konnte ich am Fuß des Hügels Männer mit weißen Helmen erkennen. Ich sah, dass sie Waffen hatten, Gewehre und Schrotflinten. Ich schaute auf die andere Straßenseite, und dort, bei der Lowman Hall, sah ich eine Gruppe männlicher Studenten.«

Sie standen im Kreis und diskutierten, was sie tun sollten, beobachtet von siebzig schwer bewaffneten Polizisten. Die Studenten waren erregt und immer noch wütend über die Prügelattacken der Polizei gegen die Studentinnen am Vortag. Und dann sah mein Vater Henry Smith, einen der Studenten, die an jenem Abend erschossen wurden. »Ich wollte ihm sagen, dass die Polizei direkt unten am Fuß des Hügels steht und bewaffnet ist. Es war Nacht, man konnte kaum etwas sehen. Ich wollte Henry sagen, dass sich seine Gruppe ins Campusinnere zurückziehen musste. Das wollte ich ihm sagen, aber ich tat es nicht. Ich schaffte es noch bis zu ihm. Vielleicht habe ich noch ›Henry‹ rausgebracht. Und in dem Moment wurde die Dunkelheit mit einem Mal gleißend hell, und die Polizei begann zu schießen.«

*

Das Orangeburg-Massaker war die erste tödliche Schießerei, die auf einem College-Campus unter Beteiligung der

Polizei stattfand. Erst zwei Jahre später kam es zum bekannteren Massaker an der Kent State University, bei dem vier weiße Studenten erschossen wurden, und zwei Monate später wurde Martin Luther King Jr. ermordet. Doch die Tragödie von Orangeburg drang kaum ins Bewusstsein der Bevölkerung vor. Nach den rassistisch motivierten Schüssen setzte schon bald eine vielgestaltige Vertuschungsaktion ranghoher bundesstaatlicher Beamter von South Carolina ein. Anfangs gelang es tatsächlich, den Vorfall zu verschleiern, aber das sollte sich ändern.

Am Abend, an dem die Schüsse gefallen waren, sprach die Polizei gegenüber Reportern von einem Schusswechsel zwischen schwarzen Studenten und Polizisten der Highway Patrol. Die Polizei behauptete, sie hätte sich nur verteidigt, obwohl es nie Beweise dafür gab, dass auch nur ein Student auf dem Campus an jenem Abend eine Schusswaffe mit sich führte. Um ihre Geschichte glaubwürdiger zu machen, versuchte die Polizei, die Tragödie einem einzelnen Mann anzuhängen: meinem Vater.

Mein Vater ist auch heute noch der Ansicht, dass es die Polizisten an jenem Abend auf ihn abgesehen hatten. Bei späteren Prozessen erfuhren wir, dass sie mit Sicherheit wussten, dass er sich unter den Demonstranten befand. Nach den Schüssen erzählten sich die Leute in Orangeburg, die Polizei hätte Henry Smith, eins der drei Opfer, mit meinem Vater verwechselt. Und das lag nicht nur an den Afrofrisuren, die beide trugen; mein Vater und Henry Smith sahen sich so ähnlich, dass mein Vater auch noch fünf Jahrzehnte später wie eine ältere Version von Henry wirkt.

»Ich glaube, die Polizisten sahen, wie ich im Licht einer Straßenlaterne die Straße überquerte, weil ich einen großen

Afro hatte und weil man meinen Schatten am Fuß des Hügels sehen konnte, wo die Polizei Stellung bezogen hatte. Ich denke, sie wussten, dass jetzt der richtige Zeitpunkt gekommen war, um die Falle zuschnappen zu lassen.«

Nach den Schüssen flohen die Studenten mit den Verletzten in die Krankenstation des Colleges. Es herrschte völliges Chaos: Auf der Station wimmelte es von verletzten und verängstigten Studenten, einige lagen blutend auf dem Boden. Es gab nur eine Krankenschwester; Rettungssanitäter waren nicht vor Ort, obwohl auf dem Campus zahlreiche Polizeibeamte unterwegs waren, die schnell erkannt hatten, was passiert war. Lehrer, Trainer und Studenten transportierten die Verwundeten und Sterbenden von der Krankenstation in die rein schwarze Abteilung des örtlichen Krankenhauses, doch mein Vater weigerte sich mitzugehen, weil er befürchtete, dass die Polizei ihn dort finden würde und sein Leben dann nichts mehr wert wäre. Doch die Krankenschwester sagte ihm, wenn er seine Schusswunde am Arm nicht behandeln lassen würde, würde er so oder so sterben.

Im Krankenhaus fiel meinem Vater ein schwarzer Sicherheitsmann auf, den er bereits auf dem Campus gesehen hatte. Ihre Blicke trafen sich. Wenige Minuten später stürmte der Sheriff herein und fragte meinen Vater, ob er Cleveland Sellers sei. Mein Vater wurde im Krankenhaus verhaftet, noch während er darauf wartete, dass seine Verletzung behandelt wurde.

Es gibt eine berühmte Schwarz-Weiß-Fotografie von meinem Vater kurz nach dem Vorfall. Ein groß gewachsener, schlanker und gut aussehender junger Mann. Mit seinem Afro, den engen Jeans und Converse-Turnschuhen würde er auch heute noch als hip und modern durchgehen. Interessanterweise ähnelt er eher einer größeren Ausgabe des Rappers und Schauspielers Childish Gambino und weniger einem Martin Luther King Jr.

Dads Lächeln auf dem Bild täuscht über die schreckliche Situation hinweg, in der er sich befand. Bei seiner Körperhaltung und unerschütterlichen Gelassenheit denkt man eher, er sei einfach in eine alte Fotografie hineinkopiert worden, denn er wirkt völlig losgelöst von den streng blickenden Ordnungshütern, die ihn umringen. Tatsächlich aber schwankte er zwischen »unerschütterlich« und »geschockt«. Das Foto ist echt, auch wenn er für sich selbst einen Moment lang so tun musste, als ob das alles nicht wirklich passieren würde.

»Ich weiß, was einem passiert, wenn man wie Goodman, Schwerner und Cheney von Gehilfen des Sheriffs festgenommen wird: Am Ende ist man tot«, sagt er mir. »Also rief ich im Krankenhaus so vielen Studenten wie möglich zu: ›Ich bin beim Sheriff. Wenn mir etwas passiert, möchte ich, dass ihr euch alle daran erinnert, dass mich der Sheriff mitgenommen hat.‹ Und ich wiederholte: ›Ich bin beim Sheriff.‹«

Doch mein Vater wurde nicht an irgendeinen Ort gefahren, von dem er nie zurückkehrte. Stattdessen führten ihn die Beamten dem Richter vor, der Anklage wegen Brandstiftung, Anstiftung zu Unruhen, Körperverletzung mit Tötungsabsicht, Sachbeschädigung, Einbruch und schweren Diebstahls erhob. Die Anklagen – und tatsächlich die ganze Situation – waren so absurd, dass mein Vater nur ungläubig lachen konnte, als er aus dem Gericht geführt wurde, wo bereits die Reporter und Fotografen warteten.

Da wurde das Bild aufgenommen. »Die Lügen. Das alles war völlig aus der Luft gegriffen«, sagt er heute. »Ich lächelte, was hätte ich auch sonst tun sollen? Weinen wollte ich auf keinen Fall.«

Als die Fackel weitergegeben wurde

2014 bat mich Julian Bond, einer meiner legendären »Onkel«, um ein Interview für die Videoreihe »Explorations in Black Leadership« (Erkundungen Schwarzer Führung). Ich sollte über das Vermächtnis des Massakers von Orangeburg sprechen. Zu der Zeit war ich ein junger Abgeordneter im Repräsentantenhaus von South Carolina und versuchte, seine Fragen möglichst offen und direkt zu beantworten.

Onkel Julian war Professor für Geschichte an der University of Virginia. Viele einflussreiche Persönlichkeiten waren für die Reihe interviewt worden, vom New Yorker Politiker Charles Rangel bis zu Clarence Thomas, Richter am Obersten Gerichtshof der USA. Das Interview war mein letztes Gespräch mit Onkel Julian, er starb 2015 an einem Aneurysma. Sein Tod traf meinen Vater sehr. Die beiden waren etwa gleich alt und fünfzig Jahre lang eng befreundet gewesen.

Beim Interview sprachen Julian und ich darüber, wie schwer fassbar es war, dass einer der brutalsten Vorfälle in der Ära der Bürgerrechtsbewegung bis heute kaum bekannt ist. »Jeder kennt das Massaker an der Kent State University«, sagte ich. »Dabei bin ich überzeugt, dass man an der Kent State viele Leben hätte retten können, wenn man aus der Tragödie von Orangeburg gelernt hätte.«

Julian wollte wissen, wie ich über die protestierenden Studenten am South Carolina State College dachte, die im Gegensatz zu meinem Vater auf Biegen und Brechen jedes Anzeichen von Rassentrennung ausmerzen wollten, selbst wenn es nur eine Bowlingbahn betraf. »Ich stelle mir ihre Entschlossenheit oder ihren Mut vor, es war ja geradezu tollkühn zu glauben, dass sie die Rassentrennung in South Carolina endgültig beseitigen könnten«, sagte ich. »Das zeigt einfach die Stärke dieser Generation, dieser jungen Generation.«

Der Protest der Demonstranten in Orangeburg war meiner Meinung nach nicht vergeblich gewesen. Das zeigt auch der Nachruf auf Gouverneur McNair, der 2007 in der *New York Times* erschien und in dem es heißt, seine hartnäckige Behauptung, der Einfluss von »Black Power« hätte die Unruhen befeuert, habe seinem Ansehen bei der schwarzen Bevölkerung massiv geschadet und seine Chancen ruiniert, anstelle von Vizepräsident Hubert Humphrey als Präsidentschaftskandidat der Demokraten nominiert zu werden.

Im Interview mit Julian sprach ich auch darüber, dass mich der Tod der drei jungen Männer beim Massaker von Orangeburg belaste, ich daraus aber auch eine besondere Verantwortung für mich ableite – die ich bei meiner Arbeit im Repräsentantenhaus umsetzen wollte. Als Abgeordneter würde ich mich bemühen, ihr Werk fortzuführen, auch wenn sich die konkreten Ziele geändert hätten.

Die Generation meines Vaters, die Generation von Emmett Till, spricht durch uns und lebt in uns weiter, wir müssen nun die Fackel weitertragen. Es gibt so viele Parallelen. So wie mein Vater für Emmett Till lebte, habe ich die Aufgabe, für all die Menschen zu leben, die in unserer Generation durch Gesetzeshüter den Tod fanden – Michael Brown, Terence Crutcher, Sandra Bland und so viele andere. Ich betrachte sie alle als Märtyrer. Auf ihre angeblichen Verbrechen stand nicht die Todesstrafe, dennoch mussten sie sterben. Wie Emmett Till wurde diesen Opfern jegliche Menschlichkeit abgesprochen; sie wurden behandelt, als ob sie als Menschen weniger wert wären.

Das alles wurde mir klar, als ich hörte und sah, was 2014 mit Michael Brown in Ferguson in Missouri geschehen war. Seit seinem Tod wissen wir, dass die Worte »Hände hoch, nicht schießen« niemanden schützen. Dass es ein Gerangel gab, spielt keine Rolle. Brown war nicht bewaffnet, er hätte nicht erschossen werden dürfen. Das Bild, wie Browns Leichnam Stunden über Stunden in der glühenden Hitze unter einem Tuch lag, während man in der Ferne die Schreie seiner Mutter hört, die außer sich vor Kummer ist, machte mir klar, dass man sich in Ferguson nicht um Michael Brown scherte, dass man sich nicht darum scherte, dass er ein menschliches Wesen, und ganz gewiss nicht darum, dass er ein schwarzer Mann war.

Dafür geboren

Ich erinnere mich klar und deutlich an den Tag, an dem sich die Geschichte meines Vaters in mein Gedächtnis brannte. Ich war in der dritten Klasse und wurde zum Rektor gerufen. Mein Vater holte mich ab, wir fuhren zusammen zum Gedenkgottesdienst, der jedes Jahr anlässlich des Orangeburg-Massakers abgehalten wurde. Es gibt eine Fotografie von ihm bei diesem 24. Gedenkgottesdienst, auf der er hinter mir steht und die Arme um meine Schultern gelegt hat. Der Präsident der South Carolina State University steht direkt neben uns. Ich trage meine Schuluniform und eine blaue Jacke. Mein Vater trägt einen langen Mantel. Ich erinnere mich an den festen Griff seiner Hände. Da erkannte ich, dass dieser Moment größer war als alles, was ich bisher kannte.

Jedes Jahr kam ich zum Gedenken an die South Carolina State University und hörte die Erinnerungen der verletzten Studenten. Als Kind wollte ich meinen Vater ständig begleiten, wohin auch immer er ging. »Bakari fuhr total gern mit mir mit«, erinnert er sich oft. »Wenn ich aufbrechen wollte, holte er gleich seine Jacke.«

Meine Mutter sagt, dass mein Vater und ich uns nicht nur sehr ähnlich sehen, sondern auch ein ähnliches Temperament haben. »Die beiden sind sensibel, aber nicht schwach«, erklärt sie. »Bis heute kommen ihnen sehr schnell die Tränen.« Sie respektiert, dass mich das Orangeburg-Massaker sehr berührt, fragt sich aber auch, ob es mir nicht zu sehr zusetzt.

Ich denke, das ist eine passende Einschätzung. Wie bereits gesagt, bin ich über das, was damals geschah, wütender als mein Vater heute.

Warum wollte mein Vater ausgerechnet mich davon unterrichten? Ich glaube, er sah etwas in mir. Ich konnte als Kind sehr ernst sein, und er erkannte, wie empfänglich ich für das war, was er mir zeigte. Wollte er mich darauf vorbereiten, die Fackel weiterzutragen? Ich glaube, er würde dem zustimmen.

Bei den vielen Gedenkfeiern, die wir gemeinsam besuchten, sprach ich mit den Angehörigen der Toten und auch mit denjenigen, die damals verwundet wurden. Ich hörte ihre Geschichten und entwickelte ein Gespür dafür, wann sie bereit waren, ihre emotionalen Wunden offenzulegen. »Als Bakari klein war, löcherte er jeden mit Hunderten von Fragen.« Das erzählt mein Vater bis heute.

Heute ist mir jedoch klar, dass mein Vater weitaus mehr tat, als die Geschichte für mich erfahrbar zu machen, indem er mich an ihren Schauplatz führte. Er zeigte mir die Bedeutung von Empathie und wie sie Leid lindern konnte.

Von ihm erfuhr ich auch, dass Delano Middleton, der Jüngste der drei Getöteten, noch auf die Highschool ging und an jenem Tag auf seine Mutter wartete, die am College als Maid arbeitete. Im Krankenhaus bat er sie, ihm Psalm 23 vorzulesen. Nachdem sie den Text vorgelesen hatte, sprach er ihn leise nach. Dann starb er. Ich hörte auch von Leuten, die noch immer die Schrotkugeln im Körper tragen, und von denjenigen, die bis heute von Albträumen heimgesucht werden.

Von manchen erfuhr ich Dinge, die eigentlich zu entsetzlich waren, um sie einem Kind zu erzählen, aber mein Vater hielt es für wichtig, genauso wie er es für wichtig hielt, dass ich ihn bei seinen Besuchen in Haftanstalten und bei Gesprächen mit Häftlingen und Gang-Mitgliedern begleitete.

Rückblickend stellte ich den Überlebenden des Massakers wohl auch deswegen »Hunderte von Fragen«, weil ich aus den Narben, die das Massaker bei ihnen hinterlassen hatte, lernen wollte, um unsere eigenen zu verstehen. Die schreiende Ungerechtigkeit an jenem Abend raubte Müttern ihre Söhne. Die Geschichte meines geliebten Bundesstaats wurde mit Blut besudelt, und meine Mutter musste nach der Geburt meiner Schwester ohne ihren Mann auskommen, weil er im Gefängnis war. Der zweite Vorname meiner Schwester lautet Abidemi, was »geboren in Abwesenheit des Vaters« bedeutet. Ich glaube, es schmerzt meinen Vater noch heute, dass er seine Tochter zum ersten Mal im Besucherraum des Staatsgefängnisses von Columbia County sah.

Mein Vater war von seiner Verhaftung bis zu seiner offiziellen Rehabilitierung 1990 eine Art Aussätziger, und wir waren Flüchtlinge. Die Eltern meines Vaters, die ihren Sohn sehr liebten, machten sich Sorgen um ihn und warnten ihn davor, nach South Carolina zurückzukehren, weshalb ich und meine Geschwister in North Carolina zur Welt kamen und nicht in Denmark, wo er geboren wurde und ich später aufwuchs. Vor der Rehabilitierung hatte mein Vater Probleme, Arbeit zu finden, zudem suchte das FBI ihn an seiner Arbeitsstelle auf, wenn er einmal einen Job bekommen hatte.

Obwohl mein Vater offiziell begnadigt wurde und Bücher geschrieben wurden, die den Namen meines Vaters reinwuschen, machten ihn einige Menschen in South Carolina noch immer für das Blutvergießen und die Tragödie verantwortlich.

Und noch etwas lässt uns nicht zur Ruhe kommen: die gespenstische Ähnlichkeit zwischen meinem Vater und dem am 8. Februar getöteten Henry Smith und die verbreitete Theorie, dass die Polizei versehentlich auf den Falschen schoss. Doch wir waren keinesfalls die Einzigen, die nach der Tragödie Probleme hatten. Tatsächlich konnte mein Vater viele verletzte Studenten erst viele Jahre später überzeugen, ihre Geschichte zu erzählen. Manche leiden auch heute noch unter der psychischen Belastung. Sie werden nie nach Orangeburg zurückkehren, geschweige denn auf den Campus. Sie können nicht einmal in Richtung des Campus blicken, wenn sie auf der Interstate 26 an der Stadt vorbeifahren.

Die Wunden meines Vaters sind nie vollständig verheilt – der Vorwurf der Schuld, der ihm immer noch anhaftet, die Erinnerung an das Blutvergießen, die Tatsache, dass das Massaker immer noch kaum bekannt ist. Es gab auch nie eine offizielle Entschuldigung für die Familien der Opfer. Als Abgeordneter im Repräsentantenhaus von South Carolina forderte ich 2009 erfolglos eine offizielle Untersuchung des Vorfalls durch eine staatlich einberufene Expertenkommission. Dass sich die Regierung nach wie vor weigert, die Tragödie untersuchen zu lassen, ärgert viele Afroamerikaner, vor allem meinen Vater. Andere hingegen sind erleichtert.

Es gibt Leute in South Carolina, die glauben, dass die Studenten einfach in der Unterzahl waren. Doch das hieße ja, dass es einen Kampf gegeben hätte. Aber beim bloßen Abschlachten gibt es keinen Kampf. Die Studenten waren unbewaffnet und wurden in den Rücken geschossen. In South Carolina sagt man, dass man ein Schwein oder ein Huhn »schlachtet«, aber man spricht in dem Zusammenhang nicht von einem Kampf. Verschiedene investigative Journalisten bezeichneten die Tragödie als »Massaker«, aber in Orangeburg, vor allem unter den weißen Einwohnern von Orangeburg, ist diese Bezeichnung umstritten.

Ein Jahr nach der Tragödie standen neun Polizisten vor Gericht, doch die Geschworenen benötigten nur zwei Stunden, um ihre Namen reinzuwaschen. Zweieinhalb Jahre nach dem Massaker wurde mein Vater wegen eines Aufstands verurteilt, der nie Teil der ursprünglichen Untersuchung war. 1973 verbrachte er sieben Monate im Gefängnis. Allerdings kamen während der Verhandlungen wichtige Informationen ans Licht. Am Tag des Massakers befanden sich vierhundertfünfzig Mitglieder der Nationalgarde und hundertsiebenundzwanzig Polizisten der Highway Patrol in der Stadt, viele davon auf dem College-Campus. Die Vermutung meines Vaters wurde bestätigt: Mitarbeiter des FBI und der Polizei wussten von seiner Anwesenheit, sie wussten von seiner Verbindung zum SNCC und seiner Freundschaft und Zusammenarbeit mit Stokely Carmichael. Außerdem wollten sie glauben, dass mein Vater sämtliche Proteste in Orangeburg angezettelt hatte, doch sie konnten keine Beweise dafür vorbringen.

Heute sind auch einige Weiße in Orangeburg und in der Umgebung der Meinung, dass etwas Furchtbares passiert ist – dass das aber schon lange her ist. Immer wieder daran zu rühren sei so ähnlich, wie in ein Wespennest zu stechen. Oft ergänzen sie dann noch, die Studenten seien auch keine Engel gewesen. Aufgrund der ursprünglichen Falschinformation glauben manche Leute heute noch, ein schwarzer Student habe an jenem Abend zuerst in Richtung der Polizei geschossen, obwohl das nie belegt wurde.

*

Eine Woche vor der Gedenkfeier anlässlich des 50. Jahrestags des Orangeburg-Massakers fragte mich Bill Hine, ein weißer Professor für Geschichte an der South Carolina State University und ein Freund der Familie, ob ich als Redner bei der Veranstaltung auftreten könnte. Vor mir waren bereits Michelle Obama und Präsident Barack Obama gefragt worden, außerdem Senator Cory Booker und Deval Patrick, der ehemalige Gouverneur von Massachusetts, aber keiner von ihnen war dazu bereit oder hatte Zeit. Ich schlug Hine alle erdenklichen Leute vor, die mir einfielen, weil ich wusste, wie sehr mich das mitnehmen würde. Doch am Ende ließ ich mich doch überreden und beschloss, über die Wunden aus dieser Tragödie zu sprechen, die nie heilen würden – einschließlich meiner eigenen.

Vor der Rede ging ich nervös auf und ab. Wenn ich den ersten Teil schaffte, würde ich auch den Rest durchstehen, bevor ich dann endgültig zusammenbrach.

Ich trat ans Mikrofon und begann zu sprechen. »Ich habe die Narben gesehen und die Geschichte wieder und wieder gehört«, sagte ich den Zuhörern. Und sosehr ich auch versuchte, die Tränen zurückzuhalten, sie begannen dennoch zu fließen. Ich spürte den Verlust am eigenen Körper, als ob mir jemand das Herz aus dem Leib gerissen hätte. Ich konnte die Tränen nicht stoppen. »Shit«, sagte ich und holte tief Luft. »Es schmerzt mich körperlich, wenn ich an diesen Abend mit all seinem Potenzial und seinen Möglichkeiten denke, der dann in einer Tragödie endete, in Gewalt und Verlust. Obwohl ich gar nicht dabei war, schmerzt mich dieses Massaker mehr als alles, was ich kenne; ich spüre den Schmerz in der Brust, in meinem Kopf, am ganzen Körper – ein lebendiger Schmerz angesichts unseres kulturellen Vermächtnisses und der Erkenntnis, dass ich in einem Land lebe, in dem so etwas passieren konnte. Und dann sagt man uns, wir sollten loslassen. ›Erzählt nicht immer wieder dieselbe Geschichte, wir wollen sie nicht mehr hören. Kehrt nicht wieder an diesen Ort zurück … Nennt nicht mehr ihre Namen.‹ Aber das müssen wir. Nicht, weil wir uns gerne daran erinnern wollen … sondern weil wir nicht vergessen können.«

Ich sagte, immerhin könnte ich heute voller Stolz behaupten, dass sich die Polizisten, wenn sich diese Tragödie heute ereignen würde, nicht nur für ihre Taten rechtfertigen müssten, sondern das vor einem Richter oder vor Geschworenen tun müssten, die aussehen wie ich.

Und so bleibt der Tag des Orangeburg-Massakers der wichtigste in meinem Leben. Der Weg meines Vaters und mein eigener haben sich auf diesem blutigen Boden vereint.

Dad hinterließ an jenem Abend 1968 seine Spuren in der Geschichte. Er blieb seinem Weg weiterhin treu, zusammen mit anderen führenden Persönlichkeiten der Bürgerrechtsbewegung, von Martin Luther King Jr. über John Lewis bis zu Onkel Stokely und Onkel Jesse. Mein Vater und meine Mutter Gwen erzogen ihre drei Kinder, damit sie eines Tages aufstehen und sich für mehr soziale Gerechtigkeit einsetzen. Als Rechtsanwalt und Bürgerrechtsaktivist sehe ich mein Leben als eine Fortsetzung der Reise meines Vaters. In dieser neuen Ära der Bürgerrechte, in der politisierte junge Aktivisten direkten Einfluss auf die Gesetze und Politik des Landes haben, bin ich die Brücke zwischen seiner Arbeit und unserem gemeinsamen Ziel der Gleichstellung.

Und dennoch finde ich mich fünfzig Jahre, nachdem sich mein Vater Cleveland Sellers – Professor, College-Präsident und Bürgerrechtsaktivist – an vorderster Front im Kampf um Bürgerrechte engagierte, in einem Land wieder, das immer noch viel zu viele Ähnlichkeiten mit der Vergangenheit aufweist. Zu meiner Zeit, zu *unserer* Zeit, kommen einige der rassistischsten Bemerkungen von höchster Stelle, selbst von einem Präsidenten, der das Schlimmste in uns anspricht, um bei bestimmten Wählergruppen zu punkten.

II

Schwarz und vergessen

Wenn ich Denmark als Teil des vergessenen Südens bezeichne, dann meine ich die Grundlagen eines menschenwürdigen Lebens, etwa sauberes Wasser, ein lokales Krankenhaus und mehr als nur ein kleiner Lebensmittelladen, die hier unbeachtet bleiben. Hier ist es nicht ungewöhnlich, dass jemand mit dem Rasentraktor, mit dem er gerade noch den Rasen bei einem weißen Einwohner gemäht hat, zum *Piggly Wiggly* fährt, dem einzigen größeren Laden im Ort. Es ist auch nicht ungewöhnlich, dass die Erwachsenen, selbst ältere Leute, Fahrrad fahren – oft auch auf Kinderfahrrädern. Aber nicht, weil sie Sport treiben, sondern weil sie sich kein Auto leisten können – Steuern, Versicherung und Unterhalt sind einfach zu teuer.

Radfahren kann in diesem abgelegenen Landstrich von South Carolina ganz schön beschwerlich sein. Wenn einen die tropische Hitze im Sommer nicht fertigmacht, dann erledigen die Stechmücken oder »no-see-ums«, wie wir sie hier nennen, den Rest. Stellen Sie sich vor, Sie fahren auf einem alten, wackeligen Fahrrad mit Einkaufstüten in der einen Hand, während sie mit der anderen nach den unsichtbaren Stechmücken schlagen und gleichzeitig über schlechte, mitunter auch ungeteerte Wege balancieren.

Meiner Mutter zufolge ähnelt die Armut in Denmark den Zuständen in einem Entwicklungsland. Doch das Radfahren ist ihrer Meinung nach gelebte Resilienz – man behilft sich mit dem, was man hat.

*

Die Ausdauer der Menschen hier, die andere nur als »Hinterwäldler« betrachten, lässt sich leicht übersehen oder komplett ignorieren, weil sich das alles so weit entfernt von der übrigen Welt abspielt. Ich glaube ja, wir sind keine Hinterwäldler, sondern stehen eher am Feldweg. Wer aus dem ländlichen South Carolina kommt, muss eine unbefestigte Straße langfahren, um zu seinem Haus zu kommen. Jeder, der einmal einen dieser schlammigen Wege entlanggefahren ist, weiß, wie schwierig es ist, seinen Pickup wieder sauber zu kriegen. Und bei Regen weiß man, wie man um die Schlaglöcher herumfährt.

Wir führen unser Leben auf der Schlammstraße, weshalb wir schon früh begreifen, dass es voller Schlaglöcher ist, aber wir wissen, wie wir auf diesen unberechenbaren Wegen Kurs halten – auf Wegen, die sich binnen Minuten von harmlosen Schotterstraßen in schlammiges und tückisches Terrain verwandeln können. Die staubigen Straßen leiten und verbinden uns seit Generationen. Nach der Great Migration, als fünf bis sechs Millionen Schwarze dem Süden den Rücken kehrten und nach Norden und Westen in Städte wie Chicago, Philadelphia und New York zogen, nannten diejenigen, die aufgebrochen waren, die Zurückgebliebenen die »Country Bamas«, die Landeier.

Dieselben Schwarzen, die auf uns herabblicken, weil wir geblieben sind, haben Großmütter und Urgroßväter, die mit diesen Straßen aufwuchsen. Aber noch viel wichtiger ist wahrscheinlich, dass jedes Gramm der schwarzen kulturellen Befreiung, jedes kleine Stück politische Ideologie, aus dem Süden stammt. Der Geist im Kampf um schwer zu fassende Ideale wie Freiheit und Gerechtigkeit wurzelt hier bei uns auf dem Land – und das ist uns allen durchaus bewusst.

Wer schwarz und vom Land ist, kann auf ein reiches kulturelles Erbe zurückblicken, ein Vermächtnis, das in der schwarzen, fruchtbaren Erde des Black Belt westlich von Charleston und der Küste seinen Ursprung hat. Dazu gehören die fauligen Gerüche aus dem Marschland genauso wie der Geschmack traditionell gekochter Maisgrütze, der sich tief in unser Gedächtnis eingegraben hat.

Wenn man in einer dieser abgehängten Gemeinden aufwächst, mit ihren baufälligen Schulen und geschlossenen Krankenhäusern, ist das Einzige, was einem die Familie mitgeben kann, die eigene Identität und die Erkenntnis, unmissverständlich schwarz zu sein. Der Stolz auf dieses Erbe ermöglicht es einigen von uns, sich von den matschigen Feldwegen bis zur Wall Street emporzuarbeiten. Aber unsere Familien geben meist noch etwas anderes weiter – die Armut.

228 Jahre aufholen

Zahlreiche Untersuchungen zeigen, dass Menschen, die in Armut aufwachsen, diese von einer Generation zur nächsten weitervererben. Bei Afroamerikanern ist die Chance, dieser Überlieferung zu entgehen, geringer als bei anderen Gruppen. Dafür gibt es viele Gründe, unter anderem ungewöhnlich hohe Inhaftierungsraten, Drogen, die Segregation, Diskriminierung am Arbeitsplatz und ein Mangel an männlichen Vorbildern.

Als etwa mein Freund Pop als kleiner Junge sein Umfeld und die dazugehörigen Menschen betrachtete, wusste er, dass er gern etwas anderes für sich wollte, aber wie sollte er diesen Teufelskreis durchbrechen? Drei Jahre bevor ich ihn kennenlernte, hatte er einen schweren Verlust erlitten. Sein Vater kam bei einem Autounfall ums Leben, direkt hinter dem Voorhees College. Er war betrunken gegen eine große Eiche gefahren.

Der Wagen hatte einen Totalschaden, und der Vater hatte, wie es Pop Jahrzehnte später in seinem schleppenden Südstaatenakzent formulierte, »sich das Hirn rausgehauen«. Pop, der damals neun war, ging zum Unfallort, weil »ich das mit meinen eigenen Augen sehen musste«.

Es war kurz vor Weihnachten, und Pop hatte sich nichts sehnlicher gewünscht als einen Computer. Als er auf das verbogene Wrack schaute, das früher einmal der grüne Plymouth seines Vaters gewesen war, konnte er die Überreste eines Apple-Computers im Innern erkennen. Von dem Augenblick an entwickelte Pop eine massive Abneigung gegen Computer. »Ich tippe nur mit zwei Fingern«, erklärt er heute. »Ich hatte nie Interesse, es richtig zu lernen.«

Seine Mutter, die die Familie mit Gelegenheitsjobs über Wasser hielt, in Nachtclubs oder Restaurants arbeitete, gab ihr Bestes, um sich und ihre sechs Kinder allein durchzubringen.

In dem Zusammenhang wird mir häufig eine bestimmte Frage gestellt. Ich kann die Frage nicht leiden und bin mir sicher, dass die meisten Afroamerikaner sie genauso wenig mögen, weil der Kern der Frage einen Großteil unserer Geschichte einfach ausblendet. Die Frage lautet: »Aber wissen Sie, all die Einwanderer, die ins Land kommen, denen geht es doch gut. Warum haben die Afroamerikaner das nicht geschafft?«

Die Frage klammert Hunderte Jahre der Sklaverei und die anschließende Zeit der Herabsetzung und Unterdrückung durch die Jim-Crow-Gesetze aus. Sie ignoriert die Tatsache, dass Weiße über Generationen im Vorteil waren, und tut so, als ob wir alle unter denselben Bedingungen angefangen und gelebt hätten, als ob weiße Privilegien auf Leistung gründen würden. Beispielsweise konnten viele europäische Einwanderer, die lange nach den Afroamerikanern ins Land kamen, vom Staat günstig Land erwerben, um die Besiedlung des Westens voranzutreiben. Sie erhielten viele Chancen, um materiell über die Runden zu kommen. Schwarze Menschen hingegen bauten dieses Land auf und befreiten sich aus der Sklaverei, aber trotzdem endete die Segregation in Denmark erst 1972.

Die Frage ignoriert, dass die über Jahrhunderte währende Benachteiligung der schwarzen Bevölkerung zu einer enormen Ungleichheit bei der Verteilung des Reichtums und der damit einhergehenden Chancen und Möglichkeiten führte: Wenn sich der wirtschaftliche Trend fortsetzt, werden schwarze Familien in den USA zwei Jahrhunderte warten müssen, um ein ähnlich hohes Vermögen anzusammeln wie das, über das weiße Familien heute in den USA verfügen. Nach den Angaben der Corporation for Enterprise Development, der Gesellschaft für Unternehmensentwicklung, und des Institute for Policy Studies ist das durchschnittliche Vermögen einer weißen Familie in den vergangenen dreißig Jahren um fünfundachtzig Prozent gestiegen und liegt heute bei 656 000 Dollar, während das Vermögen schwarzer Familien nur um siebenundzwanzig Prozent gestiegen ist und 85 000 Dollar beträgt. Weiße Familien verfügen über ein fast zehnmal so hohes Einkommen wie schwarze Familien. Weiße Akademiker verdienen in den USA dreimal so viel wie ihre schwarzen Kollegen mit der gleichen Ausbildung. Jetzt denke man an Denmark, wo fast alle sich kaum über Wasser halten können. Wenn die Schätzungen stimmen, wird es deutlich länger als zwei Jahrhunderte dauern, bis wir aufgeholt haben.

*

Was jemand wie Pop in Denmark durchstehen muss, wird gern vergessen. Für die Medien ist das ländliche Amerika ein weißes Amerika; eine Darstellung, die nicht nur ungenau ist, sondern auch Einfluss darauf nimmt, wie die Öffentlichkeit die entscheidenden Fragen zur zukünftigen Ausrichtung der Politik bewertet, vor denen unser Land steht. People of Color stellen ein Fünftel der Bevölkerung im ländlichen Amerika, allerdings sind sie deutlich stärker von Armut betroffen, und auch die Quote der Schulabbrecher ist deutlich höher als bei weißen Amerikanern auf dem Land. Die Hälfte der Einwohner Denmarks lebt unterhalb der Armutsgrenze, und ein Großteil der Schüler nutzt das angebotene kostenlose Schulessen; das staatlich geförderte Programm ist ein Gradmesser für die Armut in einer Gemeinde. Die Eisenbahn und die Unternehmen, die zur Zeit meines Vaters für Arbeitsplätze sorgten, sind längst nicht mehr da, weshalb so viele junge, vaterlose Männer wie Pop am Ende Drogen verkaufen – Crack und Molly (das woanders Ecstasy heißt).

Nach dem Tod seines Vaters konzentrierte sich Pop nur noch auf zwei Dinge: Football und Fußball. Wenn man meine Familie fragt, wie wir Pop kennenlernten, erzählt fast jeder eine andere Geschichte, eines erwähnen wir aber alle: Nach unserem Umzug nach Denmark kümmerte sich mein Vater um das Jugendzentrum der Stadt, das früher seine Mutter geleitet hatte. Mein Dad wollte das Sommerprogramm um Fußball erweitern. Ein Lehrer erzählte ihm von einem Jungen namens Jamil, den alle Pop nannten. Die Erwachsenen waren der Meinung, es würde Pop guttun, mehr Zeit im Jugendzentrum zu verbringen, und auch Pop war gerne dazu bereit.

In Denmark haben wir keine Gangs, aber wir haben Familien, mit denen man sich besser nicht anlegt, und wir haben bestimmte Viertel. Pops Viertel wird »the Hookz« genannt. Ich wohnte auf der einen Seite der Schienen, im Sato-Viertel, und Pop auf der anderen, weshalb Pop und ich ein ganz unterschiedliches Bild von Denmark haben. Ich sehe nur das eine Denmark – heruntergekommen, manchmal trostlos, aber gleichzeitig auch sicher, friedlich und herzzerreißend schön. Wir hatten alle zu kämpfen, aber Pop erlebte die eine Seite des Kampfes und die beiden Seiten von Denmark: die gute und die »schlechte« Seite.

Deshalb, erzählt er, habe er beschlossen, bei uns zu leben, »um von der schlechten Seite wegzukommen«. Im schwierigen Teil der Stadt »hängen die Typen ab, trinken und rauchen Gras, verkaufen Drogen, zeigen ihre Revolver herum und sind auf Streit aus. Auf Bakaris Seite gab's so was nicht, es war echt ruhig, und alle konnten so sein, wie sie sind.«

Pop sah keine Schönheit – nur Jungs, die im Stadtzentrum abhingen, Gin tranken und Würfelspiele spielten. »Es gibt jede Menge ungelöster Verbrechen«, sagte er und meinte damit, dass viele Verbrechen nicht aufgeklärt wurden, weil sie oft von Leuten von außerhalb begangen wurden, denn in Denmark kannte jeder jeden.

Mit einem hat er recht. Es gab zwar Zeiten, in denen wir finanziell zu kämpfen hatten, aber meine Familie war nicht arm. Meine Mutter, die als Nachrichtenmoderatorin bei einem kleinen Fernsehsender gearbeitet hatte, als wir noch in Greensboro wohnten, unterrichtete Wirtschaftskommunikation an der South Carolina State University, die nur fünfundzwanzig Meilen von Denmark entfernt lag. Ich besuchte die Grundschule auf dem Campus, demselben Campus, auf dem das Orangeburg-Massaker stattgefunden hatte. Die Möglichkeiten meines Vaters waren aufgrund seiner Vorstrafe begrenzt, doch nach seiner Rehabilitierung boten sich auch ihm viele Chancen. Jarrod Loadholt, mein Zimmergenosse auf dem College, der in Orangeburg aufgewachsen ist, sagte oft: »Daheim bei uns lasen die Kinder über Cleveland Sellers in den Geschichtsbüchern. Er ist unser Martin Luther King Jr.«

Ich glaube nicht, dass Pop die Vorgeschichte meines Vaters kannte, als sich die beiden 1990 zum ersten Mal begegneten. Es heißt, Pop sei im Jugendzentrum eines Tages hungrig gewesen. Also fragte er meine Schwester, die während der Semesterferien im Sommer im Jugendzentrum inoffiziell aushalf, ob er etwas zu essen haben könnte. Entweder mochte er das Mittagessen nicht, das an dem Tag im Zentrum angeboten wurde, oder er hatte das Essen verpasst, jedenfalls nahm meine Schwester, die Pop damals gern als »meine Freundin« bezeichnete, ihn mit zu uns nach Hause und servierte ihm ein Erdnussbutter-Sandwich und Suppe. Wenn man in meiner Familie herumfragt, wie alt Pop damals war, würden alle sagen, er sei so alt wie ich gewesen, obwohl er in Wirklichkeit zwölf war – also doppelt so alt wie ich.

»Pop war einfach ein niedlicher kleiner Junge, wie Bakari. Für mich waren sie praktisch Babys«, sagt meine Schwester.

In ihrer Vorstellung war Pop gerade einmal sechs Jahre alt, genau wie ich, was vermutlich daran lag, dass ich mich wie ein Zwölfjähriger und damit wie er aufführte. Ein alter

Mann im Körper eines Sechsjährigen. Ich war damals noch ein behütetes Kind in einer neuen Stadt. Mit Pop verstand ich mich auf Anhieb, wir spielten zusammen Videospiele und sahen uns Sportübertragungen im Fernsehen an. Von da an fragte ich meine Eltern häufiger, ob Pop mit mir spielen durfte, und sie fuhren zu ihm nach Hause und fragten seine Mutter um Erlaubnis.

Mein Vater sah in Pop einen passenden Spielkameraden für mich, betrachtete sich selbst aber auch als eine Art Vaterfigur für ihn. Nach seinem ersten Besuch war Pop eigentlich ständig bei uns. »Ich kam und ging nie wieder«, scherzt er gern. Meine Mutter, die man auch als etwas hochnäsig bezeichnen könnte (oder »bougie« war, wie Afroamerikaner sagen würden), wusste nicht so recht, was sie von Pop halten sollte, der natürlich etwas ungehobelt wirkte. Aber schließlich wurde er ihr »viertes Kind« und mein zweiter Bruder, der mich und meinen Vater begleitete, wenn wir uns ein Basketballspiel von Lumumba ansahen oder ihn im Morehouse College besuchten.

Bei einem Gottesdienst am Ostersonntag wurde der fünfzehnjährige Pop schließlich offiziell Patensohn meiner Eltern. Von da an nannte Pop meinen Vater »Dad« und mich »Bruh«. Und wie so viele Eltern führten meine Mutter und mein Vater lange Gespräche mit ihm, wenn er etwas »ausgefressen« hatte. Meine Mutter, die nicht gerade ein zurückhaltender Mensch ist, machte ihm »Feuer unterm Arsch«, wie Pop oft witzelt.

Wenn man Pop fragt, was er damals anstellte, sagt er: »Ich war immer in Schwierigkeiten. Hab mir viele Fights geliefert. Wurde wegen Drogenverkaufs angeklagt. Und später wegen einer Sexgeschichte – ein Mädchen hatte bei seinem Alter gelogen. Obwohl wir nie Sex hatten, hat die Geschichte mein Leben versaut.«

Vor allem mein Vater versuchte, Pop vor Schwierigkeiten zu bewahren. Einmal nahm Pop ein Messer mit in die Schule, weil er einen Kampf im Schulbus verhindern wollte. Bei seiner Festnahme bat Pop die Polizei, Mr. Sellers zu verständigen. Mein Vater bettelte, weinte und flehte die Behörden an, Pop nicht von der Schule auszuschließen und ihm eine Haftstrafe zu ersparen. Pop wurde trotzdem von der Schule geworfen, musste aber nicht ins Gefängnis.

Wird er das überleben?

An jenem Abend im Jahr 2008, an dem Pop angeschossen wurde, war ich in einem Lokal in Columbia und sah mir die NCAA-Meisterschaft an. Ich bekam eine Nachricht aufs Handy, dass er per Hubschrauber ins Richland Memorial Hospital verlegt werde. Da ich ganz in der Nähe war, fuhr ich sofort hin. Ich rief meine Schwester an, die am Richland als Ärztin in Ausbildung tätig war, damit sie bei ihm war, wenn er eintraf. Eigentlich hätte ich mir Sorgen machen müssen, aber Pop ist einer der widerstandsfähigsten Menschen, die ich kenne. Irgendwie hat er es immer geschafft zu überleben. Einige Jahre zuvor war er bei einer Messerstecherei verletzt worden, er war aber auch schon wegen Drogenhandels verhaftet worden und hatte über ein Jahr im Gefängnis verbracht. In einer abgehängten Stadt ohne Jobaussichten führte Pop ein ganz typisches Leben.

Als an jenem Abend auf ihn geschossen wurde, spielte er gerade Karten. Alle waren draußen, tranken und unterhielten sich. Pop sah, wie ein junger Mann, den er kannte, eine Frau schlug, und ging dazwischen. Solche Sachen machte er immer, er hatte diesen Beschützerinstinkt. Der Mann suchte das Weite, kam aber mit einer Pistole wieder zurück.

Pop schenkte ihm keine Beachtung, auch nicht, als der Typ in die Luft schoss und sagte, Pop solle sich nicht von der Stelle rühren, sonst würde er ihn erschießen. Pop, der sich immer für die Unterlegenen und Außenseiter einsetzt, erklärte dem jungen Mann, er solle die Waffe weglegen, und ging auf ihn zu. Die Kugel zerfetzte ein Stück von Pops Lungenflügel und trat an seiner rechten Achselhöhle wieder aus. Er wurde ins Bamberg County Hospital gebracht, das damals noch das lokale Krankenhaus von Denmark war, und anschließend per Hubschrauber nach Columbia ins Richland Hospital geflogen. Als er zu Bewusstsein kam, schrie er los, er würde den Mann, der auf ihn geschossen hatte, windelweich prügeln. Die Ärzte gaben ihm Morphium.

Als seine Mutter das viele Blut sah, brach sie zusammen. Pop wachte auf, sah seine Mutter im Rollstuhl und rastete erneut aus, er schrie und brüllte. Danach wurde er entweder beatmet oder befand sich in einem morphiumbedingten Dämmerzustand.

Nachdem uns klar war, dass Pop durchkommen würde, kam die Wut in uns hoch. Das wirkt vielleicht seltsam, aber mein Vater und meine Mutter waren frustriert, weil sie den Kummer und Schmerz von Pops Mutter mit ansehen mussten. Meine Eltern hatten sie ins Krankenhaus gefahren; wir waren bei ihrem herzzerreißenden Zusammenbruch mit dabei. Pop hatte sich wieder einmal in Lebensgefahr gebracht, das mussten wir erst einmal verdauen. Als Ärztin hatte meine Schwester alles mitbekommen, auch die hässlichen, blutigen Details, die sich normalerweise hinter verschlossenen Türen abspielen. »Ich war so sauer auf Pop«, erinnerte sie sich Jahre später, aber ich glaube, sie hatte einfach Angst, dass wir unseren »Bruder« verlieren würden, was uns allen schwer zu schaffen gemacht hätte.

Ich kann mich allerdings nicht erinnern, dass ich Angst um ihn hatte, und mein Vater erinnert sich nicht einmal, dass er in Pops Krankenzimmer war, aber meine Schwester weiß noch genau, dass wir beide sichtlich aufgewühlt an seinem Krankenbett standen. Nachdem alle wieder gegangen waren, reckte sich meine Schwester zu ihrer vollen Größe von 1,88 Meter, blickte auf den schlafenden Pop und sagte: »Wenn mein Bruder und mein Daddy je wieder wegen deiner Dummheiten weinend an deinem Bett stehen müssen, dann kriegst du es mit mir zu tun. Egal, ob du in den Himmel oder in die Hölle kommst, ich werde dich finden.«

Pop hat keine Zweifel an der Drohung meiner Schwester. Er bewunderte ihren Schneid, ihre Klugheit und Schönheit, seit er sie als hungriger kleiner Junge im Jugendzentrum um etwas zu essen gebeten hatte. Sogar eine seiner Töchter hat er nach ihr benannt. Er weiß, dass wir nur deshalb so wütend auf ihn waren, weil wir ihn so sehr lieben.

2012 wurde das Bamberg Hospital aufgrund kleinlicher politischer Überlegungen und unzureichender Finanzierung geschlossen. Die Schließung des Krankenhauses war

Folge einer ungünstigen Kombination aus Idiotie und Starrköpfigkeit. Man hätte es nicht schließen dürfen. Wenn Pop nach der Schließung angeschossen worden wäre, hätte er das womöglich nicht überlebt. Wer weiß, ob er die fünfundzwanzig Meilen im Rettungswagen bis zum nächsten Krankenhaus in Orangeburg überstanden hätte? Es ist entsetzlich, sich auch nur vorzustellen, wie viele Menschen seitdem ihr Leben verloren haben, weil es in der Stadt kein Krankenhaus mehr gibt. Oder wie Pop es formuliert: Für ihn wären dann wahrscheinlich »die Lichter aus« gewesen.

Nach der Schießerei hielt sich Pop eine Zeit lang von uns fern. Das ging von ihm aus, weil er dachte, wir wollten diesen Abstand. Er sagte, er wollte sich und uns beweisen, dass er sein Leben in Ordnung bringen konnte. Als ich 2014 für das Amt des Vizegouverneurs von South Carolina kandidierte, meldete er sich und stand bald mit Wahlplakaten an der Straße. Kleinlaut gestand er mir und meinem Vater zu unterschiedlichen Zeiten, dass er aufs College wollte. »Mr. Sellers hat mich ermutigt, niemals aufzugeben, obwohl ich einige schlechte Entscheidungen getroffen habe«, sagt er. »Bakari hat mich auch ermutigt. Als sie sahen, dass ich die ersten Schritte gemacht hatte, haben sie mich unterstützt, das hat mir sehr viel bedeutet.«

2013 bestand Pop den Zugangstest fürs College. Einige Jahre später machte er am Denmark Technical College seinen Abschluss. »Ich bin kein Dummkopf«, sagt er gern. 2017 machte er am Voorhees College seinen Bachelor in Betriebswirtschaft mit Schwerpunkt Finanzen. Er hatte fleißig gelernt und bestand mit Auszeichnung, wurde sogar in die Alpha Kappa Mu Honor Society aufgenommen. Anschließend ging er an die Claflin University in Orangeburg, um seinen Master zu machen. Zu der Zeit hatte er bereits zwei Kinder. Nach einem Semester sagte seine Mutter, er müsse sich endlich einen Job suchen und seine Familie unterstützen, also brach er sein Studium ab. Aber was für einen Job kann ein Mann mit einer Vorstrafe und ohne Führerschien in einer Stadt erwarten, in der es keine Arbeit gibt? Trotz Studium und einem College-Abschluss mit Auszeichnung arbeitet Pop, der mittlerweile vierzig ist, für ein Unternehmen, das Spülbecken und Türen herstellt, und verdient acht Dollar die Stunde.

Pop schämt sich nicht für seine Fehler und spricht ganz offen darüber. Er ist der Erste, der einräumt, dass er früher viel zu viel getrunken hat, aber mittlerweile hat er das reduziert und trinkt nur noch Busch Light Beer. Wenn er dann doch mal betrunken ist, wechselt sein starker Südstaatenakzent in ein heiseres Nuscheln, weshalb man ihn nur noch schwer versteht, wenn man ihn nicht kennt, aber ich kenne ihn. Er wird nie gemein oder aggressiv, nur philosophisch.

Als mich Pop kürzlich an einem Winterabend anrief, klang seine Stimme frisch und klar. Ich hörte ihn im Hintergrund mit jemandem reden. Es war mein Vater, der mit Sandwiches und Limonade bei Pops Familie vorbeigeschaut hatte. Nachdem mein Vater wieder weggefahren war, wollte Pop zwei Dinge von mir wissen. Die erste Frage lautete: »Wenn ich Bakaris Bruder bin, warum war ich dann nicht zu deiner Hochzeit eingeladen?«

Die Antwort auf die Hochzeitsfrage war einfach: Bei meiner Hochzeit waren nur zwei andere Leute dabei – meine Stieftochter und mein Bruder Lumumba, der inzwischen Pfarrer ist. Aber ich glaube nicht, dass es das war, worauf

Pop hinauswollte. Ich glaube, Pop fragte sich, ob mich seine Vergangenheit abschreckte. In dem Zusammenhang musste ich offen und ehrlich meine eigenen persönlichen Versäumnisse eingestehen. Wir verbrachten nicht mehr so viel Zeit miteinander wie als Kinder, aber ich war immer für ihn da. Wie soll sich jemand, der über gewisse Privilegien verfügt, gegenüber einem alten Freund verhalten, der diese Privilegien nicht hat? Eine schwierige Frage, mit der viele von uns ringen (oder die viele schlicht ignorieren), wenn sie überlegen, wie sie mit Geschwistern, Eltern, Cousins und Cousinen oder alten Freunden umgehen sollen.

Meine Antwort wirft vielleicht kein gutes Licht auf mich, aber sie ist ehrlich. Ich würde jemanden wie Pop niemals von oben herab behandeln. Pop ist ein erwachsener Mann, der Fehler gemacht, aber auch alles versucht hat, sie wieder auszubügeln. Allerdings muss man bestimmte Dinge allein mit sich ausmachen. Ich würde Pop nie abweisen; er gehört zu meinem Leben und ist aus Denmark nicht wegzudenken. Aber Pop brauchte Zeit für sich, um sein Leben auf die Reihe zu kriegen und dabei so wichtige Dinge zu erreichen wie beispielsweise seinen College-Abschluss. Ich glaube, Pop hat irgendwann erkannt, dass er erwachsen werden musste. Das klingt jetzt vielleicht hart, aber so ist es nun einmal. So viele Menschen hatten ihm so viel gegeben, und irgendwann begann Pop zu verstehen, dass es nun an der Zeit war, ihnen auch etwas zurückzugeben. Ich glaube, dieser Prozess kam bei ihm in Gang, als er selbst Vater wurde.

Pops zweite Frage war sogar noch tiefgründiger. »Die Sellers sagen, sie lieben mich, aber warum haben sie mich dann in meinem Viertel gelassen?«

Für mich ist diese Frage frustrierend – ich würde sie sogar als Bullshit bezeichnen. Ich würde alles für Pop tun und meine Mitmenschen nie im Stich lassen. Den Großteil meines bisherigen erwachsenen Lebens war ich Teil der Legislative – ein Volksvertreter, der gewählt wurde, um allen Menschen in meinem Wahlkreis zu dienen. Natürlich schenke ich Pop persönlich mehr Beachtung, doch in meiner Position habe ich auch die vielen anderen ähnlichen Schicksale in Denmark im Blick, all die Stimmen, für die Pop steht und die nicht gehört werden.

Beispielsweise strengte ich im November 2018 einen Prozess gegen die Stadt Denmark wegen gesundheitsgefährdender Zusätze im Trinkwasser an. Die Bewohner meiner Heimatstadt hatten zehn Jahre lang über die rostfarbene Flüssigkeit geklagt, die aus ihren Hähnen fließt. Manche sammelten Wasserproben, und viele kauften abgefülltes Wasser in Flaschen, auch wenn der Bürgermeister versicherte, mit dem Wasser sei alles in Ordnung.

Bei einer Bürgerversammlung, bei der ich mit den Einwohnern sprach, ging mir der Gedanke nicht aus dem Kopf, dass die Welt Denmark vergessen hat. Erst nachdem CNN den Fall aufgegriffen hatte, erfuhren wir ein Jahr später, dass die Regierung unseres Bundesstaates eine der Quellen, aus denen Denmark Trinkwasser bezieht, ein Jahrzehnt lang mit einer Chemikalie namens HaloSan versetzt hatte, um natürlich vorkommende Bakterien abzutöten. Nach meiner Klage und der landesweiten Aufmerksamkeit, die Denmark schließlich erhielt, wird das Wasserproblem vermutlich irgendwann behoben werden. Doch niemand kennt die langfristigen Auswirkungen, die diese Trinkwasserbehandlung auf eine ganze Generation haben könnte. Werden in einer Gemeinde, in der die Menschen bereits mit zahlreichen gesundheitlichen Problemen wie Herz-Kreislauf-Erkrankungen und Diabetes zu kämpfen haben, nun auch noch Lernschwächen bei Schülern auftreten? Werden wir je erfahren, wie das Wasser zehn Jahre lang verunreinigt werden konnte, ohne die Einwohner von Denmark zu informieren und ohne die Zustimmung der Gesundheitsbehörden in Washington einzuholen?

Die Geringschätzung, mit der man den Menschen meiner Heimatstadt begegnet, macht mich regelrecht krank. Ich tue mein Möglichstes, um ihnen zu helfen. Das reicht jedoch selten aus, wie ich vor allem am Beispiel von Pop schmerzlich erkennen musste. Wenn ich an Pops Frage denke, muss ich auch daran denken, was er durchgemacht hat und woher er kommt. Als Kind wünschte er sich so sehr, sich von Problemen fernzuhalten. Er liebte seine Mutter und seine Geschwister, genoss aber die Ordnung bei uns zu Hause und die Ruhe in unserem Viertel. Wir behandelten ihn als einen von uns. Er aß, spielte und schlief bei uns. Vielleicht fragt er sich tief in seinem Innern: Wie kommt es, dass die Sellers-Kinder so erfolgreich sind und ich nicht? Ich habe mit ihnen unter einem Dach gelebt. Warum bin ich nicht da, wo sie heute sind? Ich habe mein Leben verändert, warum geht es mir nicht besser?

Er glaubt, dass sein Vorstrafenregister ihm sein Leben lang anhängen wird, obwohl er erfolgreich studiert und sein Leben umgekrempelt hat. Was seinen Verstoß gegen das Sexualstrafrecht betrifft, so hatte er zwar keinen Sex mit dem Mädchen, aber das entlastet ihn trotzdem nicht, selbst wenn das Mädchen ihm ein falsches Alter nannte. Er wurde zu einer Haftstrafe von fünf Jahren verurteilt und saß davon dreizehn Monate im Gefängnis ab.

Pop sagt, er habe aus seinen Fehlern gelernt. Und aus diesem Grund und aufgrund seines Studiums, das er entgegen aller Widrigkeiten gemeistert hat, ist er in meinen Augen sehr wohl erfolgreich – auch wenn er noch einen langen Weg vor sich hat. Aber trotz seiner bisherigen Leistungen und der Hilfe, die er erhalten hat, wird es Dinge geben, die Pop nicht erreichen wird, weil ihn seine Vergangenheit, seine Armut und die Tatsache einschränken, dass er in Denmark lebt, einem Ort, den die Welt abgeschrieben hat. Ich weiß, die Leute sagen, jeder sei seines Glückes Schmied, aber der Spruch erfasst nicht, was es heißt, in Amerika arm, schwarz und abgehängt zu sein.

Vor den Internet-Trollen gab es das »Jiving«

In ländlichen Gebieten wie Denmark und Orangeburg, in denen Schwarze und Weiße immer noch getrennt voneinander leben, führen die schwarzen Bewohner ein ähnliches Leben wie zur Zeit der Jim-Crow-Gesetze. Unabhängig von unserer gesellschaftlichen Stellung wohnen wir in denselben schwarzen Vierteln, besuchen oft dieselben schwarzen Schulen und dieselben schwarzen Kirchen. Die Kinder spielen miteinander und wachsen im Umfeld derselben schwarzen Familien auf, unabhängig davon, wer ihre Eltern sind und wie viel Geld sie verdienen.

Für uns war die Segregation kein Relikt der Vergangenheit; sie war und ist unsere Realität.

Pop war das Kind einer alleinerziehenden Mutter, die Mühe hatte, die Familie durchzubringen, und er war mein Freund, genau wie Jarrod, der aus dem nahe gelegenen Orangeburg kam und dessen Eltern beide Pädagogen waren. Seine Mutter ist Englischlehrerin und unterrichtet seit fast fünfzig Jahren in Orangeburg County. Sein Vater hatte studiert und arbeitete als Sozialpädagoge. Doch auch wenn manche Eltern einen höheren Bildungsabschluss hatten, sie stammten alle aus abgelegenen ländlichen Orten in South Carolina und kannten die dortigen Herausforderungen und Probleme.

»Wir wuchsen mit Leuten auf, die die gesamte Bandbreite der Gesellschaft abdeckten«, sagt Jarrod oft. »Von Typen, die erschossen wurden oder Drogen verkauften bis zu denen, die Ärzte wurden, sie waren alle unsere Freunde.«

Ich erinnere mich noch genau an meine erste Begegnung mit Jarrod, der mein engster Freund werden sollte, mein Zimmergenosse auf dem College und einer meiner größten Unterstützer. Doch damals an meinem ersten Tag in der zehnten Klasse war Jarrod einfach nur gemein zu mir. Weil er in Orangeburg geboren und aufgewachsen war, hatte er bereits auf der Middle School vom Massaker und meinem Vater gehört, aber das alles spielte an meinem ersten Tag auf der Orangeburg-Wilkinson High School keine Rolle.

Ich war in der zehnten Klasse, aber trotzdem neu an der Schule. Als ich zu meiner ersten Unterrichtsstunde auftauchte, stand Jarrod an der Tür des Klassenzimmers und musterte mich von Kopf bis Fuß. Bis heute erzählt er genüsslich jedem, der es hören will, von unserer ersten

Begegnung. »Ich war einer der Schüler, die an der Tür warteten und schauten, wie das neue Outfit der Schüler aussah, wenn sie ins Klassenzimmer kamen. Wenn es nichts taugte, ging es los mit dem Jiving.«

Je nachdem, woher man kommt, wird dieses Spiel, bei dem man sich gegenseitig niedermacht, »the Dozens«, »Rekking« oder »Ragging« genannt, doch im ländlichen South Carolina sagen wir einfach »Jiving«. Die möglichst witzigen gegenseitigen Beleidigungen, die bei diesen Duellen unverzichtbar sind, heißen »Snaps«. Am besten lässt sich das Spiel als Wortgefecht beschreiben, ein verbaler Schlagabtausch, bei dem die Beleidigungen hin und her fliegen, bis ein Beteiligter aufgibt oder wütend wird. Manchmal beleidigt eine ganze Gruppe eine Einzelperson wie bei einem dieser Roasts von Prominenten, die man manchmal im Fernsehen sieht. Andere gehen gleich in die Vollen und legen mit »Yo Mama« los; tatsächlich sind die »Deine-Mutter-Witze« eine Untergruppe der »Dozens«.

Es gibt soziologische Untersuchungen, die Dozens als afroamerikanische Tradition auf Afrika oder die Sklaverei zurückführen, doch die genaue Herkunft ist nicht geklärt. Allerdings weiß man, dass das Ritual aus dem ländlichen schwarzen Süden stammt und sich von dort weiter ausbreitete und noch vor dem Rap die Straßen der amerikanischen Metropolen eroberte.

An meinem ersten Tag auf der Highschool erwartete mich also eine Flut pubertärer Sticheleien, die hauptsächlich von einer Person kamen. Am Türrahmen lehnend fragte Jarrod: »Wer ist denn *das*? Oh nein, bitte sagt mir, dass er nicht das T-Shirt vom letzten Familientreffen trägt!«

»Ahhhh!«, riefen die anderen Jungs, und dann ging es los mit den Witzen und dem Gelächter.

Zwischen seinen vernichtenden Bemerkungen tat Jarrod immer wieder so, als ob er nach Luft schnappen müsste, und fragte: »Wer ist da nur bei uns gelandet?«

Einige Jungs, die mit mir auf der Schule waren, erklärten, wer ich war. Aber das interessierte Jarrod gar nicht. Er machte weiter: »Moment! Der Typ trägt Trainingshosen, irgendwelche uralten Turnschuhe und ein T-Shirt vom letzten Familientreffen?«

Die versammelten dummen Jungs grölten.

»Er ist groß, aber bringt wahrscheinlich nicht mal sechzig Kilo auf die Waage!«

Jarrod hatte jetzt einen Lauf.

»Und er hat einen Afro. Eigentlich sieht er aus wie ein wandelndes Wattestäbchen!«

»Ahhhhhh!«, johlten die anderen.

Nachdem sich alle wieder ein bisschen beruhigt hatten, sah Jarrod mich an. »Wisst ihr, Schwarze legen ja bekanntlich Wert auf gutes Aussehen, aber ich finde, dieser Junge sieht grauenhaft aus!«

Die Jungs amüsierten sich auf meine Kosten, aber was ich dann tat, schockte sie und sorgte dafür, dass ich Gnade fand in den Augen derer, die alle zu den beliebten Jungs gehören wollten: Ich lachte mit ihnen, und zwar genauso laut und belustigt wie sie. Ich stand also mitten unter ihnen und japste vor lauter Lachen nach Luft und hielt mir den Bauch. Das brachte sie aus dem Konzept. Normalerweise hält der Attackierte mit witzigen Beleidigungen dagegen, geht einfach weiter oder wird wütend, was natürlich das Ziel der Attacke ist.

Aber warum sollte ich wütend werden? Es war für alle, auch für mich, ganz offensichtlich, dass ich bei meinem Outfit nicht die gebührende Sorgfalt hatte walten lassen, ich hätte mehr Zeit investieren und mehr Aufwand betreiben müssen, um an meinem ersten Tag an der neuen Schule gut auszusehen. Das war eindeutig ein schwerer Verstoß gegen die geltenden Regeln. Es wäre also völlig irrsinnig gewesen, darüber mit diesen Jungs zu streiten, die ohnehin die Kunst des Jiving perfektioniert hatten. Ganz ehrlich: Dünn, wie ich war, und mit meinem Afro auf dem Kopf sah ich tatsächlich aus wie ein wandelndes Wattestäbchen.

Natürlich gab es einen Grund für mein uncooles Outfit: Ich hatte die neunte Klasse an einer weißen Schule verbracht, und dort hatte der Auftritt am ersten Schultag nach den Ferien keine Bedeutung. Ich mochte die Lehrer und Schüler an der weißen Schule, aber ich musste eine Stunde hin- und wieder eine Stunde zurückfahren, daher hatte ich kaum noch Zeit für meine Freunde in Denmark. Allerdings stellte ich schnell fest, dass ich mich auf dieser schwarzen Highschool noch stärker fehl am Platz fühlte als in der weißen Schule.

Meine neuen Mitschüler spürten, dass etwas an mir anders war, sie wussten nur nicht, was. Tatsächlich war ich erst zwölf, als ich auf die Highschool kam, da ich in meiner kurzen Schulkarriere bereits zwei Halbjahre und dann noch einmal ein ganzes Jahr übersprungen hatte. Nach einem halben Jahr in der Vorschule kam ich nach Weihnachten gleich in die erste Klasse, und weil ich bei den Standardtests so gut abschnitt, wurde ich im folgenden Jahr gleich in die dritte Klasse an der Felton Laboratory School versetzt, die sich auf dem Campus der South Carolina State University befand. Obwohl ich wohl ein frühreifer kleiner Junge war, ein seltsamer alter Mann im Körper eines Kindes, steckte auch ein unbeholfener Teenager in mir.

Da stand ich also, ein dünner Junge mit einem zu großen Kopf aus dem provinziellsten aller Provinzkäffer. In der Mittagspause bot ich das perfekte Opfer, aber ich lachte einfach weiter mit und lernte schnell. Die Wahrheit? Ich wurde seit der dritten Klasse dafür gehänselt, der Jüngste zu sein; was die Jungs mir an den Kopf warfen, hatte ich alles schon einmal gehört.

An der Orangeburg-Wilkinson High School gab es 2 000 Schüler, zum Mittagessen wurden wir daher auf zwei Orte verteilt: Die einen aßen in der Schule, die anderen im nahe gelegenen Berufsbildungszentrum. Allerdings nützte die Verlegung wenig, denn in der Mittagspause herrschte pures Chaos. Man hatte dreißig Minuten, in denen man entweder 1,25 Dollar für das reguläre Schulessen zahlen oder sich ein Sandwich bei Chick-fil-A oder ein Stück Pizza von Papa John's kaufen konnte, sich hinsetzte, aß, sich gegenseitig aufzog und mit den anderen lachte.

Unsere Clique bestand aus Jarrod, Reggie Abraham, Tim Jennings, Ryan Brown und Joseph Brandon. Reggie fing irgendwann immer mit Beatboxen an, und einer von uns stimmte dann mit einem Rap ein. Je nach Stimmung hängten wir noch ein bisschen Jiving dran. Einer legte vor, der andere musste nachziehen. Ich sagte beispielsweise so was wie: »Jarrods Mutter ist so dumm, sie braucht eine Stunde, um Fünf-Minuten-Reis zu kochen.«

Er schoss zurück: »Bakaris Mutter ist so alt, ihr Gedächtnis ist noch in Schwarz-Weiß.«

Ich sagte dann: »Deine Mutter ist so fett, als Gott verkündete, ›Es werde Licht‹, musste er ihr sagen, sie solle aus dem Weg gehen.«

Wir unterstellten unserem Gegenüber gerne, sich wohl immer im Dunkeln anzuziehen oder die abgelegten Sachen der Schwester aufzutragen. Natürlich war alles völlig aus der Luft gegriffen, außerdem arteten die gegenseitigen Beleidigungen nie aus.

Wir machten auch im Unterricht weiter, obwohl wir das Lernen sehr ernst nahmen. Eine meiner Lieblingslehrerinnen war Mrs. Miller, die Geschichte unterrichtete. Sie war streng, ließ uns jedoch unsere Freiheiten – einer Gruppe schlauer Schüler, die gerne Witze über andere machten. Mrs. Miller hatte nichts dagegen, wenn wir uns gegenseitig aufzogen, solange wir es nicht übertrieben. Vielleicht betrachtete sie das Jiving als eine Art Initiationsritual. Tatsächlich hatten die meisten aus unserer Mittagsrunde später Erfolg im Leben. Reggie ging in die Politik und hat schon für Stacey Abrams und Kamala Harris gearbeitet; Jarrod studierte am Morehouse College und anschließend in Harvard; Ryan und Joseph wurden Ärzte, und Tim gewann als Cornerback bei den Indianapolis Colts den Super Bowl 2007 und spielte später für die Chicago Bears.

Nicht alle an unserem Tisch waren so erfolgreich, aber auch diejenigen, die nicht die Möglichkeiten hatten, die uns offenstanden, können immer noch mit den Besten von uns beim Jiving mithalten und sind vermutlich witziger als wir alle. Bis heute leistet mir die Schlagfertigkeit, die ich damals lernte, gute Dienste, vor allem bei Gericht. Egal, was mir jemand an den Kopf wirft, ich habe es schon einmal gehört. Das hilft mir heute beim Umgang mit Trollen in den sozialen Medien, bei Diskussionen mit erfahrenen Politikern und bei Fernsehauftritten.

*

Unser Philosophielehrer Mr. Brown war weiß und stammte aus New York City. Irgendwie hatte es ihn an unsere schwarze Highschool im ländlichen South Carolina verschlagen, wir hatten zwar einige weiße Lehrer, aber nur er kam aus New York. Jarrod und ich schrieben viele Essays und bereiteten jede Menge Präsentationen für seinen Unterricht vor. Wir lasen Bücher wie *Zen und die Kunst, ein Motorrad zu warten,* das mir als mühsame und anspruchsvolle Lektüre in Erinnerung geblieben ist. Jarrod sagt, niemand würde dieses Buch je vergessen, aber ich weiß nicht, ob ich es las, um den Sinn zu verstehen, oder einfach nur, um es gelesen zu haben.

Das Lernen für die Schule fiel mir leicht, auch wenn das Wissen nicht immer osmotisch zu mir durchdrang. Aber wenn ich etwas las und es aufschrieb, erinnerte ich mich daran, verdaute es, verstand es und konnte es wiedergeben. Das lag mir zum einen im Blut, zum anderen ist es aber auch darauf zurückzuführen, wie meine Eltern mich und meine Geschwister erzogen – sie versuchten, uns zu fordern und zu fördern, indem sie uns beispielsweise anderen Erwachsenen vorstellten, etwa meinen »Onkeln« und »Tanten«, die mit uns über erwachsene Themen sprachen.

Meine Großmutter sagte immer »Müßiggang ist aller Laster Anfang«, womit sie meinte, dass sich Kinder nicht langweilen sollten. Meine Eltern brachten uns in Situationen, die uns forderten, vermutlich zögerten sie deshalb auch nicht, als meine Grundschullehrerin vorschlug, dass ich eine Klasse überspringen sollte. Mittlerweile teile ich als Vater selbst die Ansicht, die Kinder lieber vor Herausforderungen zu stellen, anstatt zu viel Energie darauf zu verwenden, sie vor Niederlagen zu schützen.

Mein Physiklehrer auf der Highschool erkannte schnell, dass mir der Unterricht leichtfiel, und erlaubte mir, stattdessen mit einer meiner Lieblingslehrerinnen, einer jungen weißen Frau, über meine Zukunft zu sprechen. Meine Eltern rieten mir zu einem grundständigen Studium in einem schwarzen Undergraduate College, aber ich hatte das Gefühl, dass ich mehr Struktur benötigte. Also unterhielt ich mich mit der Lehrerin über Colleges, die mir gefielen, und über mögliche Fächer, die ich studieren wollte. Sie empfahl mir Bücher, die ich lesen sollte, oder wir redeten über Bücher, die ich bereits gelesen hatte.

Viele Leute machen die Erfahrung, dass ihre Beratungslehrer an der Schule ihre Fähigkeiten unterschätzen und sie nicht zum Studium ermuntern. Ich war zwar ein Einserschüler und schnitt auch in den Eignungstests sehr gut ab, trotzdem wurde mir geraten, lieber zur Army zu gehen, anstatt mich am Morehouse College zu bewerben. Solche Lehrer und Berater wollen die Schüler nicht schlechter einschätzen, als sie sind, sie wollen sie vor dem Scheitern bewahren. Als ich auf der Highschool war, gab es viel zu viele abschreckende Beispiele von Schülern aus Orangeburg, die an den großen Colleges nicht gut abschnitten. Jarrod und ich hörten immer wieder: »Nicht, dass es dir so ergeht wie Lenny.« Lenny hatte an der Orangeburg-Wilkinson Highschool seinen Abschluss gemacht und war dann nach Morehouse gegangen, doch er scheiterte und musste zurück nach Hause.

Die Lehrer gaben ihr Bestes, obwohl ihnen von staatlicher und bundesstaatlicher Seite oft Steine in den Weg gelegt wurden. Man muss allerdings auch zugeben, dass die Schulen auf dem Land ihre Schüler nicht gut auf den wettbewerbsorientierten globalen Lernbetrieb des 21. Jahrhunderts vorbereiteten. Im ganzen Land brechen Millionen ihr Studium vorzeitig ab; der Großteil kommt vom Land und verfügt nicht über das nötige emotionale oder auch akademische Rüstzeug für große Universitäten. Wenn uns die Lehrer unterschätzten, dann taten sie das, weil sie nicht wollten, dass wir selbst zu einem abschreckenden Beispiel wurden.

Aber ich wusste, dass ich das College meistern konnte, weil mein Bruder und meine Schwester es auch geschafft hatten. Mit elf oder zwölf verbrachte ich viel Zeit auf dem Morehouse Campus bei meinem Bruder Lumumba. Ich durfte nach dem Spiel seinen Helm und die Helme der anderen Footballspieler tragen. Ich hatte einen Logenplatz, von dem aus ich das Leben auf dem College und die intellektuellen Diskussionen dort verfolgen konnte. Ich saß im Zimmer meines Bruders und lauschte den Gesprächen der anderen, manchmal meldete ich mich auch selbst zu Wort. Es ging um alles Mögliche, von Charter Schools (Schulen in privater Trägerschaft, die vom Staat finanziert werden) bis zu den sozialkritischen Texten von Hip-Hop-Formationen aus den Südstaaten wie OutKast und Goodie Mob. Mein Bruder und sein Zimmergenosse spielten einen Titel von Goodie Mob, hielten ihn an, analysierten, was gerade gerappt worden war, und starteten den Song erneut. Wir waren überzeugte Anhänger des Southern Rap. Vor allem Atlanta Hip-Hop war unser Ding, und ich bin überzeugt, dass das mit ein Grund war, warum Jarrod und ich in Atlanta aufs College gehen wollten. Auf der Highschool war Pastor Troys »No Mo Play in GA« der Hit. Auf dem College gab es für uns nur noch OutKast und die Dungeon Family.

Als sich mein Bruder für den Studienplatz am Morehouse College entschied, erlebte ich, wie ein unsichtbares Netzwerk in Aktion trat. Absolventen, die er gar nicht kannte, riefen ihn an. Ich erlebte, wie der berühmte Morehouse-Mythos zum Leben erwachte.

Jahre später hatte ich keine Ahnung, dass auch Jarrod eine Zusage für Morehouse bekommen hatte, bis ihm eines Tages einer unserer Beratungslehrer in der Kirche sagte, dass ich auch nach Morehouse gehen würde. Am nächsten Tag sagte Jarrod zu mir in der Schule: »Yo, du gehst nach Morehouse?«

»Ja stimmt.«

»Alles klar. Ich habe auch eine Zusage, wir könnten uns ein Zimmer teilen.«

»Cool«, sagte ich, und der Rest ist, wie man so schön sagt, Geschichte.

III

School Daze

Wie man zum Morehouse-Mann wird

Als ich mein Studium am Morehouse College begann, war ich zwar erst sechzehn, aber darauf wäre bei meiner Größe von fast 2,10 Meter niemand gekommen. Begleitet wurde ich von Hercules, meinem 1,20 Meter langen Königspython, was vermutlich ein verräterischer Hinweis war, doch mein Alter blieb geheim, zumindest bis meine Mutter einige Monate später einen riesigen Strauß Luftballons mit der Aufschrift »Happy 17th Birthday« ins Wohnheim schickte. Natürlich wäre ich am liebsten im Boden versunken.

Haustiere waren auf dem Campus eigentlich verboten, doch Hercules wohnte bei mir im Wohnheim, ohne dass

Michael, der Leiter, je dahinterkam – was vielleicht auch daran lag, dass Michael nicht oft da war, denn er war frisch verheiratet. Michael behandelte uns wie erwachsene Männer und hatte nur eine Regel: Wir mussten ihn respektieren und uns so verhalten, dass er uns nicht melden musste.

Jarrod und ich bezogen Zimmer 122 in Graves Hall, dem Wohnheim für Stipendiaten. Es war eins dieser altmodischen Studentenwohnheime mit einem Bett auf der rechten und einem identischen Bett auf der linken Seite des Zimmers. Ich hatte meine Schlange, und Jarrod hatte seinen Fernseher. Damals waren wir die einzigen Jungs aus Orangeburg, zwei, denen das Wort »Provinz« auf der Stirn geschrieben stand.

*

Morehouse war anders als alles, was wir bisher kannten. Kaum hatten wir den Campus im Zentrum von Atlanta betreten, wussten wir, dass wir an einem besonderen Ort waren. Überall standen große Statuen schwarzer Männer, und das Wohnheim war über hundert Jahre alt. Das College wurde 1867 gegründet, um den Kindern ehemaliger Sklaven das Lesen und Schreiben beizubringen, und hat sich seitdem zu einer der prestigeträchtigsten, rein männlichen privaten Hochschulen des Landes entwickelt.

Bei den Einführungsveranstaltungen für Erstsemester wird ständig der »Morehouse-Mythos« betont, das Vermächtnis der Schule, außerdem spricht man vom »Morehouse-Mann« – Männern wie Martin Luther King Jr., Samuel L. Jackson, Spike Lee, Herman Cain und vielen anderen; wir lernten, dass wir Bürgermeister, Wissenschaftler, Schauspieler, Regierungsbeamte, Autoren, Politiker und Aktivisten werden konnten.

Das College hält sich bedeckt, wenn es um die konkreten Bestandteile dieses erfolgsverheißenden Morehouse-Mythos geht, doch man kann davon ausgehen, dass das Bewusstsein der jungen schwarzen Studenten geformt wird, sobald sie zum ersten Mal den Fuß auf den Campus setzen, dass sie sich an einem ganz besonderen Ort befinden, Teil einer Gemeinschaft sind, die sie trägt, und dass sie auch ihre Kommilitonen dazu anhalten sollen, sich entsprechend zu verhalten. Es geht um die Erfahrung, eine große Herausforderung zu bewältigen, aus der man gestärkt und mit engen Verbindungen zu anderen hervortritt, die einen unterstützten oder auf diesem Weg begleiteten.

Ich erinnere mich, was uns Henry Goodgame, ein Mitglied der College-Verwaltung, am Anfang sagte: »Unabhängig davon, ob man Ihnen einmal eingeredet hat, etwas nicht erreichen zu können, sind Sie nun an einen Ort gekommen, wo wir alle wissen, dass Sie Erfolg haben können; wenn Sie uns die Gelegenheit geben, unser Wissen einzusetzen, werden wir Ihnen helfen. Wenn Sie sich lieber auf der Straße herumtreiben wollen, wenn Sie mit Drogen handeln wollen, dann bleiben Sie auf der Straße, denn dafür gibt es eine ganze Industrie – gehen Sie dorthin zurück; aber wenn Sie hier sein wollen und wenn Sie eine führende Rolle für Ihre Leute übernehmen wollen, ein Anführer für eine globale Gesellschaft werden wollen, dann müssen Sie mit der Formel arbeiten, die wir Ihnen anbieten, von der wir wissen, dass sie funktioniert.«

Die Begrüßungszeremonie ist wie eine Weihe der Erstsemester. Ein Initiationsritus, der weit mehr bietet, als dass

Eltern ihr Kind zum College bringen, damit es lernt, sein Zimmer in Ordnung zu halten. Wir versammelten uns mit unseren Eltern in der Martin Luther King Jr. International Chapel. Was für ein Anblick: etwa siebenhundert junge schwarze Männer, alle in den Farben der Schule gekleidet, alle mit der gleichen schwarzen Krawatte, alle im weißen Button-Down-Hemd, in den gleichen Hosen und dem gleichen kastanienbraunen Jackett.

Eine Uniform zu tragen hat nicht nur etwas Feierliches, sondern ist wesentlicher Bestandteil des Morehouse-Mythos. Dahinter steht die Idee, dass man seine Individualität ablegt, die sich in so vielen verschiedenen Heimatorten gebildet hat, und zu einer Klasse von Männern verschmilzt, die später einmal führende Positionen übernehmen sollen. Wir kleiden uns wie eine Einheit und sagen damit: Dein Erfolg, Bruder, ist auch mir wichtig, weil du mich repräsentierst und ich dich.

Bei der Zeremonie hielten die College-Mitarbeiter und Studenten mitreißende Reden, in denen sie uns aufforderten, nach rechts und links zu blicken, weil wir uns in einem Raum der ganz Großen aufhielten. In dieser Schule, erklärten sie, seien Giganten herangewachsen. Wenn wir uns umblicken würden, würden wir arme Kinder und reiche Kinder sehen, Jungs vom Land und aus der Stadt, ehemalige Schläger, Nerds, internationale Studenten, die Kinder von Prominenten und Diplomaten, Schüler, deren Eltern sich nur mühsam über Wasser halten konnten, und alle Ausprägungen dazwischen. Aber wir alle hätten zwei Dinge gemeinsam: Wir seien schwarze Männer und wir würden alle zu den Besten unseres Jahrgangs zählen. Von den Ausnahmeerscheinungen bis zu den Durchschnittstypen, wir alle seien junge schwarze Männer, die ihr Studium ernst nehmen wollten.

Von den etwa vierhundert Jugendlichen an der Orangeburg-Wilkinson High School zählten nur fünf Jungs (Jarrod und mich eingeschlossen) zu den besten fünfundzwanzig Prozent unseres Jahrgangs – die anderen waren Mädchen. In Morehouse machten Hunderte schwarzer Jungs als Beste ihren Abschluss.

Bei der Abschiedszeremonie wurde den Eltern dann gesagt, dass sie das Richtige getan hätten. Sie wurden gefragt: »Wenn Sie Ihren Sohn nicht in Morehouse lassen können, wo können Sie ihn dann lassen? Die Straßen sind nicht sicher, die Welt ist nicht sicher; aber hier wird Ihr Sohn ein Netzwerk aufbauen, das ihm auf lange Sicht von Vorteil sein wird.« Dann verließen wir die Kapelle, gingen Arm in Arm mit unseren Eltern zum großen Eingangstor des Colleges. Dort blieben wir stehen, während unsere Eltern aufgefordert wurden, durchs Tor zu gehen. Wir schauten ihnen nach, dann wurde das Tor geschlossen, und wir marschierten zurück zur Kapelle. Als sich unsere Eltern umdrehten, hatten wir uns bereits abgewandt und ließen unsere Kindheit für immer hinter uns.

Meine Mutter sagt, genau in dem Moment werde Eltern bewusst, dass ihre kleinen Jungs zu Männern werden. »Ich habe bei Bakari genauso heftig geweint wie bei Lumumba«, erzählt sie.

*

Nachdem wir die Uniformen abgelegt hatten, fiel auf, wie unterschiedlich wir alle waren. Da waren die Jungs aus

Houston, die nur Polo Boots trugen. Die Kleidung der Jungs aus Washington D. C. beschränkte sich auf zwei oder drei Farben – Schwarz, Rot und Blau –, außerdem liebten sie Hoodies und futuristische Turnschuhe wie den Nike Air Foamposite. Die Jungs aus Atlanta hatten eine ganz eigene Sprache. Und da sie hier quasi auf heimischem Boden waren, trugen sie ganz lässig Flipflops und Socken. Die New Yorker bevorzugten kuttenhafte weiße T-Shirts und viel zu große Kappen. Sie konnten nerven, weil sie eigentlich immer nur »New York City« sagten, sobald sie den Mund aufmachten. Die Typen aus Detroit in ihren Coogi-Sweatshirts oder FUBU-Shirts mit Fat Albert drauf kleideten sich so richtig cool. Dabei kamen sie meist aus der Vorstadt, ihre Eltern arbeiteten als Manager in großen Konzernen und wollten ihren Söhnen die Erfahrung vermitteln, wie es ist, mit anderen Afroamerikanern zusammenzuleben.

Jarrod und ich waren »Provinz«. Unser Outfit bestand aus schlecht sitzenden Kleidungsstücken, die wir einst für cool gehalten hatten – was man eben bei der Kaufhauskette Belk bekam. Wir trugen T-Shirts von Nautica, Polo und Tommy Hilfiger und kombinierten sie mit kakifarbenen Baumwollhosen, wenn wir uns schick machen wollten.

Trotz der äußerlichen Unterschiede stellten wir alle schon bald eine Veränderung an uns fest: Die Redeweise und das Benehmen der College-Mitarbeiter und älteren Studenten färbten schnell auf uns ab. Uns wurde ständig gesagt, dass wir Teil einer Bruderschaft seien, die darauf aufbaue, sich gegenseitig zu unterstützen, um Leistung zu erbringen. Allmählich glaubten wir, dass wir Teil eines Umfelds waren, in dem wir aufeinander achteten und für unsere Mitbrüder verantwortlich waren.

Das Klima am College förderte den gegenseitigen Respekt, allerdings waren wir auch sehr jung und mussten noch viel lernen. Gleich am ersten Tag trafen Jarrod und ich auf einen Kommilitonen, der eine wichtige Rolle für mich in Morehouse spielen sollte, vom ersten bis zum letzten Tag. Ähnlich wie Jarrod an meinem ersten Tag auf der Highschool über mich hergezogen hatte, verspottete ich nun Brandon Childs. Er stammte aus dem Umland von Atlanta, nicht direkt vom Land, aber auch nicht aus der Stadt.

Während man aufgrund meiner Größe gern annimmt, dass ich Basketball spiele, deutete bei Brandon nichts darauf hin, dass er ein begnadeter Spieler war. Ein stiller Typ, nur 1,85 Meter groß und Brillenträger. »Er war ein schlaksiger, ungelenker Typ, der gern tanzte, aber keine großen Worte machte«, erinnert sich Jarrod. Als Brandon uns erzählte, er habe ein Basketballstipendium für Morehouse, was sehr selten war, konnte ich den Mund nicht halten: »Wenn jemand, der aussieht wie du, ein Basketballstipendium bekommt, dann müsste ich auch eins kriegen.«

Mein dummes Geschwätz setzte ich fort, bis ich Brandon auf dem Spielfeld sah, wie er Drei-Punkte-Würfe verwandelte oder mit seinen Dunks die Verteidiger alt aussehen ließ. Ein brillanter Slasher und Verteidiger. Morehouse war im Basketball nicht sonderlich erfolgreich, doch in den vier Jahren, in denen Brandon dort spielte, war das Team wie ausgewechselt. So gut war er.

Brandon wurde ein enger Freund, obwohl mir der liebe Jarrod meine anfänglichen Beleidigungen immer wieder gern unter die Nase reibt: »Von all den Leuten, die Bakari gleich am ersten Tag in Morehouse verbal niedermachte, suchte er sich ausgerechnet den Typen aus, der zu einem der größten Stars in der Geschichte des Basketballs am Morehouse College wurde.«

Jarrod findet das vor allem deshalb so lustig, weil in unserem Freundeskreis gern darüber gescherzt wird, dass ich längst nicht so gut Basketball spiele, wie ich selbst glaube, obwohl ich das Spiel so liebe. Die Mannschaft von Morehouse gehörte der Division 2 an, daher waren die Möglichkeiten, sich im Basketball zu beweisen, ohnehin begrenzt. Jarrod erinnert mich immer wieder daran, dass ich beim Walk-on (dem Probetraining, bei dem man sich für die College-Mannschaft bewerben konnte) durchgefallen war. »Das ist so lustig, weil Bakari so redet, als ob er richtig gut wäre, obwohl er es gar nicht ist«, sagt Jarrod dann. »Ich sehe ihn seit Jahren Basketball spielen. Er war noch nie gut. Nur weil er glaubt, er würde sich mit Basketball auskennen, ist er noch lange kein guter Spieler.«

Mein Versagen beim Probetraining musste Jarrod natürlich gleich unseren Freunden zu Hause melden. Er rief Gavin Jackson an, einen Klassenkameraden von der Highschool in Orangeburg. »Du wirst es nicht glauben«, fing Jarrod an.

»Was?«, fragte Gavin.

»Stell dir vor, Sellers versucht, ins Basketballteam zu kommen.«

Und Gavin fragte zurück: »Welches Team? Das von Spelman's?« (Spelman ist das Morehouse angegliederte Frauen-College.)

Trotz unserer Sticheleien ist Jarrod jemand, auf den ich mich immer verlassen kann, ein echtes Beispiel für Brüderlichkeit. Er hat meine Wahlkämpfe organisiert, auf dem

College und auch später, als ich für das Repräsentantenhaus von South Carolina kandidierte. Es ist gut, wenn man in Denmark aufgewachsen ist und einen Freund wie Jarrod hat, der dafür sorgt, dass man nicht die Bodenhaftung verliert. Wahrscheinlich habe ich deswegen auch kein Problem damit, meine Fehler offen zu zeigen, wie mir Jarrod sicher bestätigen würde.

In den ersten Tagen auf dem College fiel es Jarrod und mir nicht schwer, neue Freundschaften zu schließen. Das Jiving war auch in Morehouse üblich, und weil wir so gut darin waren, stachen wir heraus. Tatsächlich waren viele unserer neuen Brüder in Morehouse verblüfft angesichts unserer Fertigkeiten im verbalen Schlagabtausch, vor allem, wenn sie versuchten mitzuhalten. Sie mussten schnell feststellen, dass wir besser waren. Oft erklärte ein Mitstudent erschöpft: »Oh Mann, ihr seid ja alle solche Landeier.« Das gaben wir gern zu, weil wir wussten, wenn wir in Morehouse so genannt wurden, dann aus brüderlicher Liebe.

*

Während unseres zweiten Monats in Morehouse flogen am 11. September 2001 zwei Flugzeuge in die Twin Towers des World Trade Centers in New York. Wir standen an jenem Tag spät auf, und als Jarrod den Fernseher einschaltete, sahen wir die beiden brennenden Wolkenkratzer. Anfangs dachten wir, es handle sich um einen furchtbaren Unfall, aber dann erfuhren wir, dass es ein Terroranschlag war. Doch die einzigen Terroristen, die wir als Jungs vom Land kannten, waren die Mitglieder des Ku-Klux-Klans.

Die Seminare und Veranstaltungen fielen an jenem Tag aus, einige Studenten verließen den Campus und fuhren in den Nordosten zu ihren Familien. Einige von uns fühlten sich an den Film *Independence Day* erinnert, in dem Außerirdische die Erde angreifen. Trotzdem fühlten sich die meisten in Atlanta sicher – mit der Begründung, es würde wohl niemand eine überwiegend *schwarze* Stadt angreifen. Was hätte *das* für einen Sinn? Und irgendwie ging schon bald alles weiter wie gewohnt.

Jarrod lernte so fleißig wie immer, aber ich war nicht gerade ein Vorzeigestudent, was vielleicht daran lag, dass ich erst sechzehn, der Aufsicht meiner Eltern entkommen war und mit einem gefälschten Ausweis in jeden Club der Stadt kam. Mein Wochenende begann am Donnerstag und endete Sonntagnacht. Ich hatte die tollste Zeit meines Lebens – bis alles etwas außer Kontrolle geriet.

Bereits im ersten Semester wurde ich zum Dekan gerufen und erhielt eine Verwarnung aufgrund meiner unzureichenden Leistungen. In den folgenden Monaten musste ich mich bewähren. Trotzdem verlor ich einige Zeit später mein Stipendium. Darüber hinaus wurde ich auf dem Campus unserer Schwester-Hochschule Spelman verhaftet. Ich saß mit einem Spelman-Mädchen im Studentenzentrum, und wir unterhielten uns so gut, dass ich die Zeit aus den Augen verlor. Ich sah erst gegen halb elf auf die Uhr, aber da hätte ich schon längst wieder im Wohnheim sein müssen. In dem Moment wurde ich auch schon von einem vier Mann starken Rollkommando der Campus-Polizei abgeführt, die mich zum Ausgang eskortierte, außerdem wurde ich wegen unbefugten Zutritts und ungebührlichen Verhaltens belangt.

Doch es standen noch weitere Veränderungen an. Ursprünglich hatte ich vorgehabt, Medizin zu studieren, und die entsprechenden Vorbereitungskurse belegt; meine Schwester war Ärztin, da dachte ich, ich würde auch Arzt werden. Aber das passte eindeutig nicht zu mir. Weil ich als Kind mehrere Halbjahre und Klassen übersprungen hatte, war Mathematik noch nie meine Stärke. Ich hatte ja keine Ahnung, dass man für das Medizinstudium so viel Mathe brauchte.

Ich ging also in mich und erörterte meine Optionen. Ich musste ein Hauptfach finden, in dem meine bisherigen Kurse anerkannt wurden, denn ich konnte es mir nicht leisten, ein ganzes Jahr zu verbummeln. Also wechselte ich zu African-American Studies als Hauptfach, denn dafür wurden zum Glück all meine Kurse aus der Vorbereitung fürs Medizinstudium anerkannt. Mein kurzer Ausflug in die Welt der Medizin war zu Ende.

Mein Bruder Lumumba fragt sich noch heute, warum unsere Eltern mich und meine Schwester beide mit sechzehn Jahren aufs College gehen ließen. Er sagt, Nosizwe und ich wären seltsame Kinder gewesen, weil wir immer jünger als unsere Mitschüler waren.

Als ich klein war, führten meine Schwester und ich amüsante Streitgespräche darüber, wer von uns am klügsten war. Lumumba sagt dazu: »Sie haben das Hirn, aber ich habe den gesunden Menschenverstand.« In unserer Familie heißt es oft, dass Nosizwe und ich ganz unterschiedlich lernen. Sie hat eine schnelle Auffassungsgabe, muss sich aber wirklich hinsetzen und lernen. Bakari, sagen die anderen, hört etwas und hat es dann gleich abgespeichert.

Lumumba war ein bisschen anders; er war immer jemand, der erst gründlich überlegte. Bevor er nach Morehouse ging, suchte er sich für die Sommerferien eine Arbeit, bei der er möglichst viel Geld verdienen, aber gleichzeitig körperlich fit für den College-Football bleiben würde. Schließlich entschied er sich für eine Baufirma, die praktischerweise von meinen Eltern mit dem Bau unseres neuen Hauses beauftragt worden war, ein lang gestrecktes, einstöckiges Gebäude mit Sichtbacksteinen auf einem 1,5 Hektar großen Grundstück. Als mein Bruder zu Thanksgiving vom College nach Hause kam, betrat er ein Haus, an dem er mit seinen eigenen Händen mitgebaut hatte. Für ihn war das, wie er sagt, ein sehr spiritueller Moment. Er lernte, wie man etwas, das zuvor nur auf Papier bestand, in die Realität umsetzte. Ein Jahr zuvor hatte er beschlossen, in einer Restaurantküche zu arbeiten, weil er gerne kochte. Und genau das tat er. Heute ist er Pfarrer und ein sehr gefragter Manager in der Technologiebranche. Während meine Schwester und ich mit unserer Berufswahl den Dienst an der Allgemeinheit höher stellten als ein gutes Einkommen, hat Lumumba beides erreicht.

*

Vor allem meine Mutter war nicht glücklich über das, was ihr über mein Leben in Atlanta zu Ohren kam – die Mädchen, die Partys, die gefälschten Ausweise und der Verlust meines Stipendiums –, doch meine Eltern konnten wenig dagegen unternehmen. Sie wussten, dass ich am College nicht versagen würde, weil sie mir schon früh beigebracht hatten, das Richtige zu tun, trotzdem machte sich meine

Mutter Sorgen, weil ich, wie sie es formulierte, »jung und vom Land« war.

Dabei hatte ich ein klares Ziel vor Augen: Ich wollte Freundschaften aufbauen und denkwürdige Momente erleben. Das hatte ich von meinen Eltern gelernt, doch ihre Erziehung half mir auch, meine Fehler zu erkennen und wiedergutzumachen.

Mein Ziel in Morehouse bestand darin, das Studentenleben kennenzulernen und meine wahren Leidenschaften zu entdecken – und das tat ich auch. Ein Professor hat die Aufgabe, die Hirne seiner Studenten gehörig ins Schwitzen zu bringen und sie mit immer neuen Erkenntnissen auf Trab zu halten. Meine Noten wurden nie deutlich besser, sie pendelten sich bei 3,0 ein [entspricht einer Zwei], wurden aber auch nicht schlechter. Ich schwänzte nie den Unterricht, machte immer meine Aufgaben und lernte weiter, doch mein Hauptaugenmerk galt nicht mehr den besten Noten. Stattdessen kam ich auf neue Ideen, fand neue Interessen und folgte ihnen.

Im Sommer nach meinem ersten College-Jahr war ich siebzehn und wusste nicht so recht, was ich in den Ferien machen sollte. Jarrod hatte seinen Sommer bereits geplant. Er würde nach Washington D.C. gehen und ein Praktikum bei der Stiftung der überparteilichen Vereinigung der afroamerikanischen Mitglieder des US-Kongresses machen, genauer im Büro des Kongressabgeordneten Jim Clyburn. Das wollte ich auch, aber als ich mich bewarb, wurde mir gesagt, dass Clyburns Büro nicht noch einen Praktikanten aufnehmen könne. Also rief ich meine Mutter an. Sie ist unerbittlich, wenn sie etwas will oder wenn sie glaubt, dass wir etwas bräuchten. Immerhin reden wir von der Frau, die sich dank ihrer Hartnäckigkeit und Wortgewandtheit Zugang zum Gefängnis verschaffte, um meinem Vater seine neugeborene Tochter zu zeigen. Als ich ihr von meinem Problem erzählte, griff sie zum Telefon und rief Jim Clyburn persönlich an. (Der Kongressabgeordnete stammte aus Sumter in South Carolina, in den 1960er-Jahren waren er und mein Dad eng befreundet.)

»Ich will ein Praktikum für meinen Sohn«, sagte sie.

Und so wurde ich eingestellt.

Ich bekam 998 Dollar für den Sommer. In Washington wohnte ich bei Aunt Florence (wir vom Land sprechen »aunt« wie »ain't« oder »aintie« aus), der Schwester meiner Großmutter. Sie lebte in einem dieser typischen schmalen Stadthäuser in der Nähe der 14th und Kenyon Street NW direkt gegenüber von einer Grundschule und einem McDonald's.

Ich ernährte mich von den Häppchen, die bei Empfängen der Abgeordneten angeboten wurden, und von den Resten, die meine Tante in ihrem Gefrierschrank hortete. Eine ganz besondere Angelegenheit lernte ich von ihr, nämlich das Rasieren (und das in ihrem Alter!). Was dringend nötig war, weil ich mir einen Friseurbesuch nur alle zwei Wochen leisten konnte, außerdem begannen meine Barthaare zu sprießen, was bedeutete, dass ich nicht über das adrette glatte Aussehen verfügte, das auf dem Capitol Hill erwünscht war.

Mein Vater versuchte, mir die Prozedur am Telefon zu erklären, aber Dad verwendete Magic Shave, was ich nicht mochte, da es Enthaarungsmittel enthielt, stank und brannte, außerdem bekam ich das klebrige Zeug bei meinem ersten Versuch nicht mehr aus dem Gesicht. Darüber hinaus verwendete mein Dad aus unerfindlichen Gründen ein Buttermesser zum Rasieren – eine Angewohnheit, die ich nicht unbedingt übernehmen wollte. Zum Glück war Aunt Florence zur Stelle.

Wir gingen zusammen ins Bad, wo sie mir zeigte, wie man sich zuerst mit warmem Wasser das Gesicht wäscht, die Rasiercreme aufschäumt und anschließend im Gesicht verteilt. Dann beugte sie sich dicht über mich und sagte mir, wie ich die Haut ein bisschen glatt ziehen musste, damit ich die Klinge über eine gleichmäßige Oberfläche ziehen konnte, und in welche Richtung ich rasieren musste. Jedes Mal, wenn ich an meine erste Rasur denke, sehe ich meine betagte Tante vor mir, die sich über mich beugt.

*

Unsere Familie hegte großen Respekt für den Abgeordneten Clyburn und seine Frau, die wir Mrs. Emily nannten. Die beiden hatten sich zur Zeit der Bürgerrechtsbewegung im Gefängnis kennengelernt. Sie bot ihm etwas von ihrem Sandwich an, und seitdem sind die beiden zusammen.

Die Mitarbeiter in seinem Büro waren sehr nett und brachten mich auf die Idee, vielleicht mal Jura zu studieren. Einer der jungen Männer, die ich dort kennenlernte und mit denen ich zusammenarbeitete, war Jamie Harrison, der an der Orangeburg-Wilkinson High School eine Berühmtheit war, weil er es von Orangeburg zum Studium nach Yale geschafft hatte. Er arbeitete tagsüber für Clyburn und besuchte abends die Georgetown Law School. Dann war da noch Barvetta Singletary, die alles über Gesundheitspolitik wusste. Wir alle, auch Jarrod, unterstanden Yelberton

Watkins, dem Stabschef, den wir liebevoll Yebbie nannten. Er stammte aus Columbia, der Hauptstadt meines Bundesstaates.

Manchmal übernahm ich Botengänge für Yebbie. Dazu gehörte auch, dass ich seine Nichten aus dem Sommerlager in der Nähe von Georgetown abholte. Er gab mir ein bisschen Geld, und ich kaufte ihnen ein Eis, bevor ich sie zurück nach Washington chauffierte. Außerdem beantwortete ich Briefe aus seinem Wahlkreis. Hin und wieder hatte ich die Gelegenheit, Besucher bei einer Tour durchs Kapitol zu führen und mit der Capitol Subway zu fahren, einer altmodischen elektrischen U-Bahn, die das Kapitol mit den Bürogebäuden des Senats und des Repräsentantenhauses verbindet.

Doch das Wichtigste bei meinem Praktikum war, dass ich Clyburn bei seiner Arbeit beobachten und von ihm lernen konnte. Das war lange bevor er 2019 zum Fraktionsvorsitzenden der Demokraten im Repräsentantenhaus gewählt wurde. Bei meinem Praktikum war Clyburn seit zehn Jahren Abgeordneter. Er gehörte dem Haushaltsausschuss an und genoss den Respekt und die Bewunderung seiner Kollegen.

Wenn man in sein Büro kam, sah man gleich die Fotos der Familie Briggs, die sich allesamt für Chancengleichheit in der Bildung eingesetzt hatten. Harry und Eliza Briggs traten 1952 als Kläger im Fall *Briggs versus Elliott* auf, bei dem die Segregation an den Schulen in Summerton, South Carolina, infrage gestellt wurde. Die Klage war die erste von fünf, die zusammen zum berühmten Fall *Brown versus Board of Education* führte, über den der Oberste Gerichtshof zwei Jahre später entschied.

Jim Clyburn zeichneten vor allem zwei Eigenschaften aus: Erstens machte er eine kompromisslose schwarze Politik. Er kümmerte sich um Themen, von denen die schwarze Bevölkerung direkt betroffen war. Und zweitens war er ein großer Patriot, wenn es um seinen Heimatstaat South Carolina ging. Die wenigsten Leute wissen, dass in South Carolina mehr Pfirsiche angebaut werden als im »Pfirsich-Staat« Georgia, weshalb die Abgeordneten aus South Carolina jedes Jahr Pfirsiche an sämtliche Mitglieder des Kongresses verteilen. In jenem Sommer hatten Jarrod und ich die Aufgabe, die Pfirsiche zu überreichen. Wir beschlossen, alle angedellten Früchte Katherine Harris zu geben, der ehemaligen Innenministerin von Florida, die bei den Präsidentschaftswahlen 2000 eine unrühmliche Rolle gespielt hatte, weil sie die Stimmennachzählung in ihrem Bundesstaat abgebrochen und George Bush sämtliche Wahlmännerstimmen Floridas zugeschlagen hatte, weshalb er und nicht Al Gore Präsident geworden war. Mittlerweile war sie Kongressabgeordnete der Republikaner. Seit Katherine Harris unsere Pfirsiche bekommen hat, weiß sie garantiert, dass in South Carolina die meisten Pfirsiche angebaut werden, auf jeden Fall mehr als in ihrem Heimatstaat Florida – ich bin mir aber auch ziemlich sicher, dass sie ihr nicht schmecken!

Ich muss zugeben, dass Jarrod und ich von der schillernden Welt im Kongress fasziniert waren, vor allem aber wurde uns klar, wie Träume wahr werden konnten. Ob es nun an Morehouse oder am Capitol Hill lag (vermutlich an beidem), auf jeden Fall träumten wir viel in jenem Sommer. Mit einem Mal konnten wir uns vorstellen, dass wir Erfolg haben könnten, denn wir sahen in Washington

Leute in Führungspositionen, die aussahen wie wir und das taten, was wir auch tun wollten.

Ich werde oft gefragt, wie man einem jungen Menschen helfen kann, Führungsqualitäten zu entwickeln oder hinaus in die Welt zu gehen und etwas zu verändern. Und ich sage, wenn man schwarz ist, dann sollte man vor allen Dingen ein Vorbild sein. Man kann einem schwarzen Jungen nicht sagen, er solle Arzt werden, wenn er noch nie einen schwarzen Arzt gesehen hat. Man kann einem schwarzen Mädchen nicht sagen, es solle Anwältin werden, wenn es noch nie zuvor eine schwarze Anwältin getroffen hat. Jarrod und ich erlebten aus nächster Nähe, was es heißt, ein Lobbyist oder ein Anwalt zu sein, und so wurde er Lobbyist, und ich wurde Anwalt. Dank der Vorbilder konnten wir uns diese Möglichkeiten für uns vorstellen und glauben, dass wir sie erreichen konnten, obwohl wir aus einem weltabgeschiedenen Provinzstädtchen in South Carolina kamen.

IV

Auf dem Weg zum Politiker, Teil 1

Eltern fragen mich oft: »Wie konnten Sie so jung schon so viel erreichen?« Oder sie vergleichen ihre Söhne mit mir. Ich sage ihnen dann, dass man immer seine Nische findet, aber eben zu ganz unterschiedlichen Zeitpunkten im Leben. Ich fand meine »Bestimmung« erst in jenem Sommer nach meinem schwierigen ersten Jahr am College. Ich war siebzehn, als ich mir erstmals überlegte, eines Tages für ein politisches Amt zu kandidieren. Tatsächlich schmiedeten Jarrod und ich während unseres Praktikums auf dem Capitol Hill erste Pläne zu meiner Kandidatur für das Repräsentantenhaus von South Carolina. Wir hatten gelernt, dass eine solche Kandidatur eine

Wissenschaft für sich ist, und waren fasziniert, als wir allmählich dahinterkamen. Wir riefen Daten ab, brüteten Stunden und Tage über Wählerverzeichnissen und analysierten sämtliche Informationen, von denen wir wussten, dass sie uns helfen konnten, einige Jahre später eine Wahl zu gewinnen.

Wir betrachteten natürlich auch die Bilanz meines künftigen Konkurrenten. Thomas Rhoad Jr. war damals schon achtzig, ein weißer ehemaliger Farmer und Milchmann, der seit über zwanzig Jahren im Kongress saß. Wir analysierten seinen Wahlkreis und seine Wähler und stellten fest, dass er einen Bezirk vertrat, der wie meine Heimatstadt überwiegend schwarz war. Wir studierten das Abstimmungsverhalten seiner Wahlen und versuchten zu erkennen, was er zur Verbesserung seines Wahlbezirks getan hatte. Das Ergebnis deckte sich mit dem, was ich bereits wusste. Die sozialen, wirtschaftlichen und bildungspolitischen Missstände im Wahlkreis standen für ein viel größeres Problem in South Carolina. Da gab es keine Spur von Wachstum – nur den Abstieg.

Jarrod und ich verbrachten unfassbar viel Zeit mit der Analyse von Rhoads Wählern und ihrer Wohnorte. Außerdem verfolgten wir den Verlauf der Wahlbezirksgrenzen über einen Zeitraum von zwanzig Jahren. Das alles sollte sich eines Tages auszahlen, doch in jenem Jahr gab es noch einiges zu tun.

Als ich im Herbst ans Morehouse College zurückkehrte, tat ich für mein Studium nur das Nötigste. Ich hatte mich mit dem Politik-Virus infiziert. Ich wollte Erfahrungen sammeln, also kandidierte ich für einen Posten in der studentischen Mitverwaltung und führte meinen ersten Wahlkampf. Im Grunde war nicht viel dabei – ich klopfte an Türen im Wohnheim und verteilte Handzettel.

Doch ich legte auch großen Wert auf mein Netzwerk. Anders ausgedrückt: Ich achtete jeden Tag darauf, *Leute zu sehen.* Ich meine das im wahrsten Sinne des Wortes: Ob es nun der Hausmeister, die Mitarbeiter der Cafeteria oder der College-Präsident persönlich waren, sie alle sollten merken, dass ich sie *wahrnahm.* Das galt auch für meine Kommilitonen, meine Freunde – und generell für alle, mit denen ich an einem Tag Kontakt hatte. Dieses Geschick im Umgang mit Menschen, das ich der Erziehung meiner Eltern zu verdanken habe, hat sich in der Politik wirklich ausgezahlt.

Ich versuchte, auf die Leute zuzugehen, und meine Kommilitonen dankten es mir und wählten mich zum Jahrgangssprecher. Mein zweiter Wahlkampf war hingegen nicht ganz so einfach. Tatsächlich war er die Hölle.

*

Im Sommer 2003, also mit achtzehn, wohnte ich vor Beginn meines dritten Studienjahrs am College in einer Apartmentanlage in einem Viertel mit einer überwiegend schwarzen Bevölkerung, darunter viele Studenten. Meine fünf besten Freunde Anthony Locke, Rob Hewitt, Jason Mercer, Brian Fitch, Brandon Childs und ich hatten zusammen zwei Wohnungen nebeneinander mit jeweils drei Schlafzimmern gemietet. In den Semesterferien arbeitete ich als Praktikant im Büro der Bürgermeisterin von Atlanta und fuhr jeden Tag mit MARTA, dem U-Bahn-System von Atlanta, in die Innenstadt.

Ich weiß nicht mehr, ob ich für mein Praktikum bezahlt wurde, jedenfalls kam ich finanziell gerade so über die Runden. Da ich kein Stipendium mehr hatte, lebte ich von Rückerstattungsschecks, das heißt, ich lebte von dem, was von meinem Studienkredit übrig blieb. Ich schrieb vorab einen Stapel Schecks für sechs Monate aus, um die Miete, Lebensmittel und andere Dinge des täglichen Bedarfs abzudecken. Was davon übrig blieb, musste ich mir genau einteilen – und zusehen, dass es reichte.

Die einzigen Lebensmittel, die wir im Haus hatten, waren Kartoffeln. In der Mittagspause ging ich mit meinen zwei Kartoffeln in die Gemeinschaftsküche in den Büroräumen der Stadtverwaltung, wärmte sie in der Mikrowelle auf, nahm mir eine Plastikgabel und versteckte mich dann in irgendeinem Büro, damit niemand merkte, dass ich jeden Tag gebackene Kartoffeln mit Ranch-Dressing aß.

Ich hatte also nicht viel Geld, doch das, was ich in jenem Sommer lernte, war ohnehin unbezahlbar. Tatsächlich inspirierten mich Jim Clyburn und Shirley Franklin (die damalige Bürgermeisterin) zu meinem ersten politischen Slogan: »Es geht nicht um die Politik, sondern um den Dienst am Bürger.«

Shirley Franklin hatte zusammen mit meinem Vater an der Howard University studiert. Er nannte sie immer bei ihrem Mädchennamen, Shirley Clark, weshalb ich keine Ahnung hatte, dass er von der Bürgermeisterin sprach. Obwohl sie nicht größer als 1,52 Meter sein konnte, war Shirley eine Gigantin. Sie verlangte Respekt, und man konnte auch gar nicht anders, als sie zu respektieren. Doch sie respektierte auch immer die anderen. Wildfremde sprachen sie in Atlanta auf der Straße an und beugten sich zu ihr hinunter, um sie zu umarmen. Shirley Franklin war stets wie aus dem Ei gepellt, und wie die schwarzen Frauen eine Generation vor ihr trug auch sie stets eine frische Blume anstelle einer Brosche.

Atlanta ist eine Stadt, die von Schwarzen gelenkt wird, allerdings lassen wir manchmal zu, dass kleinliche Differenzen uns beim Regieren im Weg stehen. Die Bürgermeisterin war jedoch anders, sie konzentrierte sich auf das, was den Bürgern von Atlanta wichtig war. Sie entschied sich nie für Themen, nur weil sie attraktiv waren. So setzte sie sich etwa leidenschaftlich für die Verbesserung der Wasserversorgung in der Stadt ein, was vielleicht nicht sonderlich spektakulär ist, aber jeden direkt betrifft.

Wenn ich eine Sache bei meinen Praktika für Jim Clyburn in Washington und bei Shirley Franklin in Atlanta lernte, war es, dass sich das Lebenselixier der Politik in ein Wort fassen lässt: Verbindungen.

Meine Freunde und ich hatten bereits eine beeindruckende Allianz geschmiedet, für die wir berühmt, aber auch ein bisschen berüchtigt waren. Unsere Stärke basierte darauf, dass wir alle verschiedenen Gruppen angehörten und so einen Querschnitt beliebter und einflussreicher Personen auf dem Campus bildeten. Brandon Childs war Basketballspieler. Jarrod lebte zwar nicht bei uns in jenem Sommer, übernahm aber bereits Führungsaufgaben in der Verbindung Alpha Phi Alpha, einer der traditionellen historischen afroamerikanischen Bruderschaften auf dem Campus.

Ich gehörte keiner bestimmten Gruppe an, war aber mit vielen Leuten befreundet. Der Chefredakteur der College-Zeitung war ein guter Freund, und der Kapitän der

Basketballmannschaft war mein Buddy. Wie an anderen Hochschulen auch gab es in Morehouse verschiedene Gruppen – die Business-Typen, die Sportler, die Verbindungsleute, die Nerds, die internationalen Studenten und die schwulen Studenten. Ich war mit allen befreundet.

In jenem Sommer waren meine Clique und ich jedoch vor allem für unsere legendären Partys bekannt. Atlanta zog schon immer schwarze Studenten aus dem ganzen Land an. Ende der 1980er- und 1990er-Jahre reisten College-Studenten aus allen Bundesstaaten in die Stadt, um beim »Freaknik« mitzufeiern, einer gigantischen Party mit bis zu 200 000 Studenten, die zwanzig Millionen Dollar in der Stadt ausgaben. Die Jugendlichen fühlten sich offensichtlich wohl in einer Stadt, in der Leute das Sagen hatten, die aussahen wie sie. Und natürlich wirkten auch die vier historischen afroamerikanischen Hochschulen wie ein Magnet: Morehouse, Spelman, Morris Brown und die Clark Atlanta University.

Und anscheinend schauten in jenem Sommer 2003 sämtliche Studenten dieser Hochschulen bei unseren Partys vorbei. Wir hatten nicht viel Geld, um Alkohol zu kaufen, daher mussten wir unsere Drinks ein bisschen strecken. Wir rührten Orangensaft, Fruchtcocktail aus der Dose und fünfundneunzigprozentigen Ethylalkohol zusammen und ließen die Mischung über Nacht im Kühlschrank durchziehen. Den Fußboden der Wohnung legten wir mit Plastikplanen aus. Ich nutzte den alten Nissan Sentra, den mir meine Schwester zum Geburtstag gekauft hatte, um die Holzschranke zu unserer Wohnanlage zu durchbrechen. Ohne Schranke konnte ein Dutzend Autos auf einmal in die Anlage fahren.

An einem Abend kamen oft bis zu hundert Studenten zusammen. Seltsamerweise riefen die Nachbarn höchst selten die Polizei.

*

Politik war eine ernste Sache in Morehouse. Unsere Brüder hielten Reden, wir analysierten Wahlkampagnen und entwickelten ausgeklügelte Strategien – ich liebte alles daran. Und so warf ich in meinem dritten Jahr mit dem grenzenlosen Selbstvertrauen meiner Jugend auch meinen Hut in den Ring und kandidierte für das Amt des Präsidenten der Studentenvertretung. Meine Entscheidung, mich für eine hohe politische Position auf dem Campus zu bewerben, wurde jedoch nicht von allen begrüßt, vor allem nicht von den Leuten der Studentenvertretung selbst, den »SGA-Typen«, wie man die Vertreter der Student Government Association nennt.

Man sollte nicht vergessen, dass unser College Führungspersönlichkeiten heranzog. Das begann bereits mit Benjamin E. Mays, einem Lehrer und Intellektuellen, der über viele Jahre Präsident des Morehouse College war. Als Sohn ehemaliger Sklaven prägte Mays mit seiner außergewöhnlichen Geschichte viele Anführer der Bürgerrechtsbewegung, darunter Julian Bond, Andrew Young und vor allem Martin Luther King Jr., der mit gerade einmal fünfzehn Jahren nach Morehouse kam. Auch sein Vater und Großvater hatten in Morehouse studiert.

Dr. King sagte über sein Leben auf dem Campus: »Ich erlebte eine sehr aufregende Zeit am College. In Morehouse herrschte eine freie Atmosphäre, dort führte ich auch meine erste offene Diskussion über Rasse. Da das College nicht an öffentliche Gelder gebunden war, konnten die Professoren mit akademischer Freiheit die Themen unterrichten, die sie wollten. Sie förderten in uns die positive Suche nach einer Lösung der Rassenproblematik. Mir fiel auf, dass niemand dort Angst hatte. Wichtige Personen kamen ans College, um mit uns ganz rational über Rasse zu diskutieren.«

Damals beschloss Dr. King, Anwalt anstatt Pastor zu werden, denn er wehrte sich »gegen die Emotionalisierung eines Großteils der schwarzen Religion. Das Rufen und Stampfen. Ich verstand es nicht, und es war mir peinlich.« Er fragte sich, ob Religion zugleich intellektuell anspruchsvoll und emotional befriedigend sein konnte. Doch zwei Menschen in Morehouse inspirierten ihn und veranlassten ihn, der Theologie doch noch eine Chance zu geben. King berichtet, Dr. Mays und Dr. George Kelsey, Professor für Philosophie und Religion in Morehouse, hätten ihn »zum Nachdenken gebracht. Beide waren Pfarrer, beide tief religiös, und dennoch waren beide gelehrte Männer, die sich mit den Entwicklungen des modernen Denkens auskannten. Ich erkannte in ihren Leben das Ideal, das ich mir von einem Pfarrer wünschte.«

In Morehouse versuchte nun auch ich, das Fundament zu legen, um zukünftige Führungsaufgaben zu übernehmen. »Führung« ist ein interessanter Begriff, weil es dafür keine klare Definition gibt. Einen Anführer hingegen beschreibt man immer als jemanden, der seine Anhänger in den Bann zieht und über Charisma verfügt. Ich bin jedoch anderer Meinung. Für mich ist ein guter Anführer jemand, der weitere Führungspersönlichkeiten hervorbringt. Wenn ich Anhänger habe, die selbst keine Führungspersönlichkeiten sind, hat mein Tun wenig Sinn. Wenn ich jedoch meine Aufgabe gut mache, schließen sich mir andere Anführer an, nehmen meine Überlegungen auf und ziehen dann hinaus, um andere anzuleiten. Das habe ich in Morehouse gelernt.

Martin Luther King Jr. wurde bereits in seinem letzten Jahr in Morehouse Hilfsprediger. Mein »Onkel« Julian Bond, in meiner Kindheit und Jugend selbst eine lebende Legende, war zu Kings Zeit ebenfalls in Morehouse und erinnerte sich gut an King und Mays. Er beschrieb Mays als den vollkommenen Morehouse-Mann: »Er setzte den Standard, wie ein Morehouse-Mann sein sollte, und wir alle wollten diesem Standard unbedingt gerecht werden.«

Mays, ein Wortkünstler und brillanter Redner, der jeden Dienstag in der Kapelle predigte, war Kings geistiger Vater und Vorbild. Traurigerweise musste er später auch die Trauerrede für King auf dem Campus halten. Onkel Julian erinnerte sich oft daran, dass er einer von acht Studenten war, die das einzige Seminar belegten, das King je in Morehouse gab. Er sagte gerne: »Ich bin einer von acht Menschen auf der Welt, die wirklich sagen können: ›Ich war Student bei Martin Luther King.‹« Er erinnerte sich auch, dass er King in Atlanta beim Einkaufen und auf der Bank traf und dann natürlich später in Selma und beim Marsch auf Washington.

Die wenigsten Leute wissen, dass der Schauspieler Samuel L. Jackson, der 1968 in seinem zweiten Jahr in Morehouse studierte, als Platzanweiser bei Kings Beisetzung teilnahm. Kings Tod schockierte ihn, worauf er selbst politisch aktiv wurde. Ein Jahr nach Kings Ermordung wurde Jackson vom College suspendiert, nachdem er und andere studentische Aktivisten mehrere Mitglieder des Kuratoriums in einem Gebäude auf dem Campus zwei Tage lang als Geiseln festgehalten hatten. Unter den Kuratoriumsmitgliedern befand sich auch der Vater von Martin Luther King.

Für einen jungen Schwarzen, der künftige Führungsaufgaben übernehmen wollte, war das Studium in Morehouse vermutlich ähnlich, wie die Situation für einen jungen Politiker in Boston oder Philadelphia kurz nach der Unabhängigkeitserklärung gewesen sein muss. Manche kamen nur deswegen zum Studium nach Morehouse, weil sie in die Fußstapfen der großen schwarzen Anführer treten wollten. Andere kamen mit der Absicht an die Schule, Präsident der Studentenvertretung zu werden, so prestigeträchtig war diese Position an einer Hochschule, die dafür bekannt war, einige der größten Wegbereiter und Vertreter der Bürgerrechtsbewegung hervorgebracht zu haben. Aber daran dachte ich nicht. Ich dachte nur, dass Morehouse für viele Menschen auf dem Campus und darüber hinaus so einiges bewirken könnte.

Jarrod sagt immer, die Leute hätten meine Chancen auf die SGA-Präsidentschaft unterschätzt. »Viele Morehouse-Studenten glaubten, sie hätten ein Anrecht auf die SGA-Präsidentschaft, weil sie sich bereits als Studentenvertreter engagiert hatten«, erklärt er. »Oder sie hatten in der vorherigen Amtsperiode irgendeine Funktion bei der SGA. Aber das war Bakari ganz offensichtlich egal. Den Studenten war klar, dass seine Welt nicht auf die SGA-Welt beschränkt war. Er hatte immer einen guten Draht zur Basis in Morehouse.«

Zur SGA-Wahl stellten sich jede Menge talentierter Kommilitonen wie etwa Lee Merritt, der heute ein bedeutender Bürgerrechtsanwalt ist; er hat unter anderem Frauen vertreten, die den Sänger R. Kelly wegen sexuellen Missbrauchs anklagten, und kämpft gegen Polizeigewalt und für mehr Chancengleichheit. Ein weiterer Konkurrent war Clark Jones, der heute ein bekannter Comedian ist. Doch trotz dieser talentierten Gegner rechnete ich mir Erfolgschancen aus. Im Wahlkampf um das Amt des Jahrgangssprechers hatte ich das Erfolgsrezept bereits erprobt: Ich musste einfach von Tür zu Tür zu gehen und mir so ein großes Netzwerk aufbauen.

Ich bekam tatsächlich die meisten Stimmen im SGA-Wahlkampf, doch das war nur die erste Runde eines langen, mühsamen Wahlvorgangs. Wir mussten in die Stichwahlen, weil ich nicht fünfzig Prozent der Stimmen erreicht hatte. Dann siegte ich auch in den Stichwahlen – und wurde ins Büro des Dekans zitiert. Die Mutter eines Kandidaten, dessen Namen ich nicht nennen will, hatte den damaligen stellvertretenden Leiter der Verwaltung, einen gewissen Mr. Bryce, der gleichzeitig auch Dekan war, angerufen und erklärt, die Stimmabgabe habe mit dreißig Minuten Verspätung begonnen, was eine »gleichrangige Benachteiligung« sei – ein Begriff, den ich noch nie in meinem Leben gehört hatte. Dekan Bryce erklärte mir, die Schule werde meinen Wahlsieg nicht anerkennen; die gesamte Wahl müsse wiederholt werden.

Ich stürmte aus seinem Büro und rief meinen Vater an. Er wusste, wie sehr ich mich für meinen Sieg ins Zeug gelegt hatte. Wir hatten sämtliche Wohnheime abgeklappert. Wir hatten zahlreiche Basketballspieler für unsere Zwecke rekrutiert und uns die Unterstützung all meiner Bekannten in den Studentenverbindungen gesichert. Meine Freunde Jarrod, Brian, Jason, Rob, Brandon und Anthony hatten mir geholfen, die gesamte Studentenschaft wachzurütteln.

Ich weiß noch, wie wir mit einer Gruppe von zwanzig Leuten in eine Versammlung der Studienanfänger Einzug hielten, im Lern- und Begegnungszentrum des Wohnheims. »Wir alle unterstützen Bakari Sellers. Wir brauchen euch, gebt eure Stimmen morgen für ihn ab!« Wie ein Mob zogen wir für unsere Lobbyarbeit von einem Gebäude zum anderen und versuchten, jeden für uns zu gewinnen, den wir kannten. Wir wollten die Leute mit unserer Begeisterung und Energie mitreißen, ihnen aber auch zeigen: Das ist etwas, bei dem ihr dabei sein wollt, und das sind die Leute, mit denen ihr euch zusammentun müsst.

Wir hatten eine enorme Energie entfacht, aber als Dekan Bryce mir den Wahlsieg absprach, war ich einfach nur traurig. Mein Dad schlug vor, ich solle Julian Bond anrufen, der damals Vorsitzender des Universitätsrates von Morehouse war. Es gab so einige Gemeinsamkeiten zwischen uns. Julians Vater war ein angesehener Pädagoge und College-Präsident gewesen. Wir wuchsen beide im Umfeld von Legenden auf. Es gibt Bilder von mir als Kind zusammen mit bekannten amerikanischen Bürgerrechtlern, ebenso gibt es Fotos von Julian Bond, auf denen ihn der große Paul Robeson oder W. E. B. Du Bois im Arm halten. Und wenn sich jemand mit politischen Rückschlägen auskannte, dann Onkel Julian.

Also rief ich Julian Bond an und tigerte dabei auf und ab, erzählte ihm, was passiert war, und brach in Tränen aus. Er sprach beruhigend auf mich ein und tröstete mich: »Das wird schon alles wieder.« Als er 1965 mit sechsundzwanzig Jahren ins Repräsentantenhaus von Georgia gewählt worden war, hatten seine Kollegen ihm seinen Sitz verweigern wollen, weil er sich nicht für die Kritik am Vietnamkrieg entschuldigen wollte, die seine Kollegen beim SNCC kurz zuvor geäußert hatten. Martin Luther King Jr. hatte die Abgeordneten öffentlich getadelt und einen Protestzug zum Repräsentantenhaus geführt.

Der Oberste Gerichtshof der USA gab Julian schließlich recht, er zog ins Repräsentantenhaus von Georgia ein und diente dort vier Legislaturperioden lang und anschließend noch einmal sechs weitere im Senat. Außerdem war er Vorsitzender der NAACP (National Association for the Advancement of Colored People) und Gründer des Southern Poverty Law Center, einer Organisation für die Bekämpfung von Armut in den Südstaaten. Doch 1985 unterlag er im Wahlkampf um einen Sitz im US-Kongress im Fünften Wahlbezirk von Atlanta, obwohl er dazu beigetragen hatte, diesen Sitz zu schaffen. Schlimmer noch, er verlor gegen seinen Freund und Kampfgefährten der Bürgerrechtsbewegung, gegen John Lewis, der damals im Stadtrat saß. Durch den Wahlkampf wurden die beiden Freunde zu Gegnern; Lewis verlangte damals, dass Onkel Julian einen Drogentest machte, was er ablehnte, weil er den Test als Eingriff in seine Privatsphäre betrachtete. Wenn sich Lewis einem fairen Vergleich gestellt hätte, wäre der Kongressabgeordnete aus diesem Wahlkreis vermutlich Julian Bond gewesen und nicht John Lewis, zumindest ist das meine Meinung.

Meinem Freund Lodriguez Murray, der heute für den United Negro College Fund arbeitet, war nicht entgangen, wie unruhig ich in unserer Wohnung auf und ab schritt. Nachdem ich das Gespräch mit Onkel Julian beendet hatte, nahm mich Lodriguez beiseite und sagte: »Du wirst einfach noch einmal gegen alle gewinnen.«

Die Nachwahl war eine Woche später angesetzt, und ich siegte tatsächlich, woraufhin erneut eine Stichwahl abgehalten wurde, die ich ebenfalls gewann, obwohl ich Mühe hatte, alle, die für mich gestimmt hatten, zu überzeugen, auch noch ein viertes Mal für mich zu stimmen! Doch ich lernte so einiges aus dieser Prozedur, was ich auch für die Zukunft gut gebrauchen konnte. Ich lernte, dass es keine dauerhaften Freund- oder Feindschaften gibt, nur dauerhafte Interessen. Und ich lernte, weiterzumachen und mich nicht entmutigen zu lassen. Meine Eltern hatten mir beigebracht, schneller zu laufen, höher zu springen und härter zu arbeiten – und das tat ich.

Jahre später sinnierte Jarrod darüber, warum ich die Wahl trotz aller Rückschläge gewann. »Dein Wahlkampfteam bestand aus deinen Kumpels – du hattest uns«, sagte er. »Und dank deiner unkomplizierten Art kanntest du Leute aus allen Schichten, und ich glaube, deshalb fühlten sich die Leute auch zu dir hingezogen. Ich glaube, der Wahlkampf war dein erster Ausflug in die Politik.«

Mit der SGA erreichten wir einige wichtige Dinge auf dem Campus und in der Stadt. Außerhalb vom Campus führten wir HIV- und Aidstests durch, denn HIV-Infektionen sind in Atlanta häufig. Auf dem Campus befassten wir uns mit den Arbeitsbedingungen der Frauen, die in der Cafeteria tätig waren. In meinem dritten und vierten Jahr in Morehouse ging ich nicht in die Mensa, weil ich nicht genügend Geld hatte. Der einzige Grund, warum ich überhaupt etwas in den Magen bekam, war der, dass mich die Angestellten der Cafeteria kostenlos essen ließen. Als wir feststellten, dass die Frauen nur den Mindestlohn erhielten, setzten wir uns für sie ein und konnten bei der College-Verwaltung eine bessere Bezahlung für sie erreichen. Außerdem veranstalteten wir ein Konzert zum Semesterauftakt mit dem Rapper Lil Wayne.

In meinem letzten Jahr teilte ich mir wieder ein Zimmer mit Jarrod, der mittlerweile Vorsitzender der Alpha-Phi-Alpha-Verbindung war und damit ganz oben in der sozialen Hierarchie stand. Und ich war natürlich der SGA-Präsident. Die beiden renommiertesten Positionen am College waren nun also mit zwei Jungs aus der Provinz besetzt. Jarrod wollte an der New York University weiterstudieren und dann an die Kennedy School of Government in Harvard wechseln, während ich Jura studieren wollte. Dafür musste ich allerdings mindestens drei von vier Voraussetzungen erfüllen. Ich benötigte: 1. einen sehr guten Notendurchschnitt, den ich nicht hatte, 2. einen herausragenden Lebenslauf, 3. eine beeindruckende Geschichte (das persönliche Motivationsschreiben) und 4. exzellente Referenzen. Ich bewarb mich an der University of South Carolina und wurde tatsächlich angenommen. Doch ich hatte noch ein anderes Ziel, um das ich mich kümmern musste.

*

Nach meinem Abschluss am Morehouse College im Mai 2005 war ich zwanzig und wohnte den Sommer über wieder bei meinen Eltern, um mich für mein Jurastudium vorzubereiten, das im August beginnen sollte. Aber natürlich hatte ich auch noch meinen Masterplan im Kopf, den ich während meines Praktikums beim Kongressabgeordneten Clyburn zusammen mit Jarrod ausgeheckt hatte. Und so beschloss ich im Juni 2005, bei den nächsten Vorwahlen der Demokraten gegen Thomas Rhoad anzutreten, um ihm seinen Sitz im Repräsentantenhaus von South Carolina streitig zu machen. Es war höchste Zeit, meine Eltern in meinen Plan einzuweihen, und voller Selbstvertrauen sprang ich in unserem Haus die Treppe hinunter.

In unserer Küche haben wir rechts eine Kochinsel und links die Spüle und den Kühlschrank. Ich stand zwischen Spüle und Kochinsel. Meine Mutter bereitete in einem ihrer seltenen Anflüge von Kochlust Spaghetti zu, während mein Vater die Zeitung durchblätterte. Als Kind der Generation Y konnte ich damals wie heute nicht verstehen, warum alte Leute abends die Zeitung lesen. Jedenfalls musste ich ihn irgendwie auf mich aufmerksam machen.

»Mom, Dad, ich werde gegen Thomas Rhoad um seinen Sitz im Repräsentantenhaus von South Carolina kandidieren«, sagte ich.

Meine Mutter drehte sich um und sagte, ohne zu zögern: »Ich werde dich wählen.«

Mein Dad ließ die Zeitung sinken. »Ich werde darüber nachdenken«, sagte er und grinste.

V

Auf dem Weg zum Politiker, Teil 2

2005 war Thomas Rhoad zweiundachtzig Jahre alt. Der standhafte Demokrat hatte seiner Partei vierundzwanzig Jahre lang als Abgeordneter im Repräsentantenhaus von South Carolina gedient – länger, als ich lebte. 1923 in Bamberg County geboren, hatte er im Zweiten Weltkrieg gekämpft, als Farmer gearbeitet, war im Bezirksrat und als Postzusteller tätig gewesen. Er kannte wirklich jeden.

Doch es gab so ein paar Punkte, die mir Hoffnung machten. Rhoad war politisch verwundbar. Beispielsweise war er ein alter weißer Mann in einem Bezirk, in dem überwiegend Afroamerikaner lebten. Viele Leute warteten darauf, dass Rhoad in den Ruhestand ging – ein Geduldsspiel, das mich daran erinnerte, wie viele Leute einst an der Seitenlinie gestanden und darauf gewartet hatten, dass Strom Thurmond, der altgediente US-Senator für South Carolina, seinen Platz endlich für einen Jüngeren räumte.

Meine Familie lebte seit fünfundsiebzig Jahren in der Gegend, doch es gab noch weitere Gründe, warum sich in mir die Idee zu meiner Kandidatur festgesetzt hatte. Mitten durch unseren Bezirk verlief der »Korridor der Schande« von South Carolina, eine Region entlang der Interstate 95, wo die baufälligen und heruntergekommenen Schulen nicht nur miserabel ausgestattet waren, sondern leider auch Schüler hervorbrachten, deren Leistungen weit unter dem Durchschnitt lagen. Ich dachte an meinen Freund Pop und all die anderen, mit denen ich in meiner Kindheit Ball gespielt hatte und in die Sporthalle von Denmark eingebrochen war. Seitdem hatte sich in ihrem Leben nicht viel verändert – aber nicht, weil sie das so wollten, sondern weil es keine Möglichkeit für sie gab, etwas anderes zu machen. Ich dachte mir, jetzt die unglaubliche Gelegenheit zu haben, ihnen neue Perspektiven zu verschaffen.

Als Erstes kaufte ich mir ein Notizbuch mit marmoriertem Einband in der Drogerie und schrieb die Namen der Leute auf, die ich kontaktieren musste. Einer der Ersten, die ich notierte, war der ehemalige Gouverneur von South Carolina, Dick Riley. Nachdem ich einen Termin ergattert hatte, bemerkte ich beim Betreten seiner Anwaltskanzlei als Erstes seinen vollkommen leeren Schreibtisch. Ich fragte mich, wie beschäftigt er als Anwalt überhaupt war. Riley, der ursprünglich aus Greenville und damit aus dem Upstate (auch Upcountry genannt) stammte, war in South Carolina eine Legende. Präsident

Bill Clinton hatte 1993 versucht, ihn als Richter für den Obersten Gerichtshof zu nominieren, aber Riley hatte abgelehnt, und der Sitz war an Ruth Bader Ginsburg gegangen. Doch einige Monate später hatte Clinton Riley zum Bildungsminister ernannt.

Ich kannte Riley schon von Kind an. Tatsächlich kannte ich die meisten Leute, die ich anfangs traf, über meinen Vater und von den Gedenkveranstaltungen zum Massaker von Orangeburg. Ich rief die Leute an und sagte: »Hey, hier ist der kleine Cleve« oder »Hier spricht der kleine CL«.

Riley war gerade in einem Telefongespräch, als ich kam, also setzte ich mich und wartete. Schnell ging mir auf, dass er mit Marian Wright Edelman telefonierte, der berühmten Aktivistin für Kinderrechte. »Marian, ich rufe zurück«, sagte er. »Bakari Sellers ist hier, und wir wollen uns ein bisschen unterhalten.«

»War das *die* Marian Wright Edelman?«, fragte ich, als er aufgelegt hatte.

»Ja, genau«, sagte er. Für mich war das ein sehr surrealer Moment.

Das Tolle an Rick Riley ist, dass er an die neue Generation glaubt. Er hatte meinen Vater sehr gern und sah in mir eine jüngere Version von ihm. Riley setzte mir ein klares Ziel: »Mach deinen Vater und deinen Bundesstaat stolz«, sagte er. Sein Rat war einfach und ermutigend, so einfach, dass ich ihn verinnerlichen und loslegen konnte.

Auch meine Mutter nutzte ihre Kontakte und arrangierte ein Treffen mit einer großen Werbeagentur in Columbia namens Chernoff Newman. Ich setzte mich mit Rick Silver zusammen, einem Partner der Agentur, der mit mir über Marketing und mein politisches Programm sprach. Ich erzählte ihm, dass ich den Kampf gegen die Konföderiertenflagge zu meinem Wahlkampfthema machen wollte. Er lehnte meine Idee nicht ab, schlug mir aber noch andere Schwerpunkte vor. South Carolina hatte noch viele weitere drängende Probleme, etwa die Armut und eine unzureichende Gesundheitsversorgung, die alle Bürger direkt betrafen. Bei den Treffen mit Rick entwickelte ich ein Wahlkampfprogramm, das den Schwerpunkt auf eine gute Bildung für die Kinder und eine erstklassige Gesundheitsversorgung für die Großeltern legte – unabhängig davon, ob man schwarz oder weiß war.

Während ich einen Namen nach dem anderen in meinem Notizbuch abhakte, war mir klar, dass ich einen strikten Zeitplan einhalten musste. Ich würde meine Kandidatur nicht vor dem 18. September 2005 verkünden, weil ich an dem Tag einundzwanzig wurde und man in unserem Bundesstaat erst ein politisches Amt bekleiden kann, wenn man offiziell volljährig ist.

Ich musste allerdings auch erfahren, dass nicht jeder an meinen Traum glaubte. Ein Beispiel war Darrell Jackson, ein enger Freund meiner Familie, Pastor an einer Megachurch und Politiker in South Carolina. Mein Vater hatte Darrell in die Startlöcher geholfen und ihn engagiert, um Jesse Jackson bei seinen beiden Wahlkämpfen um die Präsidentschaftskandidatur 1984 und 1988 zu unterstützen. Dennoch brach Darrell mir das Herz. Ich dachte, er wäre von meinen Plänen begeistert und würde mich freudig unterstützen. Ich glaube, meine Familie dachte das auch, doch als ich ihm von meinem Vorhaben erzählte, gegen Rhoad zu kandidieren, riet er mir davon ab. »Du solltest für den Schulausschuss oder so kandidieren«, sagte er mir. »Mach dir erst mal einen Namen.«

Jung, wie ich damals war, dachte ich, Darrell wolle meinen Hoffnungen einen Dämpfer verpassen. War seine Reaktion vernichtend oder respektlos? Überhaupt nicht. Ich denke, sein Rat wäre unter normalen Umständen vernünftig gewesen. Aber in meinen Augen waren die Umstände meiner ersten Kandidatur für das Repräsentantenhaus, eine Kandidatur, die Geschichte schreiben sollte, ohnehin alles andere als »normal«.

Heute würde ich sagen, dass die meisten Millenials ein eigenartiges Gefühl der Bestätigung empfinden, wenn wir anderen das Gegenteil beweisen können. Ich war nach meinem Gespräch mit Darrell zwar enttäuscht, weil er nicht das sagte, was ich hören wollte, aber auch motiviert. Natürlich wollte ich, dass die Leute meinen Traum unterstützten, aber seine Kommentare zeigten mir auch, dass meine Jugend durchaus ein Thema im Wahlkampf sein würde.

Ich wollte nicht respektlos gegenüber Senator Darrell Jackson wirken, der bis heute ein Freund und Mentor für mich ist, aber ich wollte auch nicht warten, bis ich an der Reihe war. Ich denke, ihm wurde später klar, dass er kein typisches Gespräch mit einem typischen Kandidaten geführt hatte, immerhin war ich der Sohn von Cleve Sellers – und würde deshalb trotz aller Hindernisse losziehen und für einen radikalen Wandel eintreten.

Ein richtig gutes und interessantes Gespräch vor der offiziellen Bekanntgabe meiner Kandidatur führte ich mit John Matthews, der nicht nur als schwarzer Demokrat für meinen Wahlkreis im Senat von South Carolina saß, sondern meinen politischen Gegner Rhoad massiv unterstützte. Und es war kein Zufall, dass Matthews ausgerechnet das Waffle House wählte, um mit mir über Politik zu reden.

In South Carolina geht man aus jedem erdenklichen Grund ins Waffle House, ob man nun eine politische Karriere starten oder nach einem Besuch im Strip Club spät in der Nacht noch etwas essen will. Waffle Houses sind in den Südstaaten mehr als nur Tradition; sie sind für uns unverzichtbar. Sie haben immer geöffnet, sie lassen einen nie im Stich. Mein Lieblingsessen dort sind gegrillte Schweinekoteletts mit Hash Browns (geriebene und roh geröstete Kartoffeln) und reichlich Zwiebeln. Im Süden kann man mithilfe der Waffle Houses auch zuverlässig das Wetter vorhersagen. Hurrikanwarnungen erregen in meinem Heimatstaat kein großes Aufsehen, aber wenn die Waffle Houses schließen, dann packt man besser seine Sachen!

Trotzdem hielt sich meine Begeisterung in Grenzen, als Senator Matthews den Laden als Treffpunkt vorschlug, denn wenn man im Waffle House war, riecht man auch nach Waffle House.

Ich weiß nicht mehr, ob ich mir überhaupt etwas bestellte, aber Matthews gönnte sich ein Egg Sandwich auf Weißbrot und eine Tasse Kaffee. Das Gespräch dauerte nicht lange. Ich bewunderte Matthews schon immer und wollte, dass er über meine Kandidatur Bescheid wusste, allerdings dachte ich nicht unbedingt an seine Unterstützung. Vielmehr stellte ich mein Licht unter den Scheffel, damit er nicht auf die Idee kam, sich einzumischen – ich wollte also verhindern, dass er nach unserem Gespräch offen *meinen Gegner unterstützte.*

»Ich respektiere den Abgeordneten Rhoad sehr, und ich weiß, dass Sie das auch tun«, sagte ich zu Matthews. Man muss immer erklären, dass man den Gegner respektiert, denn man weiß in der Politik nie, wie sehr der Gegner in den vergangenen zwanzig Jahren die Person unterstützt hat, mit der man nun an einem Tisch sitzt. Ich bat Matthews um seinen Rat, was nicht zu viel verlangt war. Er sollte mir ein paar weise Worte mit auf den Weg geben, aber vor allem wollte ich, dass er sich nicht in den Wahlkampf einmischte. Das sagte ich dann auch klipp und klar: »Könnten Sie mir einen Gefallen tun und sich aus dem Wahlkampf heraushalten? Ich weiß, dass Sie mich nicht unterstützen können, doch das macht nichts. Aber wenn Sie mir den Gefallen tun könnten, sich herauszuhalten, dann wüsste ich das wirklich zu schätzen.«

Matthews trank einen Schluck Kaffee. Dann sagte er: »Klar, das kann ich machen.«

Matthews war ein erfahrener Politiker, er hatte Rhoad bestimmt seine Unterstützung zugesichert, vielleicht setzte er sich auch hier und da für ihn ein. Aber er schadete mir nicht so, wie er es hätte tun können, wenn wir unser Gespräch im Waffle House nie geführt hätten.

*

Im August nahm ich mein Jurastudium auf. Jarrod rief unterdessen all unsere Kommilitonen und Kommilitoninnen aus Morehouse und Spelman an und sammelte Geld für meine Kampagne. Über Fundraising-Websites steuerten sie zehn oder zwanzig Dollar bei. In der Politik Geld zu sammeln ist viel einfacher, als man denkt. Die Leute sagen mir immer: »Aber ich kenne gar keine Lobbygruppen.« Tja, ich damals auch nicht. Und wenn, dann unterstützten sie meinen Gegner. Ich hörte auch häufig: »Von meinen Freunden hat keiner Geld.« Von meinen Freunden auch nicht.

Ich startete meinen Wahlkampf mit dem wenigen Geld, das ich auftreiben konnte, und das war ein Scheck über tausend Dollar von meiner Mutter. Das Geld war gleich im ersten Monat verbraucht. Meine Eltern führen handschriftliche Adressbücher, um Karten zu Abschlussfeiern, bei Trauerfällen und Hochzeiten zu versenden. Ich schickte Bettelbriefe an diese Adressen, mit einem eigenen Briefkopf und Umschlägen und Briefmarken, die ich selbst bezahlte. Ich kontaktierte jeden Einzelnen in meiner Familie und jeden auf meiner Liste, das mochten um die zweihundert Personen gewesen sein, darunter etwa Leute, die zu meiner Abschlussfeier eingeladen gewesen waren und so weiter. Ich schrieb einfach: »Ich kandidiere für das Repräsentantenhaus und brauche eure Hilfe.«

Meine Eltern haben mich so erzogen, dass ich den Wert eines Dollars zu schätzen weiß. Und so wusste ich es sehr zu schätzen, wenn mir zum Beispiel eine ältere Dame aus unserer Kirchengemeinde einen Scheck über fünfundzwanzig Dollar sandte. Ihr Scheck hatte einen ganz besonderen Wert, denn mit ihrem Geld, das vermutlich von ihrer Rente abging, investierte sie in meinen Sieg. Sie würde ihre Freunde anrufen und sich in der Kirche zu Wort melden und alle daran erinnern, ihre Stimme für mich abzugeben. So sammelte ich Geld von Menschen, die zwar nur kleine Summen beisteuern konnten, mich jedoch voll und ganz unterstützten.

Die Vorwahlen waren für den 13. Juni 2006 angesetzt. Damit blieben uns neun Monate Zeit für den Wahlkampf. Ich glaubte, dass uns noch genug Zeit blieb. Bei Wahlkämpfen rede ich immer von »wir« und »uns«, selbst wenn ich allein bei den Leuten vor der Tür stehe und mich als Kandidat vorstelle. Wenn mich jemand fragt, ob ich mir vorstellen könnte, für ein bestimmtes Amt zu kandidieren, sage ich immer: »Wir werden darüber nachdenken.« Das hat den einfachen Grund, dass es bei einem Wahlkampf um mehr geht als nur um den Kandidaten.

Vor der Bekanntgabe meiner Kandidatur rief ich Thomas Rhoad an. Ich hielt das für angemessen, aber er rief mich nie zurück. Tatsächlich haben wir während des gesamten Wahlkampfes kein einziges Wort miteinander gewechselt; erst zwei Tage nach meinem Sieg kam es zum Gespräch. Während des Wahlkampfs behandelte ich meinen Gegner stets mit Respekt, aber ich weiß nicht, ob er auch mich respektierte.

Anton Gunn, ein junger Schwarzer, der 2006 ebenfalls kandidierte, stand auch auf meiner Liste der Leute, mit denen ich reden wollte. Anton sollte später noch eine wichtige Rolle in Barack Obamas Wahlkampf von 2008 spielen. Wir verabredeten uns zum Lunch in Harper's Restaurant in Columbia. Anton ist über 1,95 Meter groß und wiegt um die hundertfünfzig Kilo, er hat früher als Offensive Lineman im Footballteam der University of South Carolina gespielt. Mein Vater, der fast zwei Jahrzehnte an der Universität unterrichtete, war Antons Berater. Anton, blitzgescheit und ein Mann der leisen Töne, widerspricht jedem Stereotyp, das man von einem muskelbepackten Sportler haben kann.

Anton machte mich mit Kendall Corley bekannt, einem brillanten politischen Berater. Ich engagierte Kendall und zahlte ihm damals wahrscheinlich nur wenige Hundert Dollar im Monat. Heute ist er ein überaus gefragter Wahlkampfstratege, aber als wir uns kennenlernten, konnte Kendall noch keine erfolgreichen Wahlkämpfe vorweisen. Doch er war schon damals gut im Kartenlesen. Er studierte Landkarten und Stadtpläne und analysierte wie ein verrückter Wissenschaftler Daten, um mir dann zu sagen, in welchem Gebiet ich von Haustür zu Haustür ziehen sollte.

Schließlich, am 18. September 2005, meinem 21. Geburtstag, stand ich mit meiner Nichte auf dem Arm vor dem alten Bahndepot von Denmark und verkündete meine Kandidatur. Nur ein Reporter war da, dazu kamen Familienmitglieder und Leute aus unserer Kirchengemeinde von der St. Philip's Episcopal Church. Ich weiß nicht, ob sie Siegeschancen für mich sahen, aber ich wusste, dass sie an mich glaubten. Gleich nach der Bekanntgabe begann ich meine Touren von Haustür zu Haustür.

Freitags, samstags und sonntags klopfte ich an etwa vierhundert Türen, an den anderen Tagen waren es um die hundert. Meistens war ich allein unterwegs, manchmal begleiteten mich Freiwillige. Kendall sorgte dafür, dass wir in den besten Ecken unterwegs waren.

Ich wusste, dass wir auf dem richtigen Weg waren, als freiwillige Helfer nach uns die Runde machten und die Leute erneut bearbeiteten. Ein Mann in Norway erklärte unseren Helfern schließlich: »Ich werde für ihn stimmen, aber wenn ihr noch einmal bei mir vorbeikommt, dann wähle ich den anderen Kandidaten.«

Oft klapperte ich noch nach meinen Juravorlesungen die Häuser ab. Ich zog eine ordentlichere Hose und ein Wahlkampf-T-Shirt an, schnappte mir einen Stadtplan und marschierte los. Es kümmerte mich nicht, wenn im Vorgarten eine Konföderiertenflagge hing, ich klopfte trotzdem an die dazugehörige Haustür. Wenn vor dem Haus ein Pitbull kläffte, schlich ich auf Zehenspitzen zur Hintertür und versuchte dort mein Glück. Ich traf auf mütterliche Frauen, die mich mit Limonade und Keksen bewirteten und mich ihren Töchtern vorstellten. Und ich traf auf Leute, die mir sagten: »Verschwinde, ich würde nie im Leben für einen Demokraten stimmen.«

Der Haustürwahlkampf ist mühsam, aber eine notwendige politische Übung – die sich Neulinge gern ersparen. Doch wer darauf verzichtet, hat eigentlich schon verloren. Die Leute denken immer, man müsse im Wahlkampf nur genug Geld auftreiben und Reklamespots im Fernsehen schalten, aber da, wo ich herkomme, zählen immer noch die persönlichen Begegnungen und eine altmodische Politik im Stil vom Jimmy Carter.

Wenn man an die Tür von wildfremden Leuten klopft, steigt kurz der Puls. Man weiß nie, was einen erwartet, man weiß nie, wie man empfangen wird. Man hat nur seine formelhafte Begrüßung und seine Wahlbroschüre, die man den Leuten unbedingt in die Hand drücken will. Aber man erlebt sein Gegenüber in dessen natürlicher Umgebung. Vielleicht haben die Leute kein Hemd an, tragen nur Boxershorts und Socken, wenn sie die Tür öffnen. Vielleicht bereiten sie sich gerade auf den nächsten Tag vor oder wollen ins Bett – es ist auf jeden Fall wichtig, dass man auf die jeweilige Situation eingeht.

Nach so einem Tag war ich immer todmüde, ich war ja auch stundenlang zu Fuß unterwegs. Meine guten schwarzen Schuhe hatten so große Löcher in den Sohlen, dass ich zwei Finger durchstecken und meine Fußballen spüren konnte.

Die meisten Leute empfingen mich freundlich. Selbst überzeugte Rassisten sagen einem nicht ins Gesicht, was sie wirklich denken. Bei mir daheim gab es schon Anrufe mit der Aussage: »Sagt dem Nigger, er soll seine Kandidatur zurückziehen«, aber persönlich sagte mir das niemand. Am Wahltag versuchte ein Mann vor einem Wahllokal in East Denmark, die Wähler einzuschüchtern. Er sprang mit einer Schrotflinte bewaffnet aus seinem Pick-up, stieg dann aber wieder ein. Ich wollte die Wahl gewinnen, von solchen Aktionen konnte ich mich nicht abhalten lassen.

Neun Monate lang zog ich von Tür zu Tür, besuchte schwarze Kirchengemeinden – jeden Sonntag eine andere. Ich hatte mir vorgenommen, jeden Wähler dreimal zu erreichen: persönlich an der Haustür, schriftlich per Post und mit einem Telefongespräch. Briefe und Anrufe kosten Geld, aber der Haustürwahlkampf kostet einfach nur Zeit. Also klapperte ich die Häuser in meinem Wahlbezirk ab, zu dem auch Bamberg County, Springfield, Norway und der südliche Teil von Orangeburg gehörten.

Dazu kam noch ein ganz kleiner Teil von Barnwell, wo es meiner Einschätzung nach nicht einmal zehn schwarze Wähler gab. Der Stadtteil hieß Hilda. »Du musst nach Hilda«, hieß es auf einmal. »Da gibt es diesen kleinen Dorfladen, da gehst du rein, triffst die Leute und schüttelst ihnen die Hand.« Also bestand meine Wahlkampfveranstaltung in Hilda aus einem Besuch in diesem Laden, wo ich den Leuten die Hand gab und erzählte, dass ich für das Repräsentantenhaus kandidierte – und ein Mayonnaise-Sandwich für fünfunddreißig Cent essen musste, das mir die freundlichen Ladeninhaber kredenzten. Ich reagiere auf Mayonnaise sehr empfindlich, ich bin nicht allergisch, aber mir wird übel davon. Selbstverständlich nahm ich trotzdem einen Bissen und spülte ihn mit irgendeinem süßen Tee hinunter: Auch das ist Politik.

Ein Freund aus Morehouse zog nach Columbia und unterstützte mich jeden Tag im Wahlkampf. Obwohl Jarrod mittlerweile an der New York University studierte, widmete er sich voll und ganz unserer Wahlkampfstrategie und sorgte dafür, dass wir sie umsetzten. Kendall lotste mich zu den richtigen Haustüren. Aber natürlich waren nicht alle so hilfsbereit. Die Abgeordnete Gilda Cobb-Hunter war mit Thomas Rhoad befreundet, daher machte sie in den Kirchen meines Wahlbezirks eifrig Wahlkampf für ihn. Vor unserem Haus hatte ich mein Bakari-Sellers-Schild im Vorgarten stehen, aber Rhoads Leute platzierten seine Schilder einfach rechts und links von meinem eigenen – in meinem Vorgarten! Cobb-Hunter wollte mir das Leben so schwer wie möglich machen, aber so ist das in der Politik. Tatsächlich leistet sie als Abgeordnete enorm viel, und ich bemühte mich später sehr, in ihren Augen Gnade zu finden. Ich habe mich bei der Planung meiner politischen Laufbahn sogar an ihrer orientiert.

Ich gewann im Juni 2006 nur in acht von dreißig Wahlbezirken, doch diese Bezirke waren groß und zählten zu denjenigen, die Jarrod und ich vier Jahre zuvor bei unserem Praktikum ins Visier genommen hatten. Wie erwartet, reichten die Wählerstimmen aus diesen Bezirken, um mir den nötigen Vorsprung zu verschaffen. Mit einundzwanzig Jahren gewann ich meine erste Wahl und hielt als Jurastudent und jüngstes Mitglied (mit mittlerweile zweiundzwanzig Jahren) Einzug ins Repräsentantenhaus von South Carolina. Meine Mutter hielt bei meiner Vereidigung die Bibel.

Beim Betreten des Repräsentantenhauses war mir jeden Tag bewusst, dass ich in einem der schönsten Kapitolgebäude der USA arbeitete. Auf dem Kapitolgelände im Zentrum von Columbia gibt es zweiundzwanzig Monumente. Eins ist zu Ehren von Strom Thurmond, dem ehemaligen Gouverneur und Senator, der die Segregation befürwortete und in seinem Heimatstaat geliebt und gehasst wird. Die Inschrift an der Statue wurde 2004 geändert, sie nennt bei seinen Kindern nun auch Essie Mae Washington-Williams, eine pensionierte afroamerikanische Lehrerin und Thurmonds älteste Tochter, die er zusammen mit einer afroamerikanischen Haushaltshilfe der Familie hatte.

Der prächtige Eingang zum Kapitol wird von zweiundzwanzig riesigen Säulen umrahmt, die jeweils aus einem Granitblock gehauen sind. An der Fassade finden sich sechs Bronzesterne, die an den Stellen angebracht sind, an denen während des Bürgerkriegs Geschosse einschlugen, abgefeuert von General William T. Sherman und seinen Unionstruppen, die das Kapitol im Jahr 1865, in dem die Sklaverei abgeschafft wurde, unter Artilleriebeschuss nahmen.

Eine prächtige Kuppel, die mit 20000 Kilo Kupfer verkleidet ist, krönt das Gebäude. Die Konföderiertenflagge wurde 1961 über dem Gebäude anlässlich des 100. Jahrestags zum Ausbruch des Bürgerkriegs gehisst und blieb dort jahrzehntelang, obwohl sich die Bürgerrechtsbewegung gegen diesen Affront wehrte. Erst im Jahr 2000 einigten sich die Abgeordneten auf einen Kompromiss: Die Flagge wurde von der Spitze der Kuppel entfernt und erhielt einen neuen Platz an einem neun Meter hohen Mast neben dem Konföderiertendenkmal vor dem Kapitolgebäude.

Ich persönlich war immer der Meinung, dass ein Kompromiss, der darauf hinauslief, die Flagge von der Kuppel zu entfernen und vor dem Kapitol wieder zu hissen, kein guter Kompromiss war. Ich hätte nie gedacht, dass die Flagge eines Tages eingeholt werden würde, war jedoch von Anfang an entschlossen, Himmel und Hölle dafür in Bewegung zu setzen.

Während meiner ersten Monate als Abgeordneter erhielt ich einen Anruf von Anton Gunn, der zu der Zeit noch das einzige Mitglied des Wahlkampfteams von Barack Obama in South Carolina stellte. Nachdem er sich bei den Wahlen zum Repräsentantenhaus nicht durchgesetzt hatte, entschied sich Anton für einen Schritt, der den Lauf der Geschichte in South Carolina verändern sollte. Er heuerte als Obamas Wahlkampfleiter in South Carolina an. Den Job bekam er, weil er sich beim damaligen Senator Obama in dessen Büro in Washington D.C. vorgestellt und ihn vom Undenkbaren überzeugt hatte: Er könne Obama helfen, die Vorwahlen in South Carolina zu gewinnen.

Die Aufgabe war alles andere als einfach. Hillary und Bill Clinton genossen bei den älteren schwarzen Demokraten großes Ansehen, das bis in die 1990er-Jahre zurückreichte. So hatte etwa Darrell Jackson über zwanzig Jahre zuvor die Präsidentschaftswahlkampagne für Bill Clinton in South Carolina geleitet. Doch die jüngeren Afroamerikaner hatten diese Verbindung zu den Clintons nicht; und ich schon gar nicht.

Am Telefon kam Anton gleich zur Sache: »Wir brauchen dich, du musst unbedingt Barack Obama als Präsidentschaftskandidat unterstützen.«

»Oh Mann, ich weiß nicht«, antwortete ich. Damals hatte ich meine persönliche Auswahl auf Obama und Senator John Edwards reduziert, der aus North Carolina stammte, tendierte aber stark zu Edwards. »Niemand hat sich die Armut so zum Thema gemacht wie Edwards, außerdem kommt er von hier«, sagte ich. »Er ist ganz stattlich, und sein Hauptquartier der Kampagne wird im Ninth Ward sein.« Ninth Ward war und ist der Inbegriff des schwarzen New Orleans.

Edwards hatte sein Programm auf die Unterschiede zwischen Arm und Reich ausgerichtet. Im Gegensatz zu den meisten, die nur über das ländliche weiße Amerika reden, thematisierte Edwards auch die schwarze Armut in meinem Heimatstaat und sprach zum Beispiel über Leute, die jeden Tag stundenlang mit dem Bus fahren müssen, um irgendwelchen schlecht bezahlten Jobs nachzugehen. Er beeindruckte mich, obwohl ich auch das Gefühl hatte, dass irgendetwas an ihm nicht ganz stimmte. Aber wie alle anderen ließ ich mich vom schönen Schein blenden und blickte nicht hinter die Fassade. (Edwards wurde 2011 angeklagt, Wahlkampfspenden veruntreut zu haben, um eine außereheliche Affäre zu vertuschen.)

Doch Anton sagte etwas in unserem Gespräch, das mich dazu brachte, mich richtig zu entscheiden: »Deine Unterstützung für Obama wirst du nie erklären müssen.«

Ich war zwar immer noch nicht bereit, Obama zu unterstützen, aber sein Kommentar zeigte mir, dass meine Wähler verstehen würden, warum jemand wie ich, ein schwarzer Mann und Abgeordneter, sich auf Obamas Seite stellte.

VI

Mit offenen Augen träumen

Ein Anführer werden

Ich war gerade auf dem Weg zu einem Seminar in Verfassungsrecht, als mich Barack Obama anrief.

An jenem Morgen im April 2007 erschien eine unterdrückte Rufnummer auf dem Display meines Mobiltelefons. Unterdrückte Nummern versetzen mich in Panik, weil es sich entweder um eine sehr wichtige Person handelt oder um das Callcenter eines Kreditunternehmens für Studiendarlehen, das sein Geld zurückwill. An jenem Tag war es die erste Variante. »Hätten Sie einen Moment Zeit für ein Gespräch mit Senator Obama?«, wurde ich gefragt.

Ich war geschockt, obwohl ich das vielleicht gar nicht hätte sein sollen. »Sicher«, sagte ich.

Dass ich den Sitz im Repräsentantenhaus errungen hatte, den Thomas Rhoad fast ein Vierteljahrhundert lang für sich beansprucht hatte, war in meinem Heimatstaat eine kleine Sensation gewesen. Ich wurde als politischer Unruhestifter eingestuft, mein Wahlsieg brachte mir jedoch auch die Aufmerksamkeit von Personen außerhalb Denmarks und sogar außerhalb South Carolinas ein. Da in den Südstaaten die Vorwahlen zum demokratischen Präsidentschaftskandidaten anstanden und mein Heimatstaat den Auftakt machte, warben die Kandidaten meiner Partei um meine Unterstützung. Hillary Clinton und Joe Biden hatten sich bereits bei mir gemeldet. Und das alles passierte mir, einem Studenten im ersten Jahr an der Law School der University of South Carolina.

Meine Entscheidung, Obama offiziell zu unterstützen, fiel erst an jenem Morgen, als er mich auf dem Weg zur Universität anrief. Mit meiner Büchertasche im Schlepptau brach ich von meinem Büro im Kapitolgebäude auf zur Universität, die zwei Blocks entfernt lag. Meine Route führte vorbei an einem Coffee Shop zu meiner Rechten und Miyo's Asian Cuisine zur Linken. Einmal pro Woche legte ich einen Zwischenstopp bei Sandy's Famous Hotdogs ein und gönnte mir einen Hotdog mit Coleslaw und Chili. Nach dem Seminar kehrte ich am frühen Nachmittag wieder in mein Büro zurück.

An jenem Morgen fragte mich Obama, was es Neues gebe und was ich gerade mache. Ich sagte ihm, ich sei auf dem Weg zu einem Seminar in Verfassungsrecht. Ich wäre gern schlagfertiger gewesen, aber mein Gehirn war plötzlich wie eingefroren. Meine Professorin in Verfassungsrecht war eine brillante Akademikerin, eine überzeugte

Demokratin und Liberale, aber mir fiel in dem Moment rein gar nichts ein, was sie mir beigebracht hatte.

Obama als Experte für Verfassungsrecht bombardierte mich mit Fragen, auf die ich keine Antworten wusste. Er wollte wissen, wie weit wir in unserem Seminar waren und welche Fälle wir gerade analysierten. Schließlich sagte er: »Jetzt ist der richtige Moment, ich hätte gern Ihre Unterstützung, um Präsident der USA zu werden.«

»Senator«, sagte ich, »ich werde Sie unterstützen, allerdings habe ich zwei Bedingungen: erstens, dass meine Mutter die Möglichkeit erhält, als Freiwillige in Ihrer Kampagne mitzuarbeiten, und zweitens, dass Sie meinen Wahlbezirk besuchen.«

»Kein Problem, ich bin mit beiden Bedingungen einverstanden«, sagte er.

Meine Mom unterrichtete nicht mehr an der South Carolina State, und ich hatte das Gefühl, dass es ihr guttun würde, wenn sie durch den Wahlkampf ein bisschen mehr aus dem Haus käme. Tatsächlich engagierte sie sich bald aktiv in der Kampagne, doch ich fragte mich, ob Obama sein Versprechen wahr machen und meine zweite Bedingung erfüllen würde: Würde er wirklich nach Bamberg County kommen? Das würde sich noch zeigen.

In der Zwischenzeit fand ich immer besser in meine neue Rolle als Abgeordneter hinein. Wenn ich in den ersten Tagen und Monaten die zweiundfünfzig Stufen zum Kapitolgebäude hinaufging, machte ich mir mit meinen zweiundzwanzig Jahren oft selbst Mut: *Ich werde das Kapitol rocken! Ich als der jüngste Abgeordnete werde jetzt da reingehen und Rassismus und Heuchelei, Klassendenken und Ungleichheit bis in ihre Grundfesten erschüttern!*

Es wäre zu schön gewesen, wenn mein Wunsch in Erfüllung gegangen wäre und ich kurz mal die Dinge in Ordnung gebracht hätte. Doch so einfach war es natürlich nicht. Tatsächlich musste ich schnell feststellen, dass die Tätigkeit eines Abgeordneten an Irrsinn grenzte – ich ging jeden Tag ins Parlament und versuchte, etwas zu bewegen, aber es veränderte sich nichts.

Auf einem Foto, das mich bei meiner ersten Sitzung zeigt, blicke ich zur Decke. Das Foto schaffte es bis in die *Los Angeles Times,* die einen Artikel zum Thema brachte, dass Afroamerikaner gerade Geschichte schreiben würden. In dem Moment, in dem das Foto aufgenommen wurde, dachte ich: *Ich kann nicht glauben, dass ich hier sitze!* Aber schon im Januar blickte ich auf die anderen Abgeordneten und dachte bei manchen: *Ich kann nicht glauben, dass die hier sitzen.*

Es entsetzte mich, dass einige seit Jahren und Jahrzehnten im Amt waren und ihre Arbeit immer noch nicht als Dienst am Bürger verstanden. Manche machten sich mehr Gedanken um die täglichen Empfänge als um ihre Aufgaben als Gesetzgeber. Und es gab ständig Empfänge, jeden Abend, jeden Vormittag zum Frühstück und jeden Mittag zum Lunch. Und natürlich gab es immer reichlich zu essen und zu trinken. Die Empfänge ermöglichten es den Bürgern und verschiedenen Lobby- und Interessensgruppen (zum Beispiel Versicherungsunternehmen, dem Bauernverband, Blindenorganisationen oder Elternbeiräten), ihre gewählten Vertreter in Columbia zu besuchen, und wir hatten dadurch die Möglichkeit, unsere Wähler besser kennenzulernen.

Ich hatte gleich das Gefühl, dass ich ins Parlament gehörte. Egal, wie lange meine Kollegen schon Mitglied waren, egal, wie alt sie waren, ich wusste, dass ich die Bürger genauso repräsentierte wie sie. Meine Wähler hatten mich ins Repräsentantenhaus entsandt, genauso wie ihre Wähler sie entsandt hatten. Dennoch hatte ich es als junger schwarzer Demokrat in einem zutiefst republikanischen Bundesstaat schwer.

Trotzdem war es eine wunderbare Erfahrung. Wenn ich auf meine acht Jahre als gewählter Volksvertreter zurückblicke, wird mir klar, dass ich das Glück hatte, mit einigen echten politischen Superstars zusammenzuarbeiten. Weil wir uns in South Carolina befanden, waren es natürlich überwiegend republikanische Superstars, aber dennoch Stars, darunter etwa Jeff Duncan, der mittlerweile dem US-Kongress angehört, oder Nikki Haley, die später Gouverneurin von South Carolina wurde und anschließend Botschafterin bei den Vereinten Nationen. Oder Tim Scott, einer der wenigen schwarzen US-Senatoren, und Mick Mulvaney, der ins Repräsentantenhaus in Washington gewählt wurde und in Donald Trumps Kabinett diente. Mick war wie ich ein Neuling im Parlament und ebenfalls zum ersten Mal ins Repräsentantenhaus gewählt worden.

Da ich noch so jung war, stand ich sehr unter Druck. Ich wusste, dass alles, was ich sagte, kritisch beleuchtet werden würde und dass sich alle fragten: Wer ist dieser junge Mann aus Denmark? Warum wird so viel Aufhebens um ihn gemacht? Was wird er sagen? Aber wie immer folgte ich meiner Devise, mich einfach besser vorzubereiten als die anderen. Jeden Morgen durchforstete ich die Nachrichten, von Zeitungen über Zeitschriften bis zu Blogs, um ganz sicher über alle aktuellen Debatten informiert zu sein. Ich versuchte, an so vielen Ausschusssitzungen wie möglich teilzunehmen, und besuchte auch Sitzungen der Ausschüsse, denen ich nicht angehörte. Dabei erfuhr ich viel über die Dynamik des Repräsentantenhauses. Ich bemühte mich auch, Freundschaften mit Abgeordneten beider Seiten zu schließen, denn nur so konnte man in einem überwiegend republikanischen Staat effektiv arbeiten. Ich lernte schnell, dass Einzelkämpfer keine Superhelden sein können. Dahinter stand eine ganz einfache Rechnung: Bei hundertvierundzwanzig Abgeordneten musste ich dreiundsechzig Abgeordnete auf meine Seite ziehen, um einen Antrag durchzubekommen.

Es begeisterte mich, endlich zu erfahren, wie politische Deals zustande kommen. Als Abgeordneter muss man wissen, dass die Deals nie im Plenum beschlossen werden, weder im Repräsentantenhaus noch im Senat. Sie werden auch nicht in den Ausschusssitzungen ausgehandelt. Und auch nicht bei Empfängen. Sondern im Sheraton oder im Hilton von Columbia, die praktisch als unser zweites Zuhause fungierten. Dort setzten wir uns an der Bar oder in der Lobby zusammen und redeten. Offen gestanden fand dann die eigentliche Arbeit statt – undercover sozusagen, bei einem Glas Wodka mit Soda. Hier konnten wir ganz normale Menschen sein und mussten nicht ständig den Politiker geben.

Bei diesen Gelegenheiten kamen etwa zwanzig Abgeordnete zusammen. Wir unterhielten uns über unsere Familien, über unsere Partner und die Kinder. Wir lachten und scherzten und blieben bis 1 Uhr nachts. Es spielte keine Rolle, ob man weiß oder schwarz, Demokrat oder Republikaner war. Wir setzten uns zusammen, um zumindest zu versuchen, Dinge in Gang zu bringen. Für jemanden wie mich – jung, schwarz, Demokrat – wäre es sonst schwer gewesen, etwas zu bewegen.

Natürlich bemühte ich mich vor allem um die Freundschaft der Mitglieder des Black Caucus, der parlamentarischen Interessensgruppe der schwarzen Abgeordneten. Einige kannte ich bereits über meinen Vater oder weil ich in der Gegend aufgewachsen war, andere lernte ich im Lauf der Zeit kennen. Auf die altgedienten und erfahrenen Caucus-Mitglieder war immer Verlass; gleichzeitig forderte ein Mensch wie ich sie wohl ebenso sehr wie sie mich, wenn sie von mir verlangten, die Dinge etwas langsamer anzugehen und erst einmal aufmerksam zuzuhören und zu lernen. Vermutlich lernten wir beide voneinander. Ich denke, sie profitierten von mir, weil ich ihnen die Bedeutung der sozialen Medien und der Black-Lives-Matter-Bewegung nahebrachte, umgekehrt profitierte ich während meiner achtjährigen Parlamentszeit auch definitiv von ihnen. Ein Mitglied des Black Caucus, Lonnie Hosey, wurde mein Mentor. Der ehemalige Marineinfanterist und Vietnamveteran war bei einem Kampfeinsatz verwundet worden und hatte dafür das Purple Heart verliehen bekommen. Mit Lonnie wollte man sich lieber nicht anlegen, aber in einem Schützengraben hatte man ihn sicher gerne neben sich.

Lonnie saß früher neben Seth Whipper, einem weiteren Mitglied des Black Caucus, dessen Mutter bereits dem Repräsentantenhaus angehört hatte. Beide Männer hatten tragischerweise ihre Söhne verloren, vielleicht füllte ich für sie eine bestimmte Lücke. Wenn ich Erfolg hatte, feierten sie mit mir, sie waren aber auch schnell mit Kritik bei der Hand, wenn ich einen Fehler gemacht hatte. Lonnie sagte immer: »Junge, du musst es ein bisschen langsamer angehen. Du kannst nicht alles machen.«

Aber ich wollte an jedem einzelnen Tag sämtliche Probleme der Welt lösen. Meine erste Haushaltswoche war 2007. Am ersten Tag machten wir um 8 Uhr abends Schluss. Am zweiten Tag kamen wir um zehn aus dem Parlament, und am dritten Tag blieben wir, um endlich fertig zu werden, über Nacht im State House. Wir gingen eine Ergänzung nach der anderen durch und stimmten dann über die Erhöhung des Haushalts ab. Zu meiner Zeit betrug das Budget um die sechs oder sieben Milliarden Dollar. Damals gab es in South Carolina auch eine Warteliste für das Programm der Aidshilfe, das Patienten mit niedrigem Einkommen mit Medikamenten zur Behandlung von HIV versorgt. Die Leute auf der Liste brauchten diese Medikamente. In South Carolina standen dreihundertdrei Personen auf der Warteliste, die eine der längsten in den USA war, doch es hätte den Staat nur etwa sechs Millionen Dollar gekostet, um die Liste komplett überflüssig zu machen und einfach allen die Medikamente zukommen zu lassen, die sie benötigten.

Der mittlerweile verstorbene Joe Neal war wohl der empathischste Abgeordnete des Parlaments. Er vertrat den Wahlbezirk Lower Richland und fuhr jeden Sonntag eineinhalb Stunden nach Chester, um dort zu predigen. Von ihm kam die Vorlage, für alle Patienten auf der Warteliste die Kosten zu übernehmen. Ich trat ans Rednerpult, um ihn zu unterstützen, weil es in Bamberg County ebenfalls hohe Fallzahlen für HIV und Aids gab. Gemeinsam baten wir unsere republikanischen Kollegen um eine relativ niedrige Summe – weniger als ein Zehntelprozent des

Gesamthaushalts. Trotzdem stimmte einer nach dem anderen mit »Nein«.

Ein republikanischer Abgeordneter stand auf und verkündete geringschätzig: »Wie man sich bettet, so liegt man.« Das werde ich nie vergessen. Ich war so frustriert, dass ich meinen Vorschlag zerriss. »Wir bringen die Leute um«, rief ich noch und verließ das Rednerpult. Ich stürmte aus dem Saal, hastete durch die Tiefgarage und flüchtete in mein Büro. Von dort aus konnte ich die Debatte immer noch hören, aber ich musste allein sein. Ich war so aufgebracht über das fehlende Mitgefühl im Parlament.

Die afroamerikanischen Abgeordneten Lonnie, Seth und Joe versicherten mir, dass unsere Anstrengungen nicht vergebens waren. Wir lösten immer wieder kleine Stücke aus der gläsernen Decke. Sie sagten mir, ich dürfe nicht frustriert sein über das mangelnde Mitgefühl anderer Menschen, ich müsse einfach weiter meine Stimme für diejenigen erheben, die keine Stimme hätten. Und siehe da, sie hatten recht, denn Kay Patterson, der im Senat von South Carolina saß und sich scherzend als Vorsitzenden des »hellhäutigen Black Caucus« bezeichnete, konnte den Antrag im Senat durchbringen und so die Leben der Betroffenen retten.

Die Monate vergingen, und die Vorwahlen zur Kür des Präsidentschaftskandidaten rückten näher. Ich reiste für Senator Obama durchs Land und besuchte hauptsächlich Colleges und Universitäten. Ich übernahm auch die Rolle des Co-Vorsitzenden in seinem Steuerungskomitee für South Carolina. Es gab viele demokratische Abgeordnete, die nicht ihn, sondern Hillary Clinton unterstützten, einige waren auch für John Edwards.

Obama unterhielt in South Carolina nur ein rudimentäres Wahlkampfteam. Neben Anton Gunn gab es nur noch einen weiteren Mitarbeiter für den gesamten Bundesstaat. Dick Harpootlian und ich wurden zu »Komitee-Mitgliedern« ernannt. Dick war der ehemalige Vorsitzende der Demokratischen Partei von South Carolina und ist der gewiefteste Anwalt, den ich kenne. Er hat das nötige »Fuck it Money«, wie wir es nennen, das heißt, er hat so viel Geld, dass er sich nicht mehr nach anderen Leuten richten muss. Die *Washington Post* brachte einmal einen Artikel über ihn, der den schönen Titel »Die Rückkehr des Königs« trug.

Leider ist Dick auch bekannt dafür, dass er sich gern mal den Mund verbrennt. Als er 1986 für den Stadtrat kandidierte, sagte er einem Reporter: »Ich will die Stimmen der schwarzen Wähler nicht kaufen, ich miete sie nur für einen Tag.« Der Spruch wird immer wieder ausgegraben, und ich habe Dick, mit dem ich befreundet bin, schon oft gesagt, dass sein Kommentar blöd war; andererseits weiß ich auch, dass seine Taten deutlich mehr sagen als seine Worte. Ich respektiere seinen politischen Instinkt, der ist wirklich unübertroffen. Beispielsweise war Dick einer der ersten bekannten politischen Persönlichkeiten in South Carolina, ob schwarz oder weiß, der öffentlich erklärte, Obama könne die Wahl gewinnen, woraufhin sich ihm weitere Politiker anschlossen.

Allerdings musste Obama, wenn er aus den Vorwahlen in South Carolina als Sieger hervorgehen wollte, zwei Vorbehalte überwinden. Der erste war, dass viele Schwarze, vor allem die älteren, fürchteten, er könne einem Attentat zum Opfer fallen. Schließlich hatten wir schon viel zu oft erleben müssen, dass unsere Anführer ermordet wurden.

Der zweite Vorbehalt gründete auf der Befürchtung vieler schwarzer Wähler, die Weißen würden Obama nicht wählen. Im Gegensatz zu uns wussten sie nicht, dass sich Obama stark an Deval Patricks erfolgreicher Kampagne in Massachusetts orientierte. Dem unglaublichen Deval Patrick war es einige Monate zuvor gelungen, seine Identität in ein übergreifendes Konzept einzubinden und alle Wähler anzusprechen, die ihn prompt zum ersten schwarzen Gouverneur von Massachusetts wählten.

Ich bezeichne das als Reformpolitik in einem neuen schwarzen Gewand. Man bringt Änderungen aus dem Blickwinkel seiner eigenen Geschichte voran. Anders ausgedrückt: Man vergisst nicht, wer man ist oder woher man kommt. Devals progressive Ansichten waren von seiner Kindheit in Armut geprägt, Obamas Standpunkt von seiner Arbeit in der South Side von Chicago.

Viele Leute konnten sich dennoch nicht vorstellen, wie die Kampagne auf nationaler Ebene funktionieren würde oder wie wir die genannten beiden Hürden überwinden sollten. Tatsächlich nahmen wir diese beiden Hürden auch nicht vor den Vorwahlen in South Carolina. Den ersten Vorbehalt – die Angst vor einem Attentat – musste man ernst nehmen, allerdings waren wir erschreckend schlecht vorbereitet. Als Obama zum ersten Mal als Präsidentschaftskandidat zu einer Veranstaltung nach South Carolina kam, hatten sich 15 000 Anhänger im Columbia Convention Center versammelt – und wir hatten keine Sicherheitsleute. Ein weißer Senator, der eine große schwarze Wählerschaft in den Countys Manning und Clarendon hat, nahm mich später im Senatsgebäude beiseite und sagte mir, so etwas dürfe nie wieder vorkommen. Er rief persönlich den Leiter der Polizeibehörde von South Carolina an und verlangte, dass »dieser junge Mann [Obama] geschützt wird, denn wir dürfen nicht zulassen, dass er in unserer Obhut in South Carolina getötet wird«.

Barack Obama hielt tatsächlich Wort, was seinen Besuch in meinem Wahlbezirk betraf. Einige Monate nach seinem ersten Anruf im April 2007 bekam ich einen weiteren Anruf, in dem mir sein Auftritt angekündigt wurde. Nun brauchte ich Hilfe, denn ich hatte keine Ahnung, wo die Veranstaltung stattfinden sollte.

Michelle Obama hatte bereits das Voorhees College besucht. Hundert Leute waren damals in die Massachusetts Hall gekommen, die in einer Sackgasse lag, die zum College führte, etwas mehr als eine Meile von meiner Wohnung entfernt. Doch in Denmark gab es keine Möglichkeit, Barack Obama unterzubringen, und auch nicht in Bamberg County, weil es keine Halle gab, die groß genug war, wir hätten allenfalls aufs offene Feld gehen können, aber Barack Obama sollte nicht auf einem Acker reden. Also entschieden wir uns für die South Carolina State University in Orangeburg.

Am Tag der Wahlkampfveranstaltung, am 22. Januar 2008, zog ich voller Vorfreude meinen Anzug an. Bereits viele Meilen vor dem Campus sah ich überall schwarze Menschen. Sie waren aus Maryland, Tennessee, North Carolina und Virginia angereist – wir befanden uns auf dem Höhepunkt der »Obama-Mania«. Jeder wollte im übertragenen Sinn den Saum seines Gewandes berühren.

Umringt von Sicherheitsleuten der Universität, wurde ich durch die Hintertür zur »Künstlergarderobe« geführt, in normalen Zeiten die Umkleidekabine der Basketballer, die nach Socken und Gatorade roch. In der Kabine traf ich auf den Comedian Chris Tucker und die Schauspielerin Kerry Washington, bekannt aus der Fernsehserie *Scandal*. Draußen hörte ich das aufgeregte Stimmengewirr der Studenten – na ja, eigentlich klang es mehr nach einem gewaltigen Radau. Aus den Lautsprechern dröhnte viel zu laut »Ain't No Mountain High Enough« in der Version von Diana Ross.

Obamas Berater Rick Wade führte uns nach oben in einen kleinen Seminarraum. Chris Tucker, Kerry Washington und ich plauderten miteinander, um uns die Zeit zu vertreiben. Dann steckte Wade den Kopf durch die Tür und sagte: »Ich fahre jetzt zum Flughafen von Orangeburg County, ich bin bald wieder da.«

Ich hatte noch nie jemanden gesehen oder von jemandem gehört, der nach Orangeburg County flog. Ich wusste nicht einmal, dass wir einen Flughafen hatten.

Aber dann tauchte Wade mit dem Sänger und Superstar Usher im Schlepptau wieder auf.

Dennoch zog sich nun alles hin. Die Zeit lief uns davon. Wir waren spät dran, weil Obama ebenfalls mit dem Flugzeug kam. Und so saß ich also zusammen mit Usher, Chris Tucker und Kerry Washington allein in einem Seminarraum. Ushers Vater war in der Vorwoche gestorben. Er hatte zwar keine enge Bindung zu ihm, war aber dennoch bedrückt. Tucker gab sein Bestes, um uns mit seiner berühmten durchdringenden Stimme und seinem näselnden Südstaaten-Slang bei Laune zu halten.

Usher sah mich an und sagte: »Hey Man, du bist doch hier der Politiker. Ich mache sonst keine politischen Auftritte. Was soll ich sagen, wenn ich auf die Bühne komme?«

Ich war dreiundzwanzig und hielt mich für schlagfertig und clever, also sagte ich: »Hey Man, Usher, geh einfach raus und sing und sag ›Lobet den Herrn!‹ und ›Ich liebe schwarze Ladies!‹«

»Er ist da. Showtime!«, hörten wir kurz darauf.

Obama kam mit langen, eleganten Schritten in den Raum und gab allen die Hand. »Alle bereit? Dann los!«

Die Energie in der Halle war unglaublich. Ich hörte noch, wie eine Stimme, die für mich wie die Stimme Gottes klang, meinen Auftritt ankündigte. »Und nun begrüßen wir auf der Bühne den Abgeordneten Bakari Sellers.«

Ich ging raus und stand praktisch mitten auf dem Spielfeld. Rund um die Bühne waren Metallabsperrgitter aufgestellt. Die Menge schrie. Die Scheinwerfer blendeten mich. Ringsum standen Zuschauer, also musste man sich beim Reden langsam drehen, um alle anzusprechen. An der hinteren Wand hatten sich internationale Journalisten versammelt, während draußen noch immer Leute versuchten, in die Halle zu kommen. Wie ich später erfuhr, wurden sie in Nebenräume geführt, damit sie wenigstens mithören konnten. Ich hatte fünf Minuten, um etwas Sinnvolles zu sagen.

Ich begann mit der Feststellung, dass die wichtigste Formulierung in Martin Luther Kings berühmter »I Have a Dream«-Rede die Worte »dringliche Forderung der Gegenwart« seien.

Ich zitiere Dr. King eigentlich nicht so oft, weil ich finde, dass seinen Worten viel von ihrer ursprünglichen Wucht genommen und der Inhalt verwässert wurde. Die Leute wollen King nicht nur als Märtyrer verehren, sondern als weichgespülte politische Gestalt. Sie haben es geschafft, ihm seine revolutionäre Identität zu nehmen. Ich werde Martin Luther King jedoch immer als einen militanten Schwarzen betrachten, der nur einen Rückhalt von siebenunddreißig Prozent in der Bevölkerung genoss und uns aus purem Hass genommen wurde. Es macht mich wahnsinnig, wenn jemand fragt: »Was würde Dr. King heute denken, wenn er nicht gestorben wäre?« Damit wird das Attentat auf ihn verharmlost. Er starb nicht im Schlaf, er hatte keinen Herzinfarkt oder Schlaganfall. Er wurde *ermordet*, deshalb muss die Frage ganz anders lauten. Dr. King wurde uns auf die denkbar gewalttätigste Art entrissen.

Meine kurze Ansprache für diesen Tag hatte ich zwar nicht wirklich vorbereitet, mir aber Kings Rede angesehen. Und ich dachte: »Mann, sogar unsere kleinen Jungs und Mädchen in der Kirche kennen den Rhythmus und Tonfall von ›I Have a Dream‹, aber niemand liest die gesamte Rede.« Und das ist eine Schande, weil die Rede als Ganzes fantastisch ist.

Nicht viele Leute wissen, dass Dr. King Teile der Rede schon früher gehalten hat. Die Worte »Ich habe einen Traum« waren jedoch nicht im Text enthalten, den er an jenem Tag beim Marsch auf Washington vortragen wollte. Aber King war ein so guter Pastor, dass er in jenem Moment, auf der National Mall, auf den Stufen des Lincoln Memorials, spürte, dass er die Leute nicht so bewegt hatte, wie er es wollte. Große Redner wie King, Barack Obama und viele Pastoren in den Südstaaten spüren, wenn sie ihre Zuhörer nicht richtig mitreißen. Wenn ich eine Rede halte, will ich das Publikum auf meine Art an einen Ort führen, an dem es noch nicht war, als es sich hinsetzte.

Die berühmten Worte von 1963, die in die Geschichte eingingen, kamen erst zustande, als die wunderbare Gospelsängerin Mahalia Jackson ihrem guten Freund King zurief: »Erzähl ihnen von deinem Traum, Martin!« Aber Dr. King schüttelte sich diese Worte nicht einfach so aus dem Ärmel, sondern schöpfte sie aus seiner reichen Erfahrung. Bereits im Juni hatte er vor 130 000 Menschen beim Walk of Freedom in Detroit von »einem Traum« gesprochen. Tatsächlich war nun »die Zeit, die Versprechen der Demokratie zu verwirklichen«. In Washington führte er diese Worte zur Vollendung.

Vielleicht erschien mir deshalb kurz vor Barack Obamas Auftritt Kings Formulierung »dringliche Forderung der Gegenwart« so passend. Ich sprach vor einem Publikum von jungen Leuten, aber auch zu einigen schwarzen Wählern aus meinem Wahlkreis. Ich war mir nicht sicher, ob sie wussten, wie nahe wir der Wahl eines schwarzen Präsidenten waren und wie dringlich die Sache war, weil alle Umfragen besagten, dass Hillary Clinton uns überholen würde. Ich wollte, dass die Leute verstanden, dass wir eine Welle erzeugen konnten, die auf das übrige Land übergreifen würde.

Ehrlich gesagt war mir die Größe des Augenblicks nicht so richtig bewusst. Als ich mich umdrehte und Chris Tucker ankündigte, wurde das Publikum lauter. Nach fünf Minuten sagte er Kerry Washington an. Es war Januar und kalt draußen, aber mir brach der Schweiß aus, weil die Scheinwerfer so hell strahlten. Kerry Washington hielt ihre Ansprache und rief dann Usher auf die Bühne. Die Frauen im Publikum kreischten verzückt. Der Lärm war ohrenbetäubend.

Und was sagte Usher, sobald er auf der Bühne war? »Also, ich will zuerst einmal Gott danken und die schönen schwarzen Ladies hier im Publikum begrüßen.«

Usher, ein echter Weltstar, hatte meinen Rat beherzigt! Wir sahen uns an und grinsten innerlich.

Als Obama die Bühne betrat, bebten die Tribünen und Geländer im wahrsten Sinne des Wortes. Wir sollten bei seiner Rede hinter ihm stehen, zumindest lauteten so die Bühnenanweisungen. Aber die Zuschauer waren unkonzentriert, sie riefen immer wieder »Usher!« oder »Chris!« oder »Kerry!«. Auf der Bühne waren einfach zu viele Stars.

Obama merkte das sofort. Er sah zu uns und sagte: »Warum geht ihr nicht nach hinten und kommt wieder, wenn ich fertig bin?« Doch bevor wir die Bühne verließen, machte er noch ein Foto mit uns allen. »Na los«, sagte er, »machen wir ein Bild.«

Auf dem Foto steht Chris Tucker zu meiner Linken und der zukünftige 44. Präsident der USA zu meiner Rechten. Rechts von ihm steht Kerry Washington und neben ihr Usher Raymond mit hocherhobener Black-Power-Faust. Wir alle waren voll und ganz in diesem Moment.

So viele Emotionen durchströmten mich, als das Bild aufgenommen wurde. Dabei ahnte ich noch gar nicht, dass es viral gehen, in der *US Weekly* erscheinen und als Wandmalerei noch heute auf einer Mauer am Student Center der South Carolina State University zu sehen sein würde.

Als Obama an jenem Tag auf die Bühne kam, sagte er: »Ich muss mich beim Abgeordneten Bakari Sellers bedanken. Er war von Anfang an für mich da. Er ist ein Senkrechtstarter und wird noch ganz groß rauskommen. Über ihn spricht man nicht nur hier, sondern im ganzen Land.«

Das war die größte Bestätigung, die ich je in meinem Leben bekommen habe.

Barack Obama siegte bei den Vorwahlen der Demokraten in South Carolina, er siegte aber auch in Iowa. Damit war der zweite Vorbehalt aus dem Weg geräumt, der die schwarzen Amerikaner umgetrieben hatte: Würden weiße Wähler für Obama stimmen? Es war wie ein Traum, der Wirklichkeit wurde.

Der schwarze amerikanische Dichter Langston Hughes stellte in seinem berühmten Gedicht »Harlem« eine wichtige Frage: »Was geschieht mit einem aufgeschobenen Traum?« Er wird zur »schweren Last«, mitunter »explodiert« er sogar. Schwarze Amerikaner können das Gedicht schon als Kind auswendig. Es inspirierte Martin Luther King Jr. und Barack Obama. Die im Gedicht gestellte Frage »Vertrocknet er [der Traum] wie eine Rosine in der Sonne?« diente als Inspiration für das Theaterstück *A Raisin in the Sun,* das 1959 uraufgeführt und seitdem mehrfach ausgezeichnet wurde. Und sie inspirierte mich, als ich schon sehr früh entschied, für ein politisches Amt zu kandidieren, und mich weigerte zu glauben, dass ich den Leuten in meiner Heimatstadt nicht helfen könnte, nur weil ich noch jung war. Um einen Traum Wirklichkeit werden zu lassen, muss man organisiert und standhaft sein, glaube ich, wie damals Dr. King und all die anderen, die auf die Straße gegangen sind. Wer erfolgreich führen will, muss Träume und Visionen für die Zukunft haben, aber auch so praktisch veranlagt sein, um Pläne und Strategien entwickeln zu können, die diese Zukunft auch verwirklichen.

Mit Barack Obama auf einer Bühne zu stehen war ein besonderer Augenblick für mich, weil für mich mit dreiundzwanzig ein Traum Wirklichkeit geworden war. Ich war ein Anführer. Ich hatte an diesem Traum gearbeitet, seit ich siebzehn war, darauf vorbereitet hatte ich mich jedoch schon, weil ich als kleiner Junge dazu erzogen wurde, eines Tages eine Aufgabe im Leben zu erfüllen.

Wenn ich mit meiner Kandidatur gewartet hätte, wie es mir einige Leute geraten hatten, hätte mein erstes Sitzungsjahr im Repräsentantenhaus von South Carolina sicher nicht damit geendet, auf einer Bühne mit dem zukünftigen Präsidenten der Vereinigten Staaten zu stehen. Noch dazu an der South Carolina State University. Ich hatte die Grundschule und die Middle School der Felton Laboratory School besucht, die direkt auf der anderen Straßenseite lag; ich hatte viele Jahre in der Sporthalle gespielt, in der ich nun stand. Ich war nur neunzehn Meilen von unserem Haus entfernt, wo ich meinen Eltern gesagt hatte, dass ich fürs Repräsentantenhaus kandidieren wollte. Und ich war nur dreihundert Meter von der Stelle entfernt, wo mein Vater beim Orangeburg-Massaker von weißen Polizisten angeschossen worden war.

VII

Risiken eingehen

Das letzte Mal, als ein Afroamerikaner in South Carolina in ein politisches Amt auf bundesstaatlicher Ebene gewählt worden war, war 1876 gewesen. Mein Heimatstaat brauchte ganz offensichtlich eine Veränderung, weshalb ich 2014 ein enormes politisches Risiko einging: Ich beschloss, meinen Sitz im Repräsentantenhaus aufzugeben und für das Amt des Vizegouverneurs zu kandidieren.

Da ich erst neunundzwanzig war, fragte mich jeder: Glaubst du wirklich, dass du gewinnen kannst? Und meine Antwort lautete immer: Ja!

Ich hatte die vergangenen acht Jahre im Parlament von South Carolina verbracht. Ich war sehr gern Abgeordneter, aber in mir wuchs das Gefühl, auf der Stelle zu treten. Meine Kandidatur bot mir die Gelegenheit, Geschichte zu schreiben, und aufgrund von Verfassungsänderungen würde es das letzte Mal sein, dass die Kandidaten auf sich gestellt antreten und aufgrund eigener Verdienste gewählt werden konnten, und nicht im Gespann mit dem Gouverneur.

Aber es gab noch einen tiefer liegenden Grund, weshalb ich mich um das Amt bewarb. 2010 brach das Dach der Cafeteria der Grundschule in Denmark-Olar ein, die nur etwas mehr als eine Meile von dem Ort entfernt liegt, wo ich aufgewachsen bin. In den Medien wurde nicht darüber berichtet; man hätte meinen können, dass es niemanden kümmerte. Der Unterricht für die jüngsten Schüler findet in Containern statt. Wenn es regnet, stapfen die Kinder, alle afroamerikanischer Herkunft, durch den Schlamm in ihre Klassenzimmer.

Es gibt einen Grund, warum das eingestürzte Dach einer Schule im armen ländlichen Süden keine Beachtung in den Medien findet: weil es normal ist. Wenn ich ein Amt auf bundesstaatlicher Ebene besetzen würde, davon war ich überzeugt, könnte ich über den »Korridor der Schande« in ländlichen Gebieten sprechen, wo Tausende Kinder schlecht ausgestattete und baufällige Schulen besuchen müssen. Ich bin der lebende Beweis für das afrikanische Sprichwort »Es braucht ein Dorf, um ein Kind zu erziehen«, aber die Dörfer um mich herum verfielen.

Und es waren nicht nur die Schulen; es gab noch viele weitere Probleme, die nicht genügend Aufmerksamkeit erhielten. Immer noch wurden lokale Krankenhäuser geschlossen, gerade in den Kommunen, die eine gute gesundheitliche Versorgung besonders nötig gehabt hätten. Viele Einwohner waren fünf Stunden am Tag zu ihren schlecht bezahlten Jobs unterwegs, und ausgerechnet die Schwächsten von uns tranken Wasser, das nicht für den menschlichen Verzehr geeignet war.

Mein Gegner Henry McMaster war seit 1984 in der Politik und hatte bereits viele politische oder administrative Ämter bekleidet. Beispielsweise hatte er für Präsident Ronald Reagan als Bundesanwalt in South Carolina gearbeitet. 1986 hatte er erfolglos für den US-Senat kandidiert, war aber später republikanischer Parteivorsitzender von South Carolina und Justizminister des Bundesstaates geworden. Er war eindeutig ein politisches Schwergewicht, war aber auch ganz anders als ich. Während ich mich für Hoffnung und Zukunft einsetzte, stand er für die Vergangenheit.

Gleich zu Beginn meiner Kandidatur statteten meine Fundraiserin Jill Fletcher und ich dem Kongressabgeordneten Jim Clyburn in seinem großen Büro an der Kreuzung der Lady Street und Sumter Street in Columbia einen Besuch ab. Ich wollte ihn um seine Unterstützung bitten. Außerdem war er einer der Gründe, warum ich überhaupt in die Politik gegangen war.

Mit neunundzwanzig hielten mich viele immer noch für zu jung, obwohl ich schon einiges vorweisen konnte. Ich hatte dazu beigetragen, dass eine Schule in Bamberg County und eine Bibliothek in Denmark gebaut wurden und dass eine Firma, die Türen baute, ein Werk in meiner Heimatstadt eröffnete. Aber es gab noch so viel zu tun. Wir mussten die Schulen in South Carolina renovieren, für sauberes Trinkwasser in den armen ländlichen Kommunen sorgen und Politikern auf die Finger schauen, die dazu beitrugen, dass unser Bundesstaat nicht vorankam. Im Gegensatz zu meiner ersten Kandidatur hatte ich dieses Mal nicht das Gefühl, mich um den Rückhalt der lokalen Größen bemühen zu müssen, ich hoffte, dass ich sie mittlerweile überzeugt hatte. Wir wollten 4,6 Millionen Menschen in South Carolina repräsentieren, nicht nur die knapp 40000, die ich für meinen Wahlbezirk im Repräsentantenhaus vertrat. Das war ein ganz anderer Wahlkampf.

Dennoch bemühte ich mich um die Unterstützung von Jim Clyburn. Doch bei unserem Gespräch lachte er nur und sagte: »Wenn die Chance bestünde, in South Carolina in ein Regierungsamt gewählt zu werden, glauben Sie nicht, dass ich es dann nicht schon längst versucht hätte?«

Ich war so geschockt, dass ich nach Luft schnappte. Sein Kommentar wirkte ziemlich grob, aber ich verstand, was er meinte. Mein früherer Chef hatte sehr lange als einsamer Wolf gekämpft, er war der einzige demokratische Abgeordnete, der für South Carolina im US-Kongress saß. Er hatte sich ohne Erfolg um ein Amt im Bundesstaat bemüht, daher kannte er die schwierigen Umstände, die ein Demokrat, noch dazu ein schwarzer Demokrat, in South Carolina bewältigen musste.

Doch Clyburn war nicht der Einzige, der im Hinblick auf mein Vorhaben nicht in Jubel ausbrach oder zögerte, mich zu unterstützen. Wie schon bei den Wahlen zum Repräsentantenhaus hielten mich viele für zu jung und zu unerfahren. Allerdings rührte die Energie, die unsere Kampagne trug, nicht daher, dass wir uns auf die Oberen oder auf politische Schwergewichte konzentrierten, stattdessen wollten wir Leute meiner Generation oder allgemein im Alter von achtzehn bis fünfundvierzig begeistern, die mich nicht als jung und unerfahren betrachteten, sondern als erprobt und kompetent. Wir besuchten Unternehmensführer, Kirchenleute und jede Menge Influencer.

*

Mein Wahlkampfmanager war Isaac »Ike« Williams Jr. Er ist auch einer meiner besten Freunde. Ich sage oft, dass wir uns schon kannten, bevor wir überhaupt auf die Welt kamen, weil unsere Väter gemeinsam in der Bürgerrechtsbewegung kämpften. Ike war mein Referent im Repräsentantenhaus und kümmerte sich um die tagtäglichen Sorgen und Nöte meiner Wähler. Ich musste mein Jurastudium und meine Pflichten als Abgeordneter unter einen Hut bringen und gleichzeitig zwischen Denmark, Columbia und Charlotte in North Carolina hin und her pendeln, wo Ellen Rucker lebte, meine Verlobte und zukünftige Ehefrau, daher war Ike mein Verbindungsmann an vielen Fronten. Er arbeitete außerdem als politischer Berater und konnte schon so einige Erfolge vorweisen. Er war Wahlkampfmanager für den Bürgermeister von Columbia gewesen und war später Bernie Sanders' politischer Leiter in South Carolina.

»Was hältst du davon, wenn ich für das Amt des Vizegouverneurs kandidiere?«, fragte ich ihn also 2013.

»Wenn du glaubst, jetzt wäre der richtige Zeitpunkt, dann stehe ich hinter dir«, antwortete er.

Und schon redeten wir über Strategien und gingen Termine durch. Ike sagte mir, wen ich treffen musste. Der zurückhaltende und fleißige Ike sorgte dafür, dass der Wahlkampf möglichst reibungslos lief, er hielt den Kontakt zu den Wahlkampfhelfern, bearbeitete die Post und E-Mails, fuhr mich durch die Gegend und achtete darauf, dass alles in Bewegung blieb.

Jill Fletcher hatte 700000 Dollar gesammelt, daher konnte ich zusätzlich zu Ike noch zwei republikanische Berater engagieren – Republikaner, weil ich Leute wollte, die wussten, wie man in South Carolina Wahlen gewinnt. Wir hatten wenige bezahlte Mitarbeiter, aber viele ehrenamtliche Helfer. Ike und ich ernannten fast fünfzig Teamleiter, von denen viele noch auf dem College und einige auch Mitglied bei den jungen Demokraten waren.

Ike war der Ansicht, die Wähler würden sich freuen, wenn ein junger, energiegeladener schwarzer Demokrat ernsthaft für ein Amt auf bundesstaatlicher Ebene kandidierte. »Die Leute waren beeindruckt von seiner Intelligenz«, sagt er, »und davon, dass sich jemand der Herausforderung stellte und so gewandt über Politik sprechen konnte.« Bis heute sagt er, dass meine Altersgenossen, ob schwarz oder weiß, keinen Zweifel daran gehabt hätten, dass ich gewinnen könnte. Insgesamt waren etwa zweihundertfünfzig Freiwillige im ganzen Staat für uns unterwegs.

Doch unter denjenigen, die nicht für mich im Einsatz waren, waren die meisten überrascht, dass ich es ernsthaft mit McMaster aufnehmen wollte. »Ein junger Afroamerikaner, der die Hoffnung nicht aufgibt, vielleicht kann er es doch schaffen«, erinnert sich Ike an die Stimmung der Leute.

Sechzehn Monate lang waren Ike und ich in sechsundvierzig Countys unterwegs. Und in den letzten dreißig Tagen des Wahlkampfs klapperten wir alle Countys noch einmal ab.

*

Eine der ersten Stationen auf unserer dreißigtägigen Wahlkampftour war eine Kirche in Britton's Neck in Marion County – in einer der ärmsten Gegenden von South Carolina. Draußen vor der Kirche briet ein Mann Fisch in einer großen Pfanne. Innen saßen dicht gedrängt die Gemeindemitglieder, überwiegend Afroamerikaner. Ich versuche immer, die Leute dort abzuholen, wo sie sind. Das Publikum in der Kirche erinnerte mich an die Leute in Denmark, Leute, denen man beim Einkaufen im Piggly Wiggly begegnet.

»Sie wissen, ich sehe den Menschen direkt ins Gesicht und sage, es geht nicht um Schwarz oder Weiß«, erklärte ich in meiner Rede. »Wenn man als Weißer keine Krankenversicherung hat oder wenn man als Schwarzer keine Krankenversicherung hat, wissen Sie, was das bedeutet? Wenn man krank wird, kann das die Familie in den Ruin treiben. Das Problem ist dasselbe. Ich kann Ihnen nicht sagen, was in China vor sich geht. Ich war noch nie dort. Aber ich kann Ihnen sagen, was in South Carolina vor sich geht, genau hier, in Bamberg County. Nehmen wir an, Sie brechen sich den Zeh. Sie wissen, dass Sie dreißig oder fünfundvierzig Minuten bis zum nächsten Krankenhaus brauchen? Denn wissen Sie, was auf dem Krankenhaus-Schild von Bamberg County steht? ›In Notfällen wählen Sie 911‹, weil das Krankenhaus nämlich 2012 geschlossen wurde. Und was unternehmen wir dagegen? Absolut nichts.«

Die letzten dreißig Tage vor der Wahl waren eine unglaubliche Strapaze. Jeden Tag besprachen wir uns schon früh am Morgen und fuhren dann gegen 8 Uhr los, zogen vom einen Ende des Staates zum anderen, manchmal schafften wir mehr als drei Countys an einem Tag.

*

Ellen versicherte mir, ihr sei klar, dass mir die Kandidatur sehr viel abverlangen würde. Sie wusste auch, wie lang und mitunter hässlich der Wahlkampf werden würde. Und so war es dann auch. Ich war viel unterwegs, doch Ellen unterstützte mich, weil sie verstand, dass ich nicht nur kandidieren *wollte*, sondern es auch tun *musste*.

Ich lernte Ellen 2008 bei einer Hochzeit in Cancún kennen. Ellen hat sieben Geschwister, ihr verstorbener Vater war Zahnarzt, und ihre Mutter ist Hausfrau. Sie wuchs in Lancaster in South Carolina auf, in einer eng verbundenen, sehr religiösen Familie. Ihre Schwester Ruby machte uns miteinander bekannt. Ich fühlte mich sofort zu Ellen hingezogen, die laut meiner Schwester genau mein Typ war: wunderschön und schlagfertig, bodenständig und natürlich vom Land.

Ellen, die zusammen mit ihren Schwestern ein Unternehmen für Haarpflegeprodukte führt, ist nur 1,60 Meter groß, weshalb meine Schwester Nosizwe mit ihren 1,88 Metern scherzt, sie verstehe das nicht, in unserer Familie seien doch alle Frauen so groß (auch meine Mutter misst fast 1,83 Meter.)

»An dem Tag, an dem er Ellen kennenlernte, rief er mich an und sagte, sie sei wunderschön, aber als ich sie traf, merkte ich gleich, dass sie auch eine enorme innere Schönheit besitzt«, sagt Nosizwe.

Ellen war acht Jahre älter als ich und geschieden, als wir uns kennenlernten, aber das spielte für mich keine Rolle. Zusammen mit ihrem früheren Ehemann, dem NBA-Basketballstar Vince Carter, hatte sie eine dreijährige Tochter namens Kai. Obwohl wir bei diesem Ausflug nach Cancún nicht viel miteinander zu tun hatten, sagte ich zu Kai, als wir alle zusammen im Pool waren, einschließlich Ellen, die in Hörweite war: »Eines Tages werde ich dein Dad sein.« Kai antwortete völlig richtig und zur Erheiterung aller: »Ich habe schon einen Daddy«, und schwamm davon. Natürlich behauptete ich nie wieder, ich wäre Kais Vater (auch wenn sie heute offiziell meine Tochter ist), denn sie hat bereits einen wunderbaren Vater. Ich bin also der zusätzliche Vater. Ich kenne meine Rolle.

Während ich Ellen »den Hof machte«, beendete ich meine erste Legislaturperiode im Repräsentantenhaus und rüstete mich für die anstehenden Wahlen. Darüber hinaus war ich dreiundzwanzig und pleite. Die wenigsten Leute wissen, dass man als Abgeordneter von South Carolina nur 10 000 Dollar plus Spesen im Jahr erhält. Ich hatte mein Jurastudium abgeschlossen, war aber so beschäftigt, dass ich mich nicht ausreichend auf die Prüfung zur Zulassung als Rechtsanwalt vorbereiten konnte. Ich bekam einen Job bei der Strom Law Firm, für die ich auch heute noch arbeite, war jedoch noch kein zugelassener Anwalt, außerdem hatte ich 113 000 Dollar Schulden von meinem Studienkredit.

Trotzdem schickte ich Ellen nach der Rückkehr aus Cancún Blumen und fragte, ob ich sie zum Abendessen ausführen dürfe. Mit dreiundachtzig Dollar in der Tasche (meinem gesamten Barvermögen) fuhr ich nach Charlotte. Sie wohnte in einer schönen Eigentumswohnung in einer exklusiven Gegend in der Nähe einer Mall. Für unsere Verabredung hatte sie eine nette Weinbar für uns ausgesucht, wo es Tapas gab. Ich ahnte ja nicht, dass Ellen Lammkoteletts liebt, die leider nicht ganz günstig sind. Also, wenn man nicht viel Geld hat und bei einer Verabredung in ein Lokal geht, das man sich eigentlich nicht leisten kann, dann sollte man klugerweise die Eingeladene zuerst bestellen lassen. Der eigene Appetit (oder genauer: das eigene Budget) sollte sich an dem orientieren, was sie bestellt. Wenn sie viel bestellt, hat man selbst einfach keinen Hunger. Die Rechnung belief sich auf sechsundsiebzig Dollar, ich kam also gerade so hin.

Das Date muss gut gelaufen sein, denn wir haben seitdem nicht aufgehört, miteinander zu reden.

Als ich für das Amt des Vizegouverneurs kandidierte, schmiedeten Ellen und ich bereits Hochzeitspläne und wollten auch Kinder. Allerdings war ich durch den Wahlkampf ständig unterwegs. »Er fährt von einer Stadt zur anderen«, sagte Ellen einem Filmemacher, der einen Dokumentarfilm über den Wahlkampf drehte und mich begleitete. »Ich sehe ihn so gut wie gar nicht. Das ist wie bei jedem Paar mit einer Fernbeziehung … Sie wissen schon, wir schicken uns Nachrichten, unterhalten uns per FaceTime und telefonieren jeden Morgen und jeden Abend.«

Ich würde lügen, wenn ich behaupten würde, es sei einfach gewesen, die ganze Woche über nicht bei Ellen und

Kai zu sein, doch sie unterstützten mich bis zum Ende dieser Reise.

*

Es gibt viele Gründe, warum weder Afroamerikaner noch Demokraten in South Carolina eine Wahl auf bundesstaatlicher Ebene gewinnen. Afroamerikaner stellen zwar sechzig Prozent der registrierten demokratischen Wähler, doch die Partei mobilisiert ihre Wähler nicht bei den Zwischenwahlen und unternimmt auch keine koordinierten Anstrengungen, die Leute an die Urne zu bringen – und die Wahlen zum Vizegouverneur fielen auf das Jahr, in dem auch die Zwischenwahlen stattfanden. Bei diesen Wahlterminen sind Afroamerikaner, wie viele Umfragen zeigen, meist desillusioniert und bleiben zu Hause.

Also fragte ich meine Berater: »Wie viele weiße Stimmen brauche ich noch zusätzlich, wenn ich das Potenzial der schwarzen Wählerstimmen maximal ausschöpfe?« Ein Berater sagte, einer von fünf weißen Wählern in South Carolina würde die Demokraten wählen. Das seien etwa achtzehn Prozent, fügte die zweite Beraterin hinzu. Also hofften wir auf eine Wahl, bei der ich die maximale Zahl der schwarzen Wählerstimmen erhalten würde und den Anteil der weißen demokratischen Wähler von fünfundzwanzig auf fünfunddreißig Prozent erhöhen könnte. Das war unsere Strategie.

Obamas Sieg bei den Vorwahlen in South Carolina hatte uns gezeigt, dass wir Geschichte schreiben könnten. Wir setzten außerdem auf eine gute Debatte und stellten bereits fest, dass unsere Kampagne viel Aufmerksamkeit durch die Medien erfuhr. Nach und nach stiegen unsere Umfragewerte.

Das Problem, erklärte die zweite Beraterin, sei der Trend, dass weiße Einwohner von South Carolina immer seltener für die Demokraten stimmten.

»Und was machen wir jetzt?«, fragte ich. »Sollen wir aufhören, uns auf die schwarzen Wähler zu konzentrieren?«

Nein, antwortete sie – aber wir sollten anfangen, uns auch um die weißen Wähler zu kümmern.

Sie hatte recht, allerdings war das leichter gesagt als getan. Ich hätte mich wohler gefühlt, wenn wir versucht hätten, nur das Maximum an schwarzen Stimmen zu holen, denn die schwarze Wählerschaft hatte in South Carolina ein enormes Potenzial. Ich war der Ansicht, dass wir eine demokratische Basis aufbauen könnten, wenn es uns gelingen würde, die Wahlbeteiligung bei den Afroamerikanern zu steigern. An manchen Tagen hatte ich das Gefühl, dass wir unserem Ziel näher kamen, an anderen Tagen war ich mir jedoch nicht so sicher.

Etwa zwei Wochen vor der Wahl, am 4. November 2014, planten wir ein Meet-and-Greet in einem gemütlichen Privathaus in Darlington. Die meisten Gäste waren Afroamerikaner im Ruhestand. »Wir machen zwei Dinge sehr schlecht«, klärte ich sie über unseren schönen Staat auf. »Wir halten an alten Gespenstern fest … ob es nun die Flagge der Konföderierten ist oder etwas anderes. Und wir entsenden immer die gleichen Leute, die dann das Gleiche wie immer machen, dadurch ändert sich nichts.«

Ein älterer Herr meldete sich zu Wort. »Ich denke, historisch betrachtet mussten wir feststellen, dass die Jahre mit Zwischenwahlen, in denen keine Präsidentschaftswahlen stattfanden, nicht so wichtig waren.«

Ich schüttelte den Kopf. »260 000 Afroamerikaner, die aussehen wie Sie und ich, stimmten für Barack Obama. Sie alle haben geweint, als er die Wahl gewonnen hat, und gedacht, wir hätten etwas erreicht. Aber bei den Wahlen 2010 waren wir nicht zur Stelle. Jede einzelne Stimme in diesen Jahren, in denen keine Präsidentschaftswahl stattfindet, zählt – alle zählen. Wir sagen das nicht oft bei einer Wahl, aber wir haben jetzt in South Carolina die Chance, Geschichte zu schreiben. Es ist fantastisch, dass wir diese Macht haben. Wir müssen jetzt wieder die Energie von damals aufbringen.«

»Wir glauben an Sie«, sagte der Mann. »Sie teilen unseren Traum. Ich bin achtzig Jahre alt. Meine Frau ist neunundsiebzig. Es gibt so viel, was wir für unsere Kinder und Enkel verwirklicht sehen wollen, und Sie verkörpern für uns Hoffnung. Sie ahnen nicht, wie begeistert wir von Ihnen sind.«

Es war zwar ermutigend, mit schwarzen Wählern zu sprechen, die glaubten, dass ihre Interessen mit meinem Sieg gut vertreten wären, dennoch hielt ich mich an den vereinbarten Kurs: Ich arbeitete hart daran, auch weiße Wähler für mich zu gewinnen, was in South Carolina alles andere als einfach war. Der Bundesstaat ist so republikanisch, dass einem die Leute direkt ins Gesicht sagen, man könne nicht gewinnen, weil man ein Demokrat sei. Wenn wir uns mit unseren Schildern auf die Straßen stellten, waren die Leute oft einfach nur gemein zu uns. Sie ignorierten uns oder ließen ihrem Hass freien Lauf, der sich nicht nur gegen mich richtete, sondern auch gegen die Demokratische Partei und natürlich gegen den damaligen Präsidenten Obama.

Andere waren so nett, wie man es sich nur vorstellen kann, und unterstützten uns. Ältere weiße Wählerinnen kamen auf mich zu, küssten und umarmten mich herzlich. »Ich habe noch nie die Demokraten gewählt, aber Sie werde ich wählen.« Junge weiße Wähler sagten mir: »Ich habe meine Großeltern bearbeitet, damit sie für Sie stimmen.«

Diese Worte gaben mir die Kraft weiterzumachen, auch in schwierigen Situationen. Und davon gab es viele.

Geister und Trolle

Hier ist ein Beispiel für die hasserfüllten Tweets, die ich jeden Tag bekomme: »Du feiger Nigger, nur weil ich dir auf Twitter gekontert habe, hast du mich blockiert. Du hältst dich für stark, aber du bist nur ein feiger Nigger, der sich in die Hosen scheißt.« Oder: »Ich mag Schwarze, aber ich hasse Nigger. Du, mein Freund, bist einer dieser Nigger und ein hässlicher Schimpanse im Anzug.«

Der Hass erreichte mich in Form von Tweets, Briefen und Anrufen. Ike erinnert sich, dass ich in meinen acht Jahren als Abgeordneter des Repräsentantenhauses von South Carolina Hunderte, wenn nicht sogar Tausende Hass-Mails und -Tweets erhielt. Meine Kandidatur für das Amt des Vizegouverneurs sorgte für ein großes Echo in den Medien, und es wurde viel über mich berichtet, was nach Ikes Ansicht den Hass zusätzlich schürte. Die meisten Kommentare tat ich mit einem Lachen ab, weil diese

Form des Hasses viel zu gewöhnlich war, ich wollte meine Energie nicht darauf verschwenden, indem ich mich darüber aufregte. Außerdem waren die meisten Kommentare einfach nur rassistisch, aber nicht bedrohlich, auch wenn ich mehrere Male Anzeige erstatten musste.

*

Ich forderte Henry McMaster dazu auf, seine Mitgliedschaft in einem angeblich rein weißen Country Club zu beenden. »Ich möchte einfach, dass sich Mr. McMaster wie ich fortschrittlichen Ideen öffnet, um unseren Bundesstaat voranzubringen«, sagte ich bei MSNBC. »Und ja, ich habe ihn aufgefordert, seine Mitgliedschaft zu kündigen, weil ich möchte, dass die Menschen auf South Carolina blicken und erkennen, dass wir unseren Staat verbessern können, dass wir uns nicht länger von den Geistern der Vergangenheit einschränken lassen müssen.«

McMaster war Teil des Problems, Teil einer Kultur in South Carolina, die sich Änderungen verweigerte und die ich deshalb beseitigen wollte. McMaster, dessen Festhalten an alten Seilschaften und an der Vergangenheit ihm stets gute Dienste geleistet hatte, teilte den Medien über seinen Wahlkampfmanager kühl mit, er habe nicht vor, aus einem Club auszutreten, in dem er seit über drei Jahrzehnten Mitglied sei.

So war es schon immer in South Carolina, aber mein Dad sagte, es müsse nicht so bleiben. Er versicherte mir, ja provozierte mich sogar ein bisschen: »Das wird sich alles mit deiner Generation ändern, aber du musst dich der Aufgabe stellen und dafür kämpfen.«

Ich war nicht ganz so optimistisch. »Ich bin mir nicht sicher, wann es so weit sein wird.«

Obwohl so viele Leute sagten, ich wäre *zu* jung, wusste mein Vater, dass es gerade die jungen Leute sind, die Veränderungen bewirken. Martin Luther King Jr. war noch keine vierzig, als er ermordet wurde. »Man muss diese Risiken auf sich nehmen und sich in diese Positionen bringen«, sagte mein Vater. »Das ist nötig, um als junger Aufsteiger anzutreten, einen Wahlkampf zu führen und Erfolg zu haben.«

Allerdings blieb dabei unausgesprochen, dass andere alles daransetzten, mir Steine in den Weg zu legen.

*

Zwei Jahre zuvor, am 7. Oktober 2012, wurde ich in meinem Wagen von einem Sheriff in Chester County angehalten und gefragt, ob ich etwas getrunken hätte. Das hatte ich, aber ich war nicht betrunken. Ich war auf dem Rückweg von einem Footballspiel der Georgia Bulldogs gegen die Mannschaft der University of South Carolina, die Gamecocks. Vermutlich war ich kurz nach 1 Uhr nachts auf der Interstate 77 etwas zu schnell unterwegs gewesen.

Und so gelangte während meines Wahlkampfs ein Video von meiner Verhaftung an die Öffentlichkeit. Ich hatte schon damit gerechnet und war nicht allzu überrascht. Die Anklage war damals aufgrund mangelnder Beweise fallen gelassen worden, dennoch hatte ich mich schuldig bekannt, wegen rücksichtslosen Verhaltens im Straßenverkehr. Ich war in jener Nacht zu müde und hätte nicht fahren sollen, doch ich hatte die Situation falsch eingeschätzt, und so wurde daraus ein Vorfall, der mir mein Leben lang anhängen wird.

Zu den unerfreulichsten Eigenarten des Wahlkampfs zählte, dass die Republikaner einen Beobachter schickten, der mich auf Schritt und Tritt verfolgte. Überall, wo wir hingingen, war der Spion schon da – normalerweise immer derselbe mittelgroße, stämmige weiße Typ, der mit einer Videokamera meine Reden filmte. Manchmal versteckte er sich im Gebüsch, er war aber auf jeden Fall fast immer zur Stelle in der Hoffnung, mich beim Trinken oder bei etwas zu erwischen, was ich nicht tun sollte. Oder er informierte McMasters Leute einfach, was ich sagte. Ich war genervt und angespannt, wenn jemand ständig mit einer Kamera auf mich draufhielt und unseren Wahlkampf auskundschaftete. Manchmal versuchten Helfer, ihn wegzuscheuchen, aber meistens ignorierten wir ihn einfach.

Fisch in der Kirche

Mir ist die Rolle der schwarzen Kirche in der Bürgerrechtsbewegung bekannt, doch in jüngster Zeit wurde ich von der Kirche eher enttäuscht. In den vergangenen fünfzig Jahren hat sich die Kirche von ihrem angestammten Platz als Bastion des Aktivismus zurückgezogen und ihre diesbezügliche Funktion verloren. Die schwarzen Kirchen, einst Epizentren des Wandels, haben sich in einigen Fällen in ausgehöhlte Megakirchen verwandelt, deren

Pastoren mehr nach Ruhm dürsten als nach sozialer Gerechtigkeit.

Trotzdem erleben wir gerade, wie eine neue Generation von Aktivisten laut wird, der auch Pastoren und Glaubensführer angehören, wie etwa Jamal Bryant mit seinem Kampf zur Verhinderung von Polizeigewalt zeigt, oder William Barber, der an vorderster Front für politische Reformen in North Carolina kämpft, oder Sarah Jakes Roberts, William Murphy und Charles Jenkins, die als Seelsorger ihren Gemeinden vor Augen führen, dass sie Teil von etwas Größerem sind als sie selbst.

Und dennoch hat sich die Kirche immer mehr zurückgezogen. Seit dem Tod von Martin Luther King Jr. ist sie passiv geworden und hat sich nach außen abgeschottet, und das in einer Zeit, in der sie jünger und progressiver sein müsste. Sie muss sich wieder mehr engagieren. In der Generation meines Vaters nutzten Aktivisten von der Kirche gestellte Busse, um die Gemeindemitglieder zum Wahllokal zu fahren, und hielten in den Räumen der Kirchen ihre Versammlungen ab. Pastoren hatten keine Angst, ihre Meinung zu Themen abzugeben, die die schwarze Gemeinschaft als Ganzes betrafen und nicht nur die Mitglieder ihrer Kirche.

Heute, und das ist eine rein politische Botschaft, wird die Republikanische Partei, die Grand Old Party (GOP), als »God's Only Party« gesehen, als Gottes einzige Partei. Doch genauso wie die Formulierung »die Stimmen der Arbeiterklasse« in den Medien nur das Abstimmungsverhalten der weißen Wähler umfasst (als ob die Arbeiterklasse nur aus weißen Arbeitern bestehen würde), werden die »christlichen Wähler« mit den republikanischen Wählern gleichgesetzt. Den Journalisten ist offenbar nicht klar, oder es wird einfach übersehen, wie konservativ Afroamerikaner in ihren religiösen Ansichten sind.

Trotz meinen heutigen Schwierigkeiten mit der Kirche habe ich dort viel Zeit verbracht, entweder um meine eigenen spirituellen Bedürfnisse zu erfüllen oder um die Gemeinschaft zu erleben. Daher weiß ich: Wenn man schwarze Wähler an die Urnen bringen will, muss man sie spirituell erreichen, und das am besten vor Ort.

Wer also in South Carolina für ein politisches Amt kandidiert, muss so viele Kirchen wie möglich besuchen. Insbesondere die Afrikanische Methodistisch-Bischöfliche Kirche, die African Methodist Episcopal Church (AME), ist eine der wichtigsten regionalen Knotenpunkte für demokratische Überzeugungsarbeit. Was der Verband baptistischer Gemeinden, die Southern Baptist Convention, für Weiße ist, ist die AME für uns. Ich besuchte bei meiner Kampagne sehr viele Kirchen und kannte das kirchliche Besuchsprotokoll noch von meinen Wahlkämpfen fürs Repräsentantenhaus: Eine Woche vor dem Besuch meldet man sein Kommen an. Zuerst führt man eine kleine Unterhaltung mit dem Pastor, dann hält man seine Ansprache vor den Gemeindemitgliedern. Mein Großvater mütterlicherseits war Baptistenprediger in Memphis und sagte immer: »Wenn du in einer Kirche eine Rede hältst, solltest du immer daran denken, das Predigen dem Pastor zu überlassen.«

Beim Fish Fry, einem traditionellen Gemeindefest in den Südstaaten, bei dem gebratener Fisch angeboten wird, bietet sich Politikern die Gelegenheit, Hunderte Wähler zu treffen. Das Fest finden nicht direkt in der Kirche, sondern im Gemeindesaal statt, die alle gleich aussehen: ein riesiger Raum hinter der Kirche oder im Keller des Gebäudes. Der Boden ist stets gefliest, an den Wänden hängen Anschlagbretter, und zur Küche gibt es eine Durchreiche, durch die man den Gemeindemitgliedern beim Kochen der Maisgrütze und beim Fischbraten zusehen kann. Und die Wand schmückt natürlich immer ein gerahmtes Porträt von Martin Luther King Jr. und eins von Jesus. Im Laufe der Jahre kam dann noch Barack Obamas Bild hinzu.

Die wichtigsten Ansprechpartner in diesen Kirchen sind nicht die Pfarrer, sondern die Gemeindefrauen, die ihre Leute mobilisieren, dafür sorgen, dass Busse der Kirche am Wahltag zum Wahllokal fahren, oder bei der Beantragung der Briefwahl helfen. Diese Damen sind meistens, jedoch nicht immer auch diejenigen, die bei den Gemeindefesten den Fisch zubereiten. Fast immer wird Weißfisch serviert, weil er billig ist und auch köstlich schmeckt, wenn er in heißem Fett goldbraun gebraten, mit Gewürzsalz bestreut und reichlich scharfer Sauce und Senf serviert wird. Wer den Gemeindesaal betritt, hört schon das Brutzeln und Knacken in den Pfannen und riecht das heiße Fett. Jeder Politiker weiß, dass man zum gebratenen Fisch Weißbrot isst, er weiß aber auch, dass sich Weißbrot gern zwischen den Zähnen festsetzt und am Gaumen kleben bleibt. Und ein gewählter Volksvertreter will sich nun einmal nicht in aller Öffentlichkeit zwischen den Zähnen herumstochern. Daher muss man unauffällig mit der Zunge versuchen, die hartnäckigen Brotreste zu lösen.

Zum Fisch werden manchmal auch weiche Milchbrötchen gereicht, doch in einer echten Kirche auf dem Land bekommt man zu Fisch und Maisgrütze meist noch ein Stück Leberpastete.

Mein Freund Clem

Gegen Ende des Wahlkampfs besuchte ich ein Fish Fry und Meet-and-Greet mit Vincent Sheheen in der St. James Kirche von Walterboro. Vincent war der demokratische Kandidat für den Gouverneursposten. Wir traten zwar nicht als Team an, waren aber in gewisser Weise miteinander verbunden.

Ike und ich fuhren an jenem Samstagmorgen zusammen zu der Veranstaltung. Vor der Kirche stand bereits Reverend Clementa »Clem« Pinckney und begrüßte uns, als wir vorfuhren. Clem saß seit vielen Jahren im Senat von South Carolina, war aber auch Pastor der Emanuel AME Church in Charleston. Die Kirche ist eine der ältesten schwarzen Kirchen in den Südstaaten und auch als »Mother Emanuel« bekannt. An diesem Tag war Clem beim Meet-and-Greet einer der prominenten Gäste.

Ich fühlte mich abgekämpft und müde, was ihm natürlich nicht entging. Er kam auf mich zu und fragte mit seiner tiefen Barry-White-Stimme: »Wie geht es dir?«

»Ich bin müde«, antwortete ich. Wir hatten einen langen Weg und einen harten Wahlkampf hinter uns. Clem musste bemerkt haben, wie gestresst ich war, denn er sagte etwas, was ich nie wieder vergessen werde: »Bakari, mach einfach weiter, immer weiter und weiter.«

Er ließ nicht zu, dass ich müde war oder mit dem Gedanken spielte aufzugeben. Er wollte, dass ich weitermachte. Es war fast so, als ob er mich für meine Erschöpfung ermahnen würde, weil wir es uns einfach nicht leisten konnten, dass ich oder ein anderer aufgab. Wir hatten noch so viel zu tun, so viele Schlachten zu schlagen.

Er sah mich streng an. »Wenn wir führen wollen, müssen wir weitermachen«, sagte er. »Bakari, wir beten für dich.«

Er war eigentlich immer aufbauend, aber an jenem Tag bestand er besonders eindringlich darauf, dass ich stark bleiben müsse, weil es nicht einfacher werden würde. Als Clem ins Parlament von South Carolina gewählt wurde, war er das jüngste Mitglied des Senats. Unsere Wahlbezirke überschnitten sich. Er nahm mich unter seine Fittiche, weil wir uns altersmäßig nahe waren, allerdings war Clem, der bei meiner Kandidatur einundvierzig war, in spiritueller Hinsicht schon deutlich weiter. Er war mit achtzehn Prediger geworden und mit dreiundzwanzig Mitglied des Repräsentantenhauses von South Carolina – nicht viel älter als ich bei meiner Wahl. Er unterstützte meine Kandidatur für das Amt des Vizegouverneurs aus einem bestimmten Grund: weil ich die Gesundheitsfürsorge Medicaid ausbauen wollte. Ich glaube, wenn wir das erreicht hätten, dann hätte Clem auf seine politischen Ämter verzichtet und sich allein auf die Kirche konzentriert.

Etwa fünfzig Bürger aus Colleton County kamen zu der Veranstaltung. Wie immer gab es Fisch und Maisgrütze. Ich liebe gebratenen Fisch, aber ganz ehrlich, nach sechzehn Monaten Wahlkampf hatte ich genug davon. Bei diesen Kirchenveranstaltungen ist oft ein Diakon mit dabei. Hier war es eine junge Frau namens Kay Hightower, die für uns den Kontakt zur Gemeinde herstellte; wir nannten diese Kontaktpersonen auch »Anschlüsse«. Ihre Tätigkeit war für Politiker sehr wichtig, denn sie koordinierte das politische Engagement einer Gemeinde.

Als ich mich im Saal umblickte, stellte ich fest, dass wir Clem verloren hatten. »Ich suche ihn«, sagte Kay. Wir waren zwar in einer Kirche, doch Vincent Sheheen und ich waren leger in Jeans, Slippern, dunklen Socken und gebügeltem Hemd gekommen. Clem hingegen trug immer einen Anzug, daher konnte Kay ihn leicht ausfindig machen.

Clem stellte uns vor. »Er wird unseren Staat in eine neue Zukunft führen«, sagte er über Vincent. Dann erklärte ich den Anwesenden, ich befände mich in einer ähnlichen Situation wie einst David gegen Goliath. »Viele Leute sagen, ich könne nicht gewinnen, weil ich zu jung bin, weil ich zu schwarz bin oder weil ich ein Demokrat bin. Und dann gibt es noch diejenigen, die sagen, ich könne nicht gewinnen, weil ich ein junger schwarzer Demokrat bin. Aber ich möchte, dass Sie für mich stimmen, und zwar aus einem ganz bestimmten Grund: Uns eint ein gemeinsamer Glaube, und das ist der Glaube an ein besseres South Carolina.«

Ich bat alle, ihre Freunde, Verwandten und Kollegen zu ermuntern, zur Wahl zu gehen, darunter auch alle Schüler der Abschlussklasse an der Colleton County High School.

*

Gegen Ende der Kampagne waren wir auch am Ende unserer Kräfte. Ike und ich waren beide so erschöpft, dass wir manchmal sogar vergaßen zu essen, obwohl uns dauernd etwas angeboten wurde.

Bei einer unserer letzten Veranstaltungen schauten wir bei einem Unternehmen vorbei. Der Termin war anders als die anderen Wahlkampftermine, aber Ike und ich waren uns einig, dass wir auch versuchen sollten, die Wirtschaft für uns zu gewinnen. Die Anwesenden waren fast alle weiß und wirkten skeptisch, um nicht zu sagen: argwöhnisch.

Mir fehlte ganz offensichtlich die nötige Energie, als ich zu meiner Rede über die gesunde Ernährung von Kindern in Bamberg County ansetzte. Ich kam bis zu dem Satz: »Ich erzähle den Leuten oft, dass es für jeden, der wie ich in einer kleinen Stadt auf dem Land aufgewachsen ist, nichts Wichtigeres als das gemeinsame Essen mit der Familie am Freitagabend …«

Dann brach ich ab. »Mir ist nicht gut«, erklärte ich. Mehrere Männer sprangen auf und führten mich zu einem Stuhl. Ich konnte mich nicht erinnern, ob ich an dem Tag oder am Vortag etwas gegessen hatte.

Ich atmete ein paarmal tief durch und sagte dann mit schwacher Stimme ins Mikrofon: »Tut mir leid. Ich bin Bakari Sellers. Geben Sie mir am 4. November eine Chance als Vizegouverneur …, wenn ich bis dahin noch da bin.«

Ike führte mich aus der Halle. »Wie wäre es mit einem Orangensaft oder so was?«, fragte er. »Könnte sein, dass dein Blutzucker etwas niedrig ist.«

*

Lancaster County war die letzte Station auf unserer Tour durch South Carolina. »Wir sind genau vierundzwanzig Stunden von der Möglichkeit entfernt, Geschichte zu schreiben«, sagte ich meinen Zuhörern. »Und wir sind müde, wir sind erschöpft. Das war ein langer Weg, er war mühsam, es war hart, die Leute haben uns abgeschrieben, die Zeitungen haben uns abgeschrieben, die Umfragen haben uns abgeschrieben. Aber Umfragen sind keine Wahlen.

Wir können unsere Stimme abgeben. Wir haben so viel Macht. Und morgen haben wir die wunderbare Chance, allen das Gegenteil zu beweisen.« Ich zeigte auf ein schwarzes Kind im Publikum. »Wir kandidieren aus einem einzigen Grund: für dieses kleine Mädchen da vorn in seinem gelben T-Shirt. Damit sie große Träume haben kann.«

Meine Stimme begann zu zittern, und mir stiegen Tränen in die Augen. »Also, ich bin Bakari Sellers, und morgen um 7 Uhr …«, ich hob das Mikrofon und rief mit zitternder Stimme, »werden wir gewinnen!«

Ellen rannte zu mir: »Baby, du warst so toll!«

Wahlnacht – 4. November 2014

Am Wahltag schien die Sonne. Ich fühlte mich beschwingt und siegesgewiss. Ich hatte mich monatelang um ein Rededuell bemüht, aber McMaster war mir hartnäckig ausgewichen. Ich hatte begonnen, jeden Tag zu twittern, dass er nicht auf meine Anfrage reagierte, und schließlich, nach etwa siebzig Tagen, war er doch zu einem Duell bereit gewesen. Bei unserer einzigen Debatte hatte er über die Vergangenheit gesprochen, über seine Arbeit für Ronald Reagan, und er hatte versucht, mich mit Obama in Verbindung zu bringen; dennoch war klar, dass ich das Duell gewonnen hatte. Wähler sprachen mich danach auf der Straße an und applaudierten mir. Die Medien zitierten mich mit einem Seitenhieb darauf, dass McMaster dem Staat über Jahre auf der Tasche gelegen hatte: »Sie haben im Laufe Ihrer Karriere so viele staatliche Wohltaten erhalten, da sind sicher so einige Sozialschmarotzer neidisch auf Sie.«

Als ich McMasters Fähigkeit infrage stellte, Arbeitsplätze zu schaffen, behauptete er mit einem Lächeln, er habe jede Menge Jobs geschaffen, indem er Leute ins Gefängnis gesteckt habe. Das ließ ich ihm nicht durchgehen, sondern rief, im Gefängnis gebe es keine Jobs.

Ich war überzeugt von unserem Sieg; wir würden gewinnen, und wir würden Geschichte schreiben. Ich fühlte mich ruhig und gelassen, aber gleichzeitig auch voller Vorfreude, als ich am Morgen des Wahltags eine Schachtel Donuts für die Wahlhelfer kaufte, wie ich es immer am Wahltag für meinen Wahlbezirk mache. Ich scherzte ein bisschen mit den freiwilligen Helfern, die ich in jedem Wahljahr treffe, überreichte die Donuts einer Helferin und gab dann meine Stimme ab. »Alles klar, meine Damen. Aber nicht, dass sie alle Donuts alleine isst«, sagte ich, zwinkerte der Helferin zu und ging.

Der Wahltag war entspannt, doch die Wahlnacht war das genaue Gegenteil.

Wir alle – Ellen, Ike, das Beraterteam und andere – saßen vor dem Computerbildschirm in der Präsidentensuite des Hilton Hotels in Columbia. Lionell, ein Mitglied des Wahlkampfteams, bediente den Computer, während ich versuchte, ihn zu steuern.

Es fing gut an: Bamberg County brachte fantastische Zahlen. »Sehr gut, das ist es, ein Bezirk geht schon mal klar. Wir liegen im Plan. Geh bitte zurück zu meinem Feed«, sagte ich. »Oh, was ist das? Wow, wow, wow! Könntest du kurz … Was hast du da gerade angeklickt?«

»Wir haben Fairfield«, sagte jemand.

»Ah, alles klar. Mach einen Screenshot! Was ist das? Genau das meine ich! Noch ein Bezirk im Sack. Fehlen noch einundvierzig. Oh, die Zahlen von Sun City sind da? Seht euch das an. Wir sind auf einem guten Weg!«

Aber dann lief es auf einmal gar nicht mehr gut.

»Du liegst nur mit 8 000 Stimmen zurück«, versuchte mich Ellen zu beruhigen.

»14 000«, murmelte ich. »Shit ... Fehlen noch ein paar Bezirke? Schauen wir mal ... Ist Anderson ausgezählt?«

Ich schüttelte verzweifelt den Kopf. »Oh mein Gott.«

Bald war alles vorbei. Ich erhielt einundvierzig Prozent der Stimmen, McMaster neunundfünfzig Prozent. McMaster konnte fünfundsiebzig Prozent der weißen Stimmen für sich gewinnen und zehn Prozent der schwarzen Wähler.

In einer emotionalen Rede erkannte ich meine Wahlniederlage an. Ich sagte meinen Anhängern: »Ich werde nicht in der Versenkung verschwinden ... Der Grund, warum man weiter mit Bakari Sellers rechnen muss, ist meine tiefe Liebe zu South Carolina.« Meine Stimme brach, die Tränen ließen sich nicht zurückhalten. »Vielen Dank, und Gott segne Sie alle.«

Einige Reporter an jenem Abend waren freundlich. Ein Nachrichtenmoderator im Fernsehen sagte: »Ein emotionaler Bakari Sellers, der selbstverständlich weiter ein aufsteigender Stern in der Demokratischen Partei bleiben wird, ich stimme also zu, wir werden vermutlich bald wieder von ihm hören.«

Ich war überzeugt gewesen, dass ich die Wahl gewinnen und Geschichte schreiben würde – bis ich es dann doch nicht tat.

Ich fragte mich: Hatten wir genug Geld gesammelt? Hatten wir die Leute genügend motiviert, zur Wahl zu gehen? Doch wir wussten ganz genau, wo das Problem lag: In South Carolina reichten die Stimmen für die Demokraten einfach nicht für einen Sieg.

Ike war fest überzeugt, ich hätte die Leute, die wir im ganzen Staat getroffen haben, so sehr beeindruckt; wenn ich ein junger weißer Politiker gewesen wäre, hätte ich bestimmt gewonnen. Aber das glaube ich nicht. Das Ergebnis wäre bestimmt knapper ausgefallen, aber ein Sieg? Vermutlich nicht. Wir reden hier immer noch von den Demokraten in South Carolina.

Im Rückblick war es dann doch ein Sieg für mich und andere: Die Tatsache, dass ein junger, schwarzer Demokrat in einem der am stärksten von den Republikanern dominierten Staaten einundvierzig Prozent der Stimmen erkämpft hatte, war vielsprechend, wenn nicht sogar unglaublich. In der Welt der Politik waren viele überrascht. Für uns bedeutete das, dass sich die Dinge änderten und dass es eines Tages auch einem schwarzen oder demokratischen Kandidaten möglich sein würde, in South Carolina ein Amt auf bundesstaatlicher Ebene zu erringen.

Ich sage den Leuten immer, dass wir kleine Bruchstücke aus der gläsernen Decke meißeln. In South Carolina erhielt ich 2014 einundvierzig Prozent der Stimmen; in Georgia schaffte Stacey Abrams 2018 fast neunundvierzig Prozent, und in Florida sicherte sich Andrew Gillum ebenfalls 2018 neunundvierzig Prozent.

Es gibt also einen Trend, den die politischen Berater beachten sollten: Wir kommen näher.

VIII

Angst

Die Superkräfte eines schwarzen Mannes

Mein erstes Tattoo ließ ich mir in meinem dritten Jahr am Morehouse College stechen. Ein Porträt meines Vaters auf meiner Brust. Auf der Rückseite meines Arms sind zwei Kreuze tätowiert. Auf den Rippenbögen trage ich jeweils einen Engelsflügel, in einem steht der Name meiner Mutter, im anderen der Name meiner Schwester. Auf der rechten Seite meiner Brust ist ein junger schwarzer Mann zu sehen, der über eine Mauer gebeugt nach der Hand seiner Brüder greift, dazu der Spruch »He ain't heavy, he's my brother«. Dieses Tattoo ist Lumumba gewidmet.

Die Namen meiner Nichten und Neffen sind auf meinen rechten Bizeps tätowiert. Ein berühmtes Einstein-

Zitat findet sich auf meinem linken Bizeps: »Nur ein für andere gelebtes Leben ist lebenswert.« Und auf meinem Rücken zieht sich von einem Schulterblatt zum anderen das Wort »Blessed«.

Den Namen meiner Stieftochter Kai trage ich auf dem linken Arm, die Initialen meiner Frau auf meinem Ringfinger. Auf meinem linken Unterarm prangt der Baum des Lebens. Und meinen beiden kleinen Babys flüstere ich gerne ins Ohr, dass ich sie liebe und ihre Namen schon bald auf meinem Körper stehen werden.

Ich leide unter Angstzuständen. Durch die vielen Tätowierungen habe ich meine geliebten Menschen immer bei mir, ich spüre ihre Liebe und zeige ihnen meine.

Ich erinnere mich gut an jenen heißen Sommerabend, an dem mich die Angst zum ersten Mal übermannte. Seitdem hat sie mich nie wieder losgelassen. Es war im Juni 1996, ich war damals elf und mit dem Rad auf der Straße unterwegs, als meine Mutter mich hereinrief. Es war ohnehin schon fast dunkel, aber sie holte mich aus einem anderen Grund. Jemand hatte mich angerufen. Meine Freundin Crystal war am Apparat. Ihr Vater war Basketballtrainer an der Middle School, und ihre Mutter war Krankenschwester. Wir hatten dieselbe Grundschule besucht, Felton Laboratory auf dem Campus der South Carolina State University.

Ich erinnere mich an ihre Stimme am anderen Ende der Leitung: »Ich habe angerufen, weil ich dir sagen wollte, dass Al tot ist.«

Plötzlich wurde alles ganz still, ich hörte nur einen stummen Schrei in meinem Innern: Al ist tot!

Al war unser Freund Alfred McClenan. Er war auf der Middle School eine Klasse über mir und sollte bald die neunte Klasse an der Orangeburg-Wilkinson High School besuchen. Al und ich spielten zusammen Basketball in der Middle School – wir waren nicht die besten Freunde, aber sein Tod sollte mein Leben verändern.

Der dreizehnjährige Al brach beim Sommertraining für das B-Team im Football zusammen. Später erfuhr ich, er habe sich über Schmerzen im linken Brustkorb beklagt und sei dann gestürzt. Er fragte, ob er auf dem Feld liegen bleiben könne, bis seine Mutter ihn abholte. Er war noch bei Bewusstsein, als sie kam, wurde dann aber ohnmächtig. Danach wachte er nicht mehr auf. In der Zeitung stand, Al habe einen Herzinfarkt gehabt.

Wie Kinder das so machen, stellte ich mir vor, wie Al gestorben war. War ihm heiß oder kalt? War es wie Einschlafen? Ging es schnell, so wie im Film? Waren seine Erinnerungen, sein Gehör, das Gefühl in den Händen und Zehen und im Herzen plötzlich einfach weg? Er würde nie aufs College gehen. Er würde nie wieder Football spielen. Er würde keinen Abschluss an der Highschool machen. Er würde nie heiraten.

Diese Gedanken lösten in mir eine tiefe Angst vor dem Tod aus. Die meisten jungen Menschen fühlen sich unverwundbar oder sogar unsterblich, aber wenn diese Überzeugung in jungem Alter einen Riss bekommt, kann das zu Problemen führen.

Mir ist das passiert.

Meine Mutter fuhr mich zur Gedenkfeier an der Orangeburg-Wilkinson High School, wo ich später zur Schule gehen sollte. Die Feier hatte schon begonnen, weshalb ich in der Aula ganz hinten stand. Meine Mutter ging nicht mit hinein, doch sie ließ mich zumindest am letzten

Teil der Feier teilnehmen. Ich denke, meine Mutter war vorsichtig, weil es meine erste Erfahrung mit dem Tod war, noch dazu war es der Tod eines Gleichaltrigen – eines Kindes.

Seine ältere Schwester hielt eine sehr mitreißende, gar nicht trübsinnige Rede. Im schwarzen ländlichen Süden haben wir keine Trauerfeiern, es sind eher Freudenfeste des Lebens und seiner Heimkehr. Ich weiß noch, wie seine Schwester den Moment beschrieb, als der neugeborene Al aus dem Krankenhaus nach Hause kam, dass er ausgesehen habe wie »ein süßer kleiner Frosch«.

Am Ende der Feier ging ich den gewundenen Gang nach vorne und blickte in den Sarg. Das Bild des dreizehnjährigen Jungen mit geschürzten Lippen, die durch die Einbalsamierung entstehen, ist immer noch in meine Vorstellung eingebrannt.

Die Quelle der Angst beseitigen

Der Sommer danach war hart. In der Nacht hatte ich das Gefühl, ich würde sterben. Ich konnte kaum atmen, meine Brust brannte, und ich hatte Panikattacken, die sich wie ein schwerer Knoten in meiner Brust zusammenballten. Das ging fortan jede Nacht so. Manchmal weinte ich, oft stand ich auf und konnte nicht mehr durchschlafen. Tatsächlich schlief ich in jenem Sommer hauptsächlich am Tag. Ich spielte Basketball, ging anschließend nach Hause und legte mich hin, oft neben meine Mutter, die mit ihren eigenen Angstzuständen zu kämpfen hatte.

Meine Eltern gingen mit mir zum Arzt, den wir uns mittlerweile leisten konnten, und ich wurde von oben bis unten durchgecheckt. Ich unterzog mich einem Belastungstest, bei dem ich mit einer Atemmaske auf einem Laufband rennen musste. Dabei entdeckte der Arzt ein Herzgeräusch, das jedoch nicht der Grund für meine Probleme war. Anschließend gingen meine Eltern mit mir zum Psychotherapeuten, der mir Medikamente verschrieb. Ich war vermutlich einer der jüngsten Patienten, die das Antidepressivum Wellbutrin (Bupropion) einnahmen.

Die Erwachsenen versuchten alles, damit ich meine Emotionen in den Griff bekam, doch später wurde mir klar, dass meine Probleme vermutlich auch genetisch bedingt sind. Der Tod meines Freundes hatte die Ängste wahrscheinlich ausgelöst, aber womöglich habe ich sie von beiden Eltern geerbt. Ich bin mir fast sicher, dass mein Vater unter Angstzuständen leidet, von denen er selbst nichts weiß, und ich glaube, sie hängen mit seinen Erlebnissen in der Zeit der Bürgerrechtsbewegung zusammen, in der er so viel verloren hat. So viele Leben wurden ruiniert; er hat so viel Gewalt gesehen, so viel Hass erfahren. Und dann sind da noch die Geister und die Narben des Orangeburg-Massakers sowie die Tatsache, dass ihn manche Leute immer noch für die Ausschreitungen von damals verantwortlich machen. Ich sage den Leuten, dass mein Vater heute nur schwer weinen kann, weil er schon so viele Tränen vergossen hat, und dass seine Schultern nicht mehr so gerade sind, weil er die Last so vieler Generationen tragen muss. Gut möglich, dass meine Angst auch mit dem Orangeburg-Massaker zusammenhängt, das meine Persönlichkeit ebenso geprägt hat wie die meines Vaters.

Meine Mutter leidet unter lähmenden Panikattacken. Ihre Hände zittern, und manchmal will sie nur noch schlafen. In meiner Kindheit verbrachte sie viele Stunden und ganze Tage im Bett. Sie sagt, diese Attacken seien viel mehr als nur das Gefühl, von der Angst überwältigt zu werden. »Jemandem wie mir macht das große Angst«, erklärt sie mir, »weil ich so ein Kontrollfreak bin. Mitten in einer Panikattacke habe ich keine Kontrolle mehr. Ich ziehe mich dann zurück, bis ich wieder das Gefühl habe, alles im Griff zu haben.«

Wahrscheinlich hätte ich nicht überrascht sein sollen, als meine Mutter mir erzählte, dass ihre Panikattacken auf das Trauma zurückgehen, das sie erfuhr, als mein Vater einige Jahre nach ihrer Heirat ins Gefängnis musste. Sie hat nie mit uns darüber gesprochen, doch im Rückblick ergibt alles einen Sinn. Bevor mein Vater ins Gefängnis kam, waren meine Eltern von South Carolina nach Greensboro in North Carolina gezogen, weil sich die Eltern meines Vaters um seine Sicherheit sorgten. In diesen Jahren lebte meine Mutter mit einem Neugeborenen (meiner Schwester Nosizwe) in einer fremden Stadt. Ihr Mann war im Gefängnis, weil er angeblich einen Aufstand angezettelt hatte, bei dem drei Menschen ihr Leben verloren hatten, und der Gouverneur von South Carolina ihm die Schuld gab.

Sie bat ihre Eltern um Hilfe, erzählt aber, dass sie wenig Mitgefühl für ihre Situation aufbringen konnten. Sie wusste nicht, was sie tun sollte, schaffte es aber, indem sie auf ihren Instinkt vertraute. Dennoch ist meine Mutter überzeugt, dass sie bereits damals Ängste hatte, die ihr nur nicht bewusst waren.

»Mit Cleves anstehender Gefängnisstrafe und ihren Auswirkungen kam ich einfach nicht zurecht«, berichtet sie heute. »Mein bisheriges Leben hatte mich nicht darauf vorbereitet, ich konnte mir nicht vorstellen, dass Gefängnisstrafen real sind. Ich war ratlos. Ich brachte unser Kind zur Welt, während er im Gefängnis war … Ich machte die Schwangerschaft durch und zog ein Kind groß und musste mir überlegen, wie wir nach Columbia und wieder zurück kamen, um Cleve im Gefängnis zu besuchen. Ich glaube, Nosizwe hat mich gerettet – was auch immer passierte, ich musste für sie da sein.«

Die Fähigkeit meiner Mutter, trotz aller Widrigkeiten zurechtzukommen, ist vielen schwarzen Frauen zu eigen und zeugt von ihrer Stärke. Doch die Angst, die meine Familie erfasst hat, verweist, wie ich heute vermute, auf die dauerhaften Narben, die der Kampf um die Bürgerrechte hinterlassen hat. Durch das Orangeburg-Massaker war der Vater unserer Familie mit einer Vorstrafe belastet, meine Mutter musste ein Kind ohne den Mann großziehen, den sie liebte, und ein kleines Mädchen kam ohne seinen Vater auf die Welt. Natürlich löste dieser ganze Druck Angst aus. Wie könnte es auch anders sein?

Nosizwe, die sich im Laufe der Jahre immer wieder heftige Diskussionen mit meiner Mutter lieferte, beschreibt unseren Dad häufiger als einen wunderbaren und liebevollen Vater, den besten Vater der Welt, der allerdings nie verstanden habe, was einen richtig guten Ehemann ausmacht. »Daddy ließ Mom nicht richtig an sich heran«, sagt Nosizwe. »Vermutlich hatte er seine Gründe dafür, aber mir ist heute klar, dass Mom völlig zu Recht mit ihrer Beziehung gehadert hat. Und dass er mit seinem Verhalten so einiges dazu beitrug.«

Die Angstzustände meiner Mutter gingen mit starken Stimmungsschwankungen einher. Das bedeutete, dass sie morgens noch die beste Mutter aller Zeiten und das Salz der Erde sein konnte und am Abend die strengste, unfreundlichste ... Mir fehlen die Worte, um diese verstörende Stimmung zu beschreiben, die sie am Abend erfassen konnte. Und am Morgen danach schaffte sie es dann nicht mehr aus dem Bett.

Ich will keinesfalls den Eindruck vermitteln, dass meine Mutter aufgrund ihrer psychischen Probleme eine schwache Frau war, denn das wäre falsch. Sie schuftete in der Zeit sehr hart, um den Lebensunterhalt für die Familie zu verdienen, da mein Vater aufgrund seiner Vorstrafe nur schwer Arbeit fand.

Trotzdem können wir die psychischen Probleme in meiner Familie auch nicht einfach damit abtun, dass das Leben eben kein Ponyhof ist. Das Leben ist vielmehr eine Schlangengrube, und wer in der Grube festsitzt, kann nie sicher sein, dort nur auf eine harmlose Strumpfbandnatter zu stoßen oder von einer giftigen Wassermokassinotter gebissen zu werden.

Nachdem mich meine Eltern zu einem Therapeuten gebracht hatten, um die Ursache für meine Angst und meine Kopfschmerzen zu finden und zu erfahren, warum ich wahlweise viel zu viel oder überhaupt nicht schlief, setzte sich per Ausschlussverfahren eine Theorie durch, nach der ich tatsächlich Angst vor dem Tod hatte. Ich weigerte mich, zu Begräbnissen zu gehen, und mit ein bisschen Ermunterung sprach ich sicher auch über den Schock, den mir Als Tod verpasst hatte.

Insgeheim brachte ich viele meiner Probleme eher mit

meiner Mutter in Verbindung. Vor allem während meiner Highschool-Zeit war unser Verhältnis sehr angespannt. Ich absolvierte die achte, neunte und zehnte Klasse mit hervorragenden schulischen Leistungen und ohne soziale Probleme. Auch auf dem College lief es gut, ich kam mit mir selbst ins Reine, entwickelte eine politische Einstellung und hatte ein gutes Verhältnis zu allen, außer zu meiner Mutter – was im Vergleich zu den meisten anderen schwarzen Männern ungewöhnlich ist.

Meine Mutter und ich waren uns sehr nahe, als ich klein war. Ich hatte zu beiden Eltern ein sehr inniges Verhältnis. Aber da mein Vater immer sehr lange arbeitete, nahm meine Mutter mich gern zu den Zusammenkünften mit, die sie besuchte. Sie las mir vor, wir machten Spiele zusammen, und sie brachte uns Kindern bei, wie man anständig spricht, ohne ständig »ähm« zu sagen. Doch irgendwann, als ich auf der Highschool war, hörte meine Mutter auf zu kochen. Ich sage oft, dass sie nicht mehr richtig gekocht hat, seit die Mannschaft der Chicago Bulls komplett neu aufgestellt wurde. Das war 1998; seitdem hat mein Vater das Kochen übernommen. Das Verhalten meiner Mutter veränderte sich. Ich wusste nicht, wie ich damit umgehen sollte, ich glaube auch nicht, dass ich stark genug war, damit umzugehen, deshalb zog ich mich zurück. Als ich dann Jura studierte, vergingen Monate, ohne dass wir miteinander redeten, weil ich nicht wusste, was mich erwartete, wenn ich sie anrief.

Inzwischen geht es meiner Mutter besser, weil sie mit anderen Menschen über ihre Probleme spricht und Medikamente nimmt. Aber noch wichtiger: Sie akzeptiert, dass sie psychische Probleme hat. Häufig wollen sehr starke, unabhängige Menschen eine derartige Erkrankung nicht wahrhaben. Sie glauben nicht, dass sie andere Menschen so behandeln, wie sie es tun, oder dass sie eine bestimmte Wirkung auf ihre Mitmenschen haben. Meine Mutter hat vielleicht eine Weile gebraucht, um das zu erkennen, aber immerhin ist sie inzwischen so weit. Ich denke, das ist eine Herausforderung für uns alle, die mit Angstzuständen und den damit verbundenen Schwierigkeiten zu kämpfen haben.

Meine eigene Angst, die sich unter anderem in der Angst vor dem Tod äußert, hängt auch mit der Aufgabe zusammen, zu der ich mich nach wie vor verpflichtet fühle. Der Gedanke an den allerletzten Augenblick quält mich, weil es noch so viele Dinge gibt, die ich erreichen will. In Wahrheit war ich ja auch schon vor dem Herzinfarkt meines Freundes mit dem Tod in Kontakt gekommen. Bei jeder Gedenkfeier zum Orangeburg-Massaker hörte ich aufmerksam zu, wenn Familien über ihren Schmerz nach dem Tod eines Angehörigen sprachen, und nahm all die Details zu den Todesumständen in mich auf. Das alles brannte sich in mein Gedächtnis. Meiner Mutter gefiel es nicht, dass ich bei diesen Veranstaltungen mit dabei war. Die vielen Gespräche über Trauer und Tod waren ihrer Meinung nach nicht gut für ein Kind. Sie sah meinen Vater auf der Bühne weinen, und wenn sie dann in mein kleines Gesicht schaute, war auch das tränenüberströmt, wenn ich meinen Vater auf der Bühne sah. »Alle am Schniefen und Schluchzen«, erinnert sie sich.

Mein Vater ist mein Held, und er hat die Fackel an mich weitergegeben. Konnte die Last der Verantwortung auch der Grund für meine Angst sein?

Das Gewicht der Fackel

Ich fürchte den Tod, aber ich fürchte auch das Scheitern, das auf eine Weise auch ein kleiner Tod ist. Wer schwarz ist und aus den Südstaaten kommt, scheitert nie für sich allein. Für all diejenigen, die das Glück hatten, die sprichwörtlichen Stolpersteine zu überwinden und sich nun in einer Position befinden, die sich auch auf andere auswirkt, für sie bedeutet Scheitern nicht nur, dass sie sich selbst im Stich gelassen haben, sondern auch ihre Eltern, ihre Gemeinschaft und die alten Damen in der Kirche. Ich lasse die Leute im Stich, für die ich die Fackel weitertrage – diejenigen, die aufs College gehen wollten, es aber nicht konnten, und natürlich auch meine Vorfahren, all die Leute, die bluteten, schwitzten und schufteten. Scheitern hat für einen Schwarzen aus dem Süden einen hohen Preis. Wer scheitert, lässt nicht nur die Emmet Tills der Vergangenheit im Stich, sondern auch die Michael Browns der Gegenwart.

Ich kenne mich, und ich kenne den Unterschied zwischen Richtig und Falsch. Aber jeder Fehltritt meinerseits – selbst als ich in Chester County vom Sheriff angehalten und wegen Alkohol am Steuer belangt wurde – ist ein schwieriger Moment für mich, weil ich das Gefühl habe, so viele Menschen zu enttäuschen. Damals brachte ich mich in eine schwierige Lage, obwohl ich gar nicht das getan hatte, was man mir vorwarf. Dennoch konnte ich verurteilt werden. Vier Monate lang hielt ich meine Verhaftung geheim. Ich konnte nicht schlafen. Ich konnte nicht essen. Meine Angst war wieder voll da. Und als die

Geschichte bekannt wurde, musste ich mich ihr sofort öffentlich stellen.

Der gesellschaftliche und politische Druck nimmt mir manchmal fast den Atem, aber mittlerweile ist das für mich normal: Ich öffne mich und versuche, dafür zu sorgen, dass andere Leute Luft zum Atmen haben, indem ich über meine eigenen Ängste und Befürchtungen spreche. Unabhängig davon, wie schwierig es für mich ist, bin ich doch gesegnet und hatte großes Glück, denn ich habe die Mittel und die Unterstützung, um mit dieser Belastung umzugehen. Ich weiß, das ist vielen Menschen nicht vergönnt.

*

Wenn man in ein öffentliches Amt gewählt wird, will man Großes vollbringen, in die Geschichte eingehen, als jemand in Erinnerung bleiben, der das Leben der Menschen verbessert, Systeme der Unterdrückung zerstört und dem Gemeinwohl gedient hat. Man will nicht einfach nur ein Politiker sein. Aber dieser Anspruch hat seinen Preis.

Seit meinem zwanzigsten Lebensjahr lebe ich wie ein Goldfisch in einer Glaskugel; jeder kann mein Leben in all seinen Facetten miterleben. Wenn ich in Restaurants gehe, beobachten mich die Leute und versuchen, meine privaten Gespräche zu belauschen. Die Medien berichten darüber, wo ich war, was ich sagte, was ich tat – und ich denke dann: »Moment, das habe ich doch gar nicht gemacht.« Das einzige Amt, das dem des Politikers gleicht, ist das des Pastors, denn auch an ihren Pastor stellen die Menschen höhere Erwartungen als an sich selbst.

Junge Leute berichten mir oft von ihren halbgaren Überlegungen, in die Politik zu gehen. Ich frage sie dann, ob sie je davon gehört hätten, dass jemand halb schwanger sei. Die Antwort lautet natürlich immer: Nein. Dann erkläre ich, dass es in der Politik auch so ist. Entweder widmet man sich voll und ganz der Politik, oder man lässt es bleiben. Die Politik vereinnahmt alles und bietet viele Höhe-, aber auch Tiefpunkte. Ich erzähle den Leuten, man wacht morgens mit einem Knoten im Magen auf oder geht damit zu Bett, ohne zu wissen, was der kommende Tag bringen wird, wie die nächste Schlagzeile, ein Online-Kommentar oder Tweet lauten wird oder wie die Umfragewerte ausfallen. Ich sage den jungen Leuten, ihr müsst einfach stärker sein, ihr tretet gegen euren Kontrahenten und für so viele Menschen an, die ihr zurückgelassen habt, und ihr tretet auch – Sie ahnen, was kommt – gegen eure eigenen Ängste an. Manchmal ist das furchtbar anstrengend, manchmal weint man und bricht zusammen, aber die Angst, die Wut und der Zorn lassen sich in Energie umwandeln: Das ist der Schlüssel zum Erfolg. Zumindest wurde ich so zum jüngsten Mitglied eines bundesstaatlichen Parlaments und später Kommentator bei CNN.

Ich versuche, offen mit dem Druck umzugehen, der mit meinen Auftritten im Fernsehen verbunden ist; vor allem, wenn man wie ich einer von wenigen schwarzen Mitarbeitern bei einem nationalen Nachrichtensender ist. Ich versuche, ein gutes Bild abzugeben, unter anderem deswegen, weil sich die Art, wie mich die Zuschauer wahrnehmen, darauf auswirkt, wie sie andere junge Schwarze wahrnehmen, vor allem junge schwarze Männer. Für mich gibt es keinen freien Tag. Ich kann nicht ins Rampenlicht treten und eine schlechte Leistung abliefern, denn dann werden die Leute – ja, es gibt in diesem Land viele Weiße mit dieser Haltung – die jungen schwarzen Männer auf der Straße am nächsten Tag mit Vorbehalt betrachten.

Ich erinnere mich an einen Ratschlag meines Vaters: Diskutiere nie mit einem Idioten, denn die Leute, die zusehen, erkennen den Unterschied nicht. Bei Diskussionen im Fernsehen weiß ich, dass ich die Haltung eines Menschen nicht ändern kann. Ich versuche einfach, zu meinen Zuschauern zu sprechen.

Vor einigen Jahren hatte ich ein interessantes Gespräch mit dem Radio- und Fernsehmoderator Charlamagne Tha God. Charlamagne, der ursprünglich aus Moncks Corner in South Carolina kommt, hat sich hochgearbeitet, ursprünglich dealte er mit Drogen, besuchte dann aber die Abendschule, holte den Highschool-Abschluss nach und ist heute einer der umstrittensten, aber auch einflussreichsten Radiomoderatoren des Landes. Präsidentschaftskandidaten bemühen sich um einen Auftritt in seiner Sendung. Charlamagne ist außerdem ein guter Freund von mir, der offen mit seinen eigenen Ängsten umgeht und sogar ein Buch zum Thema verfasst hat. Bei unserem Gespräch am Set seiner Radiosendung *The Breakfast Club* redeten wir darüber, wie häufig Angstzustände bei Afroamerikanern und in unseren eigenen Familien auftreten. »Ich weiß noch, dass meine Mom Pillen für die Nerven nahm«, sagte er. Dann sprach er über seine eigenen Panikattacken. »Du hast das Gefühl, du müsstest gleich sterben.«

Ich sagte ihm, dass wir über die politische Situation in Israel, Umweltschutz und Steuern reden könnten, aber wenn es um meine eigenen Ängste gehe, käme ich ins Stocken, weil ich psychische Probleme lange als Schwäche betrachtet hätte. Ich denke, das geht vielen schwarzen Männern so. Mein Vater versteht meine Angstzustände bis heute nicht.

Die Ursache für diese Angstzustände ist bei vielen schwarzen Männern eine gegen sich selbst gerichtete Wut – Wut und Verzweiflung darüber, dass sich unser Leben im Kreis zu drehen scheint … Oder um es mit den Worten des Rappers T. I. auszudrücken: Wir sitzen sprichwörtlich in der Falle. Wir besuchen heruntergekommene Schulen, haben gesundheitliche Probleme und müssen mit ansehen, wie unsere Liebsten abgeknallt werden, daher haben wir das Gefühl, niemals aus dieser Falle herauszukommen.

Ein Teil der Wut und Frustration rührt auch daher, dass schwarzen Männern nicht gesagt wird, dass sie geliebt werden – sie werden von der Gesellschaft und den Medien auch nicht geliebt – und dass sie als Wilde und Gangster betrachtet werden. Die einzigen Menschen, die uns wirklich lieben, sind schwarze Frauen.

Viele meiner Brüder haben Probleme, diesen gemeinsamen Frust zum Ausdruck zu bringen, weil sie glauben, sie dürften keine Schwäche zeigen. Man erwartet von schwarzen Männern, ihre Gefühle mit sich allein auszumachen; sie dürfen allenfalls im Barbershop oder in der Umkleide darüber reden, aber niemals eingestehen, dass sie Hilfe brauchen. Unsere eigene, mitunter selbst verschuldete verzerrte Vorstellung von Männlichkeit, die von der enormen Belastung herrührt, die wir seit Jahrhunderten zu tragen haben, hindert uns daran, Schwäche einzugestehen. Was natürlich zur Folge hat, dass unsere Gefühle oft vor sich hin köcheln. Manche treffen deswegen die falschen Entscheidungen. Ich kenne Männer in meinem Alter, die ähnliche Probleme wie ich haben, sie jedoch mithilfe von Alkohol und Frauen zu ignorieren versuchen.

Wenn schwarze Männer wie Charlamagne und ich über eine Bühne verfügen, können sie ihre Wut, die sich in Angst niederschlägt, sinnvoll nutzen, ähnlich wie Superhelden ihre Kräfte nutzen, um für das Gute zu kämpfen. Wie heißt es so schön: »Druck lässt Rohre platzen, doch nur unter Druck entstehen Diamanten.« Wir können diese Wut nutzen und uns bewusst und wachsam in diesem Land umschauen, um Systeme der Unterdrückung zu erkennen und unsere Gemeinschaften neu aufzubauen. Eine weiße Gemeinschaft oder eine schwarze Gemeinschaft aufzubauen, ist ein großer Unterschied. Weil den Afroamerikanern alles genommen wurde, müssen wir unsere Gemeinschaften mental, physisch, spirituell und wirtschaftlich stärken. Aber wir können etwas bewirken, wir können ein Beispiel geben, und deshalb lebe ich so, wie ich lebe.

Es gibt ein Foto aus dem Jahr 2009, das den fünfjährigen Jacob Philadelphia zeigt, wie er im besten Sonntagsstaat im Oval Office vor Präsident Obama steht. Obama beugt sich hinunter, damit der Junge seine Haare anfassen kann. Jacob hatte wissen wollen, ob sich Obamas Haare wie seine eigenen anfühlten. Das Bild ist eine der stärksten Botschaften Obamas an die schwarze Community, weil es schwarzen Kindern auf der ganzen Welt vermittelt, dass auch sie eines Tages Präsident oder Präsidentin des mächtigsten Landes der freien Welt werden können. Wenn wir mit gutem Beispiel vorangehen, bereiten wir den Boden für kommende Generationen.

Ja, ich will hohe Erwartungen wecken. Derzeit haben wir in der Black Community eine Kultur der niedrigen Erwartungen – mit der Folge, dass wir nur das bekommen, was wir erwarten. Deshalb lege ich großen Wert darauf, ein positives Beispiel zu vermitteln, wenn ich etwa den ländlichen Süden oder bestimmte Viertel in Städten wie Los Angeles besuche.

In der Sozialforschung gibt es die These, dass meine Generation insgesamt, egal ob schwarz oder weiß, männlich oder weiblich, mehr als jede andere Generation zuvor von Angst geplagt sei. Auf jeden Fall werden wir mehr als jede andere Generation mit Medikamenten behandelt. Wie keine andere Generation zuvor fürchten Millennials den Tod und das Scheitern. Wir haben erlebt, wie unsere Freunde in sinnlosen Kriegen starben, wir haben gesehen, wie sich die Welt, die wir gerade erst kennenlernten, nach den Anschlägen vom 11. September veränderte. Wir haben erlebt, wie die Welt rücksichtsloser und kälter geworden ist. Wieder und wieder haben wir mit angesehen, wie schwarze Männer mitten auf der Straße von Menschen erschossen wurden, die sie eigentlich schützen sollten. Aber wir erleben auch, dass Frauen ihre traumatischen Erfahrungen publik machen, den Mächtigen die Stirn bieten und sich gegen eine Kultur wehren, die sie schikaniert und ihre Körper manipuliert.

2003 starben drei junge Männer aus Orangeburg im Krieg in Afghanistan. Einer von ihnen, Darius Jennings, mit dem ich auf der Highschool befreundet war, war erst seit sechs Monaten in Afghanistan stationiert, als er sein Leben verlor. Der Hubschrauber, der ihn und etwa dreißig Kameraden transportierte, wurde über Falludscha von einer Panzerabwehrwaffe getroffen. Darius' Mutter Elaine

Jennings hat mich immer sehr unterstützt, aber ich höre den Schmerz in ihrer Stimme, wenn sie die Ehrentafel ihres gefallenen Sohnes stolz vor sich herträgt. Sie sprach nie in der Vergangenheitsform über ihn, bis sie vor Kurzem zwölf Tage in Falludscha verbrachte. Immer wieder muss ich daran denken, dass sie ihren Sohn wahrscheinlich dazu ermutigt hat, den armen, ländlichen Süden hinter sich zu lassen, und welche glänzende Zukunft sie sich für ihn ausmalte. Deshalb lebe ich auch für Darius.

Wir sind eine Generation, die diesen Schmerz spürt und weiß, dass sie auch für all jene lebt, die so früh von uns gegangen sind. Als ich meinen Abschluss am College machte, tat ich das auch für Darius und all die anderen, und als ich heiratete, heiratete ich auch für sie. All die Momente, die ich erlebe, erlebe ich auch für sie.

Meine Angstzustände haben mich nie davon abgehalten, hart zu arbeiten, denn meine Angst wurzelt in der Befürchtung, ich könnte nicht gut genug sein, deshalb will ich immer noch besser sein. Man kann eine mitreißende Rede halten oder einen unglaublichen Wahlkampf machen und trotzdem unter Angstzuständen leiden. Wie schon in meiner Kindheit gibt es auch heute noch viele Phasen in meinem Leben, in denen ich nicht schlafen kann. An vielen Tagen mache ich mir einfach Sorgen.

Manchmal habe ich das Gefühl, ich müsste mich morgens übergeben oder einfach würgen, aber da ist nichts. Mir ist heiß, ich schwitze und bin erschöpft; meine Gedanken rasen wie verrückt, und ich fürchte mich vor dem, was als Nächstes passieren wird.

Aber dann frage ich mich: Wovor habe ich Angst? Was folgt, ist die Beherztheit – das Einzige, was man nie bereut.

Die Angst in Stärke verwandeln

Meine Mutter sagt, dass ich wütender als mein Vater über die Ereignisse im Februar 1968 bin, obwohl sie ihm passiert sind und nicht mir. Das liegt ihrer Meinung nach daran, dass ich das Orangeburg-Massaker als ein Ereignis betrachte, bei dem er – mein Held – zu Schaden kam. Da steckt schon ein Körnchen Wahrheit drin. Doch der Druck, den ich im Zusammenhang mit den damaligen Ereignissen verspüre, besteht nicht nur darin, dass ich für die unschuldigen jungen schwarzen Männer leben muss, die beim Massaker noch vor meiner Geburt ums Leben kamen, sondern auch für die, die während meines eigenen Lebens starben.

Nachdem ich die Wahl um den Vizegouverneursposten verloren hatte, hing ich etwas in der Luft. Ich hatte wirklich alles gegeben. Unter anderem hatte ich bereits früh im Wahlkampf verkündet, dass ich auf meinen Sitz im Repräsentantenhaus auf jeden Fall verzichten würde, egal, wie die Wahl ausgehen würde, was sehr riskant war. Ich hätte das nicht tun müssen, ich hätte auch für beide Ämter gleichzeitig kandidieren können, aber ich wollte den Leuten vermitteln, dass ich mich voll und ganz auf das Amt des Vizegouverneurs konzentrierte. Ich wollte der erste Schwarze sein, der seit der Reconstruction-Ära in ein Amt auf bundesstaatlicher Ebene gewählt würde. Ich wollte die Leute davon überzeugen, dass ich bereit war, alles zu geben. Das tat ich, und ich verlor.

Und dann kam der furchtbare Sommer 2015.

Alles, wofür ich einstand, alles, wozu ich erzogen worden war – für die zu leben, die ihr Leben verloren hatten, und das Werk fortzusetzen, das mein Vater und all meine »Onkel« und »Tanten« in der Bürgerrechtsbewegung begonnen hatten –, wurde auf die Probe gestellt. Ich musste mich auf eine denkbar tragische Weise meiner Angst vor dem Tod und dem Scheitern stellen. Doch diese Ängste und Befürchtungen brachten mich dazu, das zu tun, wozu ich erzogen worden war: für diejenigen die Stimme zu erheben, die ihre Stimme nicht mehr erheben können, das vorzuleben, was andere nie erreichen könnten, und zu zeigen, dass wir uns nicht unterkriegen lassen.

IX

Eine Stimme für alle, die keine Stimme haben

Wut und Angst

In South Carolina sind wir politisch verwöhnt, weil in unserem Staat die erste Vorwahl im Süden stattfindet, was bedeutet, dass sämtliche Präsidentschaftskandidaten gleich zu Beginn des Wahlkampfs bei uns Station machen. Am Abend des 17. Juni 2015 besuchte ich eine Fundraising-Veranstaltung für Hillary Clinton in Charleston. Dazu eingeladen hatten der Prominenten-Anwalt Akim Anastopoulo und seine Frau Constance, die direkt am Wasser wohnen; von ihrem Anwesen kann man beobachten, wie die Schiffe vom Atlantik hereinkommen und die East Bay passieren. Das Haus war wunderschön, doch am besten gefiel mir natürlich der dazugehörige Basketballplatz. Sämtliche Parteigrößen aus unserem Bundesstaat waren anwesend. Ich unterhielt mich mit dem ehemaligen Gouverneur Jim Hodges und mit Steve Benjamin, dem Bürgermeister von Columbia. Jill Fletcher, meine Fundraiserin, begleitete mich zusammen mit ihrer Mutter Candy. Natürlich wollten wir alle Hillary treffen.

Gegen Ende der Veranstaltung, so gegen 21 Uhr, fragte ich Benjamin und seinen Fahrer, einen Polizisten aus Columbia, ob Ike und ich ihnen hinterherfahren könnten. Plötzlich sahen wir auf der Meeting Street, die in die Interstate 26 mündet, Rettungswagen, Polizeiautos und andere Fahrzeuge, die auf der Gegenseite an uns vorbeibrausten – eine nicht enden wollende Abfolge von Blaulichtern, Sirenen und Polizeiautos. Und dann kam die schockierende Meldung auf Twitter: »Neun Menschen sterben in einer Kirche in Charleston.«

Ich musste unbedingt wissen, was los war. Ich rief Jill und Candy an, die früher gegangen waren, um noch im Steakhouse zu Abend zu essen. »Bei euch alles gut?«, fragte ich.

»Wir sind okay«, sagte Jill. »Aber scheinbar haben sie die ganze Stadt abgeriegelt.«

Und dann erhielt ich einen niederschmetternden Anruf von Tyler Jones, einem Freund und Mitglied der demokratischen Fraktion von South Carolina. »In der Mother Emanuel sind Schüsse gefallen. Clem ist erschossen worden«, sagte er. Ich hatte Clem zuletzt beim Meet-and-Greet mit Vincent Sheheen im Wahlkampf sieben Monate zuvor gesehen, als wir zusammen Fisch und Maisgrütze gegessen hatten.

Ich telefonierte herum und erfuhr, dass in der Mother Emanuel Church auf neun Menschen geschossen worden war und es viele Tote gab, doch die Namen der Opfer konnte ich nicht in Erfahrung bringen. Ich erreichte Kelvin Washington, den US Marshal, und sprach mit Attorney General Alan Wilson; ich glaube, sie hielten mich auf dem Laufenden, weil die Möglichkeit bestand, dass ich als ehemaliger Kandidat um einen Kommentar gebeten werden würde.

Später erfuhren wir zu unserem Entsetzen, dass ein einundzwanzigjähriger Weißer namens Dylann Roof, ein Anhänger der White-Supremacy-Bewegung, neun Afroamerikaner erschossen hatte. Als er am frühen Abend die Kirche betreten hatte, war er freundlich empfangen und eingeladen worden, an der Bibelstunde teilzunehmen. Tatsächlich fragte er sogar nach Clem und saß neben ihm. Nach etwa einer Stunde, als alle die Augen für den Segen schlossen, feuerte er seine Glock Kaliber .45 ab. Er erschoss zuerst Clem, dann richtete er die Waffe auf die anderen, allein auf eine siebenundachtzigjährige Frau feuerte er elf Magazine ab. Auch als bereits alle Anwesenden tot oder verletzt am Boden lagen, schoss der Attentäter weiter.

Doch an jenem Mittwochabend hatten wir davon noch keine Ahnung. Wir ahnten auch nicht, dass Clems Frau Jennifer mit der fünfjährigen Tochter im Pfarrbüro war und dort wohl immer noch in ihrem Versteck kauerte, als die ersten Rettungswagen an uns vorbeirasten. Erst in den folgenden Tagen erfuhren wir von ihrer Cousine, dass Jennifer die Schüsse gehört und sich schnell mit dem Kind unter dem Schreibtisch versteckt hatte. »Ganz still sein«, hatte sie zu ihrer Tochter geflüstert und ihr die Hand auf den Mund gelegt.

Es hieß, es habe eine Überlebende gegeben. Später erfuhren wir, dass der Attentäter sich vor Polly Sheppard, einer Krankenschwester im Ruhestand, aufbaute und sie fragte: »Habe ich noch nicht auf dich geschossen?« Als Polly verneinte, erklärte er, er werde sie am Leben lassen, damit sie von dem Anschlag berichten könne.

Doch in der einsetzenden Dämmerung an jenem Abend des 17. Juni war der Anschlag für alle noch ein Rätsel, das sich nur langsam auflöste. Und so verrückt das heute klingen mag, wir wussten zuerst nicht, dass es sich um ein rassistisches Hassverbrechen handelte. Alle waren noch viel zu sehr damit beschäftigt, die Ereignisse zu sortieren und zu verarbeiten. Wahrscheinlich standen wir auch unter Schock. Die nationalen Medien, die wegen der Auftritte von Hillary Clinton und der republikanischen Kandidaten bereits in der Stadt waren, verlangten nach Informationen und – wie wir alle – nach Antworten. Die Stadt hatte keine Zeit, sich in Ruhe mit dem Vorfall auseinanderzusetzen, wir wurden von einem Medien-Tsunami überrollt.

Malcolm Graham, ein ehemaliger Senator in North Carolina und selbst ernannter Nachrichten-Junkie, erzählte mir, er habe gerade MSNBC geschaut, als gegen 21.30 Uhr die Eilmeldung über die Seite lief. Seine Familie gehörte schon seit sechs Jahrzehnten zur Gemeinde der Emanuel Mother. Malcolm war in Charleston geboren, lebte aber mittlerweile in Charlotte, dennoch besuchte er häufig die Kirche, wo er und seine fünf Geschwister im Chor gesungen und die Sonntagsschule im Keller besucht hatten – in dem Raum, in dem der Attentäter zuschlug. Seine Schwester Cynthia Graham Hurd war immer noch ein aktives Gemeindemitglied.

»Ich griff sofort zum Telefon und rief Cynthia an«, erzählte er mir. »Ich wohne in Charlotte, und sie ist mein Kontakt in Charleston, der mich über alles auf dem Laufenden hält. Ich rief also an, um zu erfahren, was zum Teufel dort los war, aber niemand hob ab. Und ich dachte sofort, du kennst Cynthia, sie ist bestimmt vor Ort, um mehr zu erfahren, sie will ja auch wissen, was los ist, sie wird mich dann schon noch zurückrufen. Aber nach einer Stunde hatte sie sich immer noch nicht gemeldet.«

Nun wurde er unruhig, weil sie in einem Notfall normalerweise immer anrief, um zu sagen, dass alles in Ordnung war. Stunden später rief ihre Nichte an und sagte, sie könnten »Tante Cynthia« nicht finden, sie fürchte, sie sei zur Bibelstunde gegangen. In dem Moment wusste Malcolm tief in seinem Innern, dass sie in der Kirche gewesen war. Doch er wollte die schlechte Nachricht nicht aus den Medien erfahren. Zum Glück war er mit dem Polizeichef von Charlotte befreundet. »Er informierte mich, dass diejenigen, die aus der Kirche fliehen konnten, berichteten, Cynthia sei in der Kirche gewesen. Bevor es offiziell bekannt wurde, bevor es meine Familie erfuhr, wusste ich vom Polizeichef von Charlotte, dass meine Schwester als eine der Personen identifiziert worden war, die erschossen worden waren. Es war herzzerreißend.«

Ähnliches ereignete sich in vielen Familien. Als die Angehörigen hörten, dass es Überlebende gab, versuchten sie verzweifelt, in Erfahrung zu bringen, ob ihre Lieben es lebend aus der Kirche geschafft hatten. Viele erfuhren durch die Medien von ihrem furchtbaren Verlust. Während mich Ike nach Hause fuhr, erhielt ich einen Anruf von Jerome Heyward – ein Aktivist, der sich in der Kommunalpolitik engagiert und wie ein großer Bruder für mich ist. Er weinte. »Ich kann nicht glauben, dass in Mother Emanuel geschossen wurde! Ich kann es nicht glauben!«

Als ich aus dem Wagen stieg und in unserer Einfahrt stand, liefen auch mir die Tränen übers Gesicht. Ich rief meine beiden wichtigsten Mentoren an: Pete Strom, den Gründer der Anwaltskanzlei, für die ich arbeitete, und natürlich meinen Vater. Pete war bereits im Bett, als ich ihn erreichte, daher fragte mich seine Frau, ob es dringend sei, und wahrscheinlich brachte ich noch »Clem wurde in der Kirche erschossen« heraus, denn sie weckte Pete sofort. Wie alle anderen an jenem Abend schalteten sie die Nachrichtensender ein. Pete, der wusste, wie nahe Clem mir stand und wie emotional ich von Natur aus reagiere, tröstete mich und sagte mir immer wieder, irgendwie werde schon alles wieder gut werden.

Mein Vater blieb eher nüchtern. Er hatte zwar noch nicht erfahren, was genau passiert war, wusste aber, dass Clem ohne jeden Grund erschossen worden war. Er erklärte mir, ich müsse mich auf das vorbereiten, was nun erforderlich sei – klar denken, versuchen, die Bruchteile an Informationen zu einem Ganzen zusammenzusetzen, und für diejenigen sprechen, die selbst nicht die Stimme erheben konnten.

Als ich ins Haus kam, umarmte ich Ellen, und wir weinten gemeinsam.

Ich sagte ihr, dass ich am nächsten Tag nach Charleston zurückmüsse. Ich wusste zwar nicht, was ich tun würde, hatte aber das Gefühl, dass ich vor Ort sein sollte. Ich überstand noch ein emotionales Interview mit WIS-TV in Columbia und schenkte mir dann einen Jameson-Whiskey ein, bevor ich mit kummerbeladenem Herzen ins Bett ging. Am nächsten Morgen packte ich eine Tasche und fuhr nach Charleston, wo ich zwei Wochen lang blieb.

*

Die Übertragungswagen der Fernsehsender blockierten am Donnerstag nach dem Anschlag den kompletten Straßenzug vor der Kirche an der Ecke Meeting und Calhoun Street. Die Fernsehteams hatten weiße Zelte für die Mitarbeiter und Ausrüstung aufgestellt. Ich fragte mich, ob ihnen die Ironie bewusst war, dass der Anschlag ausgerechnet in der Calhoun Street stattgefunden hatte. John C. Calhoun, der Namensgeber der Straße, an der die Kirche lag, war im 19. Jahrhundert unter John Quincy Adams und Andrew Jackson Vizepräsident und außerdem ein unverbesserlicher Sklavenhalter gewesen, der die Sklaverei erbittert verteidigte – weshalb er auch »John C. kill a coon« [»coon« ist eine abwertende Bezeichnung für »Schwarze«] genannt wurde.

Die anderen Straßen, die zum schönen, weißen Kirchenbau führten, waren mit Blumen übersät, die Freunde und Fremde niederlegt hatten. Vor der Kirche wurden Mahnwachen abgehalten. Menschen aller Hautfarben kamen, um den Getöteten die letzte Ehre zu erweisen.

Ich stand in der Nähe der Medienzelte zusammen mit Todd Rutherford, ebenfalls Afroamerikaner und Oppositionsführer im Repräsentantenhaus von South Carolina. Unser Kapitolgebäude war überall in den Medien zu sehen. Die Fahnen wehten auf Halbmast – mit Ausnahme der Konföderiertenflagge. Wir konnten es nicht fassen. Wir riefen Patrick Dennis an, der damals dem Justizausschuss im Repräsentantenhaus von South Carolina vorstand. »Sie wissen, dass wir die Flagge nicht einfach einholen können«, sagte er. »Das schreibt das Gesetz unseres Bundesstaates so vor.«

Man muss es der damaligen Gouverneurin Nikki Haley, deren Eltern indisch-amerikanische Sikhs sind, hoch anrechnen, dass sie sich ebenfalls für eine Entfernung der Flagge aussprach, doch alleine konnte sie nichts ausrichten. Sie benötigte die Zustimmung einer Zweidrittelmehrheit der Abgeordneten.

Etwa zu der Zeit tauchten auch Bilder auf, die Dylann Roof eingehüllt in die Konföderiertenflagge zeigten. In unseren Fernsehinterviews wiesen wir immer wieder darauf hin. Doch noch etwas bedrückte uns. Der Vatertag stand an, und Clems zwei kleine Mädchen würden dieses Jahr kein Frühstück für ihren Vater anrichten. Das traf mich sehr, so sehr, dass ich, als ich es in einem Interview mit Al Jazeera America erwähnte, die Fassung verlor. »Ich weiß, das war ein langer Tag für Sie«, sagte der Moderator, aus dem Konzept gebracht von meinem plötzlichen Gefühlsausbruch. Ich konnte die Tränen nicht zurückhalten. Ich musste dauernd an Clems Töchter denken.

Im Hintergrund sah man, wie Erwachsene und Kinder Blumen niederlegten, was den Reporter zu seiner nächsten Frage brachte: »Wie erklären wir das unseren Kindern?«

Ich holte tief Luft. »Ich weiß nicht, ob ich das heute beantworten kann«, sagte ich und fügte hinzu: »Wir können ihnen sagen, dass wir etwas Besseres verdient haben, dass wir uns bessern müssen und es auch besser machen werden.«

Es sollte eigentlich nur ein kleines, schnelles Interview werden, doch von all den Interviews, die ich in diesen zwei Wochen gab, ging gerade dieses viral und war weltweit zu sehen.

Die Opfer des Attentats wurden schon bald »The Emanuel Nine« genannt, doch in South Carolina wissen wir, dass nicht nur das Leben der neun Getöteten zerstört wurde, sondern das vieler weiterer Menschen, darunter auch das von Malcolms Familie. Von sechs Geschwistern war Cynthia das vierte Kind und älteste Mädchen. Neben ihren fünf Geschwistern hatte sie noch Nichten und Neffen und andere enge Angehörige, die alle um sie trauerten. Sie hatte einunddreißig Jahre lang als Bibliothekarin in der Charleston County Library gearbeitet und sechzehn Jahre in Teilzeit für eine weitere regionale Bibliothek. In dieser Zeit hatte sie eine enge Bindung zu ihren Kollegen aufgebaut und war ein so wichtiges Mitglied der Gemeinde geworden, dass zwei Tage nach dem Attentat eine Sondersitzung des Kommunalrats von Charleston County einberufen wurde, bei der nur ein Punkt auf der Tagesordnung stand: die Bibliothek, in der sie gearbeitet hatte, nach ihr zu benennen. Heute heißt sie die Cynthia Graham Hurd/St. Andrews Regional Library.

Malcolms Familie gehörte seit sechs Jahrzehnten der Gemeinde von Mother Emanuel an. Seine Eltern waren auf dem Friedhof der Kirche begraben, wo nun auch Cynthia beigesetzt wurde. Ihr Leben berührte Hunderte, wenn nicht sogar Tausende Menschen. Und bei den anderen acht Opfern verhielt es sich ganz ähnlich. Der Verlust vervielfacht sich.

Malcolm erlebte die Medien als so aufdringlich, dass er

sich zu einer schnellen Entscheidung gezwungen sah. Noch in der Nacht, in der er erfahren musste, dass Cynthia zu den neun Opfern zählte, beschloss er, sich vor die Kameras zu stellen und ihre Geschichte zu erzählen, ihre Haltung und Ansichten zu erklären. »Eine Frau, die so viel Anmut und Würde hatte, wurde zusammengekauert unter einem Tisch getötet«, sagte er mir. »Ich habe beschlossen, dass sie eine Stimme haben soll, dass man sich an sie nicht nur als Opfer erinnert.«

Malcolm war klar, dass neun Menschen gestorben waren, aber er sah in seiner Schwester dennoch ein Individuum mit ihren eigenen Hoffnungen, Träumen, Zielen und Einstellungen, an die man sich erinnern sollte. »Es tröstet mich, dass sie nicht allein gestorben ist. Falls das überhaupt irgendeinen Sinn ergibt. Aber sie war auch eine wunderbare Persönlichkeit, die viele andere Menschen berührte und die es verdient, dass man sich an sie und ihre einzigartigen Vorzüge erinnert.«

*

In den Interviews vor der Kirche verglichen manche die Tragödie mit dem Anschlag beim Boston-Marathon. Unmittelbar danach hatte Deval Patrick, der Gouverneur von Massachusetts, die Stadt unter einen freiwilligen Lockdown gestellt, da einer der Attentäter noch auf der Flucht war. Wir fragten uns, warum Joe Riley, der Bürgermeister von Charleston, und Greg Mullen, der Polizeichef, nicht ebenfalls eine Ausgangssperre verhängt hatten. Doch am Ende mussten wir ihnen eingestehen, dass sie beide sehr klug und bedacht gehandelt hatten.

Am Morgen nach dem Attentat veröffentlichte die Polizei das Video einer Überwachungskamera, das Dylann Roof beim Betreten der Kirche zeigte. Es gab Aufnahmen von allen Details, vom Topfhaarschnitt des Attentäters über sein graues Sweatshirt bis zu seinem schwarzen Auto. Das Video wurde im Fernsehen ausgestrahlt und in den sozialen Medien geteilt. Bereits vierundzwanzig Stunden nach dem Anschlag fuhr US Marshal Kelvin Washington zur Kirche, ließ das Wagenfenster hinunter und rief mir und Todd zu: »Wir haben ihn!«

Einige Stunden zuvor hatte eine Floristin in Shelby, einer Stadt in North Carolina, die etwa vier Autostunden von Charleston entfernt und ganz in der Nähe von Charlotte liegt, einen jungen Mann in einem schwarzen Kleinwagen bemerkt, der aussah wie der Täter auf dem Überwachungsvideo. Sie notierte das Kennzeichen und rief die Polizei.

Todd und ich wiederholten die Nachricht vor der versammelten Menge. Es war ein seltsames Gefühl. Die Stimmung vor der Kirche war bedrückt, aber man empfindet auch eine Art inneres Hochgefühl, wenn Menschen zusammenkommen, um das Leben Verstorbener zu ehren und sich im Kampf gegen Unrecht zu verbünden.

Die Floristin Debbie Dills wurde als Heldin gefeiert, lehnte die Bezeichnung jedoch ab. »Das war nicht ich«, sagte sie in *The Today Show.* »Es war Gott. Ich war nur die Mittlerin.«

Den Mächtigen die Wahrheit sagen

Wie mein Vater, der für Emmett Till leben wollte, wollte ich für Clem und all die anderen Opfer dieses furchtbaren Verbrechens leben und ihnen eine Stimme geben. Auch ich wurde in Charleston zum »Mittler« und machte nur weiter, weil ich auf eine bessere Zukunft hoffte.

In den ersten Tagen nach der Tragödie interviewte mich Kate Bolduan, Moderatorin bei CNN, und stellte mir einige schwierige Fragen. Sie war höflich und freundlich, doch unser Gespräch war auch ein Beispiel für den Tanz, den wir alle aufführten. Man achtete sorgsam darauf, nichts zu sagen, was den Kummer der Familien noch verstärkte, wollte den Mächtigen aber auch deutlich machen, was Sache war. Kate fragte, warum der Attentäter gezielt diese Menschen und diese historische Kirche ausgesucht habe.

Wo soll man anfangen, um eine so weitreichende Frage zu beantworten? Warum sind schwarze Menschen einem nicht enden wollenden Strom massiver Gewalt ausgesetzt, der seinen Anfang nahm, kaum dass der erste Afrikaner auf diesen Kontinent verschleppt worden war? Heute war es Mother Emanuel, 1963 war es ein Bombenanschlag auf die Sixteenth Baptist Church in Birmingham, bei dem vier Mädchen getötet wurden. 1968 war es das Massaker von Orangeburg. Und traurigerweise erinnern das heutige Vorgehen übereifriger Polizisten und das Bemühen, die grundlosen Morde an People of Color zu rechtfertigen, stark an die Zeit, in der die Generation meines Vaters aufwuchs. Wie die weiß behelmten Polizisten die Demonstranten in Orangeburg betrachtete auch Dylann Roof die neun Menschen, die er in der Kirche ermordete, nicht als gleichberechtigte Lebewesen. Wir hatten die Gerüchte gehört; Roofs Freunde und Verwandte berichteten den Medien, dass er an die Segregation glaubte, dass er dachte, Afroamerikaner würden weiße Frauen vergewaltigen und versuchen, weltweit die Herrschaft zu übernehmen.

Kates Frage, warum er sich ausgerechnet diese Kirche ausgesucht hatte, stimmte mich nachdenklich. Wer der schwarzen Kirche Leid zufügt, stößt tief ins Herz unserer Gemeinschaft und Identität. Mitten in unser Zentrum. Deshalb wurde der Bombenanschlag auf die Sixteenth Street Baptist Church in Alabama verübt, und wahrscheinlich wählte Dylann Roof auch deshalb die Mother Emanuel Church aus.

Aber warum ausgerechnet diese Kirche? Emanuel wurde bereits 1816 gegründet und war damit nicht nur wie erwähnt die älteste AME-Kirche in den Südstaaten, sondern sogar eine der ältesten schwarzen Gemeinden südlich von Baltimore. Die Kirche wurde von Denmark Vesey gegründet, dem gebildeten ehemaligen Sklaven, den ich seit jeher bewundere. Vesey hatte einen großen Sklavenaufstand geplant. Als das Komplott aufflog, steckten die weißen Plantagenbesitzer die Kirche in Brand und ließen sie bis auf die Grundmauern niederbrennen. Nachdem Vesey gefasst und 1822 gehängt worden war, baute sein Sohn die Kirche wieder auf.

Es gibt ein Video aus dem Jahr 2013, in dem Clem einer überwiegend weißen Besuchergruppe die Geschichte der Kirche erläutert. Obwohl er damals erst Ende dreißig war, hat er im Video jedoch die Eleganz und das Gebaren eines viel reiferen Mannes. Sein tiefer, vollkommener Bariton klingt ruhig und liebevoll, wenn er sagt: »Das ist ein ganz besonderer Ort, weil die Kirche – der Standort, die Gegend – seit dem frühen 19. Jahrhundert eng mit der Geschichte und dem Leben der Afroamerikaner verknüpft ist.«

Der Moment, in dem er die Gruppe höflich bittet, den Kopf zum Gebet zu neigen, bricht mir heute fast das Herz, weil ich weiß, dass er auch kurz vor seinem Tod den Kopf beim Segen senkte. Es war das Letzte, was er tat.

Die Kirche war stets eine treibende Kraft bei gesellschaftlichen Veränderungen. Booker T. Washington und Martin Luther King Jr. haben in der Mother gesprochen. Sie ist auch Teil der mächtigen Organisation der Afrikanischen Methodistisch-Bischöflichen Kirche. Um Ihnen eine Vorstellung von deren Einfluss zu geben: Stellen Sie sich vor, ich wäre Gouverneur von South Carolina, und Clems Traum, Bischof dieser Kirche zu werden, wäre Wirklichkeit geworden. Dann hätte er hier im Süden mehr Einfluss gehabt als ich.

Ich wollte Kates Fragen nicht ausweichen, andererseits erfuhren wir mit jeder Stunde von einer neuen Wendung oder Entwicklung. Außerdem waren die Leute einfach müde – viele von uns hatten nicht geschlafen, andere konnten das alles immer noch nicht fassen. Ihre Frage war also wichtig, sogar verdammt wichtig, doch in dem Moment stand sie nicht sonderlich weit oben auf meiner Prioritätenliste. Also betonte ich, wie verstörend das alles und wie frisch die Wunden noch waren. Direkt hinter mir befand sich der Parkplatz der Kirche. Und die Autos der Menschen, die am Abend zuvor in der Kirche ermordet worden waren, standen noch dort.

Dann entschied ich mich, Kates Frage doch zu beantworten. »Ich denke, dieser Mann war von Hass erfüllt«, sagte ich. Ich erklärte auch, dass ich nicht verstehen könne, wie jemand, der gerade einmal einundzwanzig ist und in den 1990er-Jahren geboren wurde, noch so denkt und sich so verhält wie die Rassisten der 1950er- und 1960er-Jahre. »Wir müssen nach dem Warum fragen«, sagte ich. »Aber jetzt im Moment sind wir dabei, uns in die Arme zu nehmen, füreinander da zu sein, uns zu lieben und zu beten.«

Die Gouverneurin hatte erklärt, Roof verdiene die Todesstrafe, und Kate wollte meine Meinung dazu hören. Für einen Politiker ist das eine schwierige Frage. Tatsächlich habe ich ein massives Problem mit der Todesstrafe, und das sagte ich auch. Sie wird unverhältnismäßig häufig für Afroamerikaner verhängt. Als Anwalt, erklärte ich, sei mir sehr bewusst, dass Zeugen lügen können und DNA-Beweise, die einen Angeklagten entlasten, manchmal erst Jahrzehnte später auftauchen. Doch wenn es je einen Menschen gegeben hätte, der die Todesstrafe verdiente, dann wäre das Roof, der Mother Emanuel aus reiner Bösartigkeit betreten hatte.

Kate fragte, ob ich Jennifer gesprochen hätte, Clems Frau. Ich sagte, ich wolle ihr Zeit geben. Aber wenn die Kameras aus seien, dann würden wir immer noch für Jennifer und all die trauernden Familien da sein.

Angst ist keine Sünde

Ich wurde praktisch von jedem Fernsehnachrichtensender interviewt – außer von Fox News. Ich hatte kein Interesse und auch keine Zeit, mich von einem Nachrichtenmoderator von Fox News in die Zange nehmen zu lassen, wenn ich meine Vorstellungen äußerte, was Rassismus ist und was ich für rassistisch halte. Ich wurde von den Medien gebeten, für die Opfer des Attentats zu sprechen, für ihre Familien, und zu versuchen, eine Antwort auf die Frage zu finden, was das alles zu bedeuten hatte. Ich war wütend und traurig und wusste nicht alle Antworten, aber ich wollte mein Bestes geben und für die sprechen, die es nicht mehr konnten.

Nachdem ich mir lange über die Frage »Warum wir?« den Kopf zerbrochen hatte, erkannte ich endlich, dass ich tief in meinem Innern die Antwort wusste. Es liegt ganz einfach an der Hautfarbe. Seit vierhundert Jahren ist das die Antwort. Die damit verbundene Frage lautet: Aber warum bringt eine dunkle Haut die Weißen so sehr gegen uns auf? Die Hautfarbe an sich hat keine Bedeutung. Ebenso wie die Augenfarbe oder Haarfarbe hat die Hautfarbe keinen Einfluss auf die Fähigkeiten eines Menschen, auf sein Herz oder seine Menschlichkeit. Warum also werden Menschen mit dunkler Haut seit Jahrhunderten und auch heute noch terrorisiert und verachtet? Warum wurden wir vor zweihundertfünfzig Jahren versklavt? Warum waren so viele Initiativen zur Unterstützung ehemaliger Sklaven, die bis in die Zeit der Reconstruction-Ära nach dem Bürgerkrieg zurückreichen, so unausgegoren? Manche führen

Angst, Hass und sogar Neid als mögliche Gründe an, aber spielt das »Warum« wirklich eine Rolle? Wenn man bedenkt, was wir durchgemacht haben, wie wir über so viele Jahrhunderte unterdrückt wurden, dann ist es bemerkenswert, dass wir stets weitergekämpft haben und immer noch stark sind. Was wir durchgemacht haben, hat Spuren hinterlassen, ist eine große Belastung und macht Angst, doch wir haben den Schmerz in Stärke verwandelt. Das erklärte ich jedem, der zuhörte.

Ich wurde gebeten, bei einem von Black Lives Matter organisierten Marsch und Demonstrationszug in Charleston zu sprechen. Da es Bedenken hinsichtlich unserer Sicherheit gab, entschieden wir uns, die Demonstration am hellen Tag abzuhalten. Ich erinnerte mich daran, was mein Vater immer gesagt hatte: »Die Menschen tun im Schutz der Dunkelheit Dinge, die sie sonst nicht tun würden.«

Meine Rede war kurz, doch ich achtete darauf, dass sie einen gewissen Rhythmus hatte, den die Leute *fühlen* konnten. Ich zitierte einen Gospelsong, aber die meisten Sätze waren schnell und zornig und kamen direkt aus meinem Herzen. »Ich will, dass alle wissen, dass dieser Terrorist nicht gewonnen hat. Er wollte Schrecken und Angst verbreiten. Aber das wollen wir nicht. Wir stehen zusammen, Arm in Arm, oder wir fallen auf die Knie und heben das Gesicht zur aufgehenden Sonne, beten zu unserem Herrn und sagen ihm, dass wir uns nicht beugen werden, dass wir aufstehen werden.«

Manchmal ist man nicht richtig vorbereitet und hängt fest. Bei einigen Interviews war ich nicht gerade fernsehtauglich, sondern stand schweißüberströmt in der heißen Sonne Charlestons, manchmal übermannten mich

Trauer und Angst. Aber ich machte weiter, weil meine Leute, unsere Leute, eine Stimme brauchten – womit wir wieder bei Malcolm Graham wären.

Für Malcolm musste niemand sprechen. Die Medien rissen sich um ihn, nicht nur, weil er der Bruder eines Opfers war, sondern auch ein redegewandter ehemaliger Politiker, jemand, der die Dinge beim Namen nannte. Nach der Tragödie führten Malcolm und ich viele Gespräche, meist nach Podiumsdiskussionen, zu denen wir beide eingeladen waren. Wir sprachen über unsere Wut und über unsere Frustration.

»Was mich noch viel wütender machte«, sagte er mir, »war nicht, dass mein Verlust oder der eines anderen größer war, sondern dass die Mitglieder anderer Familien zwei Tage nach dem Attentat sagten, sie würden dem Täter vergeben. Ich war total wütend, dass die Angehörigen zwei Tage, nachdem dieser Typ so eine entsetzliche Tat begangen hat, dem Täter vergeben.«

Er kannte die Medien und wusste, dass der Ausschnitt mit der »Vergebung« landes- und weltweit die Runde machen würde und viele Leute dem Irrglauben aufsitzen würden, dass eine Gemeinschaft, die sich gegenseitig Halt gab und das Leben derjenigen feierte, die es verloren hatten, und die einfach nur Menschlichkeit zeigte, natürlich auch dem Mörder vergeben musste.

Er wusste natürlich auch, dass »die andere Wange hinhalten« für die älteren Generationen Teil ihrer Religion war. Malcolm verstand, dass die Familien ein Recht auf diese Reaktion hatten, dennoch kränkte sie ihn. Er erinnerte sich an Gespräche, die er mit seiner Schwester über Hautfarbe, Gerechtigkeit und Diskriminierung geführt hatte. »Cynthia hätte gesagt: ›Nein, verdammt noch mal. Wir können das nicht sofort vergeben. Wir müssen das bestrafen. Denn was in der Kirche passiert ist, war nicht nur ein Verbrechen gegen diejenigen, die dort waren, und diejenigen, die getötet wurden, sondern es war ein Verbrechen gegen alle Schwarzen, ein Verbrechen gegen die Menschlichkeit und ein Verbrechen gegen die christliche Kirche. Solche Verbrechen kann man nicht einfach vergeben.‹«

Malcolm und ich verstanden uns so gut, weil er wusste, dass ich meine Stimme auch dazu nutzte, die tragische Geschichte meines Vaters und der Opfer des Orangeburg-Massakers weiterzuerzählen. Er wusste, dass ich seinen Standpunkt verstand. Malcolm befürchtete, dass er im Fernsehen aus der Situation heraus manchmal wie ein wütender schwarzer Mann wirkte. Dagegen formulierte ich die Dinge, wie er sagt, »auf eine Weise, dass ich damals wie heute denke, wenn ich ihn im Fernsehen über den Vorfall reden höre: ›Ja genau, so habe ich das gemeint. Das ist mein Standpunkt.‹«

Er war der Ansicht, dass ich die komplexe Situation verstand, mit der er zu kämpfen hatte, seine Wut, die immer wieder hochkam. Und ich konnte gut nachvollziehen, warum er wütend war, allerdings hatte ich meine Wut auch nicht besser im Griff als er seine.

Ich sage den Leuten immer, dass Präsident Obama vielleicht die Träume seines Vaters fortführte, wie es in seiner Autobiografie heißt, ich hingegen die Wut meines Vaters geerbt habe. Denn wenn jemand das Recht hatte, wütend zu sein, dann war das mein Vater. Wenn ich als Kind wütend war, ging ich zu meinem Vater und machte meiner Wut bei ihm Luft. Das ist auch heute noch so – und er erinnert mich immer daran, dass Wut, selbst wenn sie gerechtfertigt ist, nicht genügt.

Wut ist kein Ersatz für einen Plan.

*

Mein Vater und ich gaben vor der Mother Emanuel Church der Autorin und Moderatorin Melissa Harris-Perry ein Interview für CNN. »Ich bin dreißig, und mein Vater ist siebzig«, sagte ich. »Wir sollten nicht die gleichen Erfahrungen machen und unsere Liebsten begraben müssen. Das ist eine traumatische Erfahrung. Etwas muss sich ändern. Wir müssen die Geschichte in eine andere Richtung lenken.«

Das Attentat traumatisierte und verärgerte mich zugleich. Ich glaube, das schlug sich auch in meinen Interviews für Al Jazeera America und mit Melissa Harris-Perry nieder. Ich war wütend über die Situation, wütend darüber, wo wir uns befanden, und wütend, dass Clem seiner Familie entrissen worden war. Durch die Tragödie fand ich die Antwort auf die Frage, wie weit schwarze Menschen politisch und sozial gekommen sind. Sie lautet: »Nicht weit genug.« Es fehlt einfach noch so verdammt viel, wir sind noch lange nicht dort, wo wir sein sollten. Wir haben den Gipfel noch nicht annähernd erreicht. Das heißt nicht, dass die Arbeit meines Vaters in den Sechzigerjahren umsonst war, doch der Boden, der beackert wurde, war viel härter, als man es sich damals vorstellen konnte.

Zehn Tage nach dem Attentat in der Mother Emanuel Church wurde ich von Martha Raddatz interviewt, die an dem Tag *This Week* bei ABC moderierte. Ich saß zusammen mit Carl Anderson, einem Mitglied des Repräsentantenhauses von South Carolina, und Martha vor der Kirche. Wir kamen schon bald auf die Konföderiertenflagge zu sprechen.

»Unser guter Freund Clementa Pinckney wird in der Rotunde des Kapitolgebäudes feierlich aufgebahrt, und nur dreißig Meter weiter wird die Fahne der Konföderierten hängen und beim geringsten Luftzug im Wind wehen«, sagte ich. »Und diese Flagge, diese Fahne, hat Clementa zwar nicht getötet, aber sie gab seinem Mörder und anderen, die dachten wie er, eine Fahne, unter der sie sich sammeln und ihre Handlungen rechtfertigen konnten. Das ist für mich vielleicht sogar noch schlimmer.«

Nach dem Interview holte ich mir einen Kaffee. Anschließend erhielt ich einen Anruf von CNN. Sie fragten, ob ich mir vorstellen könnte, als Kommentator für den Sender zu arbeiten und für das verbleibende Jahr zu Themen wie Rassismus und rechtlichen Fragen Stellung zu nehmen. Ich fühlte mich geehrt und sah darin eine gute Möglichkeit, meiner Aufgabe gerecht zu werden und für meine Leute zu sprechen. Ich bin Anwalt und Politiker, doch an jenem Tag wurde ich zum Kommentator. Ich verfasse Stellungnahmen zu Themen, die mir wichtig sind, zu jeder Tages- und Nachtzeit, und trete in bekannten Nachrichtensendungen auf.

Da CNN weltweit gesehen wird, konnte ich Clems Worten mehr Nachdruck verleihen, seine Vision vorstellen und für ihn und so viele andere sprechen. Ein Beispiel ist meine Co-Moderation mit Don Lemon an dem Tag, an dem in South Carolina die Flagge der Konföderierten an staatlichen Gebäuden tatsächlich für immer eingeholt wurde.

Wir standen genau an der Stelle, wo die Flagge vor dem Kapitolgebäude entfernt werden sollte.

Die Leute reagieren meist erstaunt, wenn ich sage, dass es politisch mutig von der damaligen Gouverneurin Haley gewesen sei, sich für diesen Schritt einzusetzen. Und dank ihrer Bemühungen – und der von Aktivistinnen wie Bree Newsome – entschied sich das Parlament von South Carolina nach einer leidenschaftlichen Debatte, das Richtige zu tun. Noch einen Tag vor dem Attentat in Charleston wäre es undenkbar gewesen, die Konföderiertenflagge einzuholen. Es brauchte den Tod von neun Menschen, um die Flagge zu entfernen, doch die Gouverneurin und meine Kollegen trafen die beste Entscheidung, auch wenn andere lieber den Kopf in den Sand steckten. So war etwa Henry McMaster, mein Gegner bei der Wahl um das Amt des Vizegouverneurs, bei dieser Debatte nirgends zu sehen.

Am Tag, an dem die Flagge eingeholt werden sollte, am 10. Juli 2015, versammelten sich Menschen jedweder Herkunft vor dem Kapitol in Columbia. Um halb zehn drängten sich Tausende in den Straßen, um eine Zeremonie mitzuerleben, die nur wenige Minuten dauern würde. Voller Stolz blickte ich zu meinen früheren Kollegen, lauter Parlamentarier, die sich mit ihren Familien auf den Stufen des Kapitolgebäudes versammelt hatten. Ich wusste die Aufrichtigkeit der Senatoren Larry Martin und Tom Davis zu schätzen, die erklärten, ihnen sei erst vor Kurzem bewusst geworden, dass der Anblick der Flagge ein Affront für so viele Menschen sei.

Um 10.08 Uhr begannen Polizisten der Highway Patrol, die Flagge einzuholen. Die versammelte Menge brach in Applaus aus und jubelte »USA!«.

Beim Einholen der Flagge waren Don Lemon und ich direkt vor Ort, wir standen nur fünfundzwanzig Meter entfernt. Wir vergossen ein paar Tränen und klatschten uns mit High five ab. Um dem ernsten Moment eine heitere Note zu geben, zitierte ich den großen amerikanischen Dichter und Rapper Flo Rida: »It's going down for real.«

Für mich war das Einholen der Flagge eindeutig ein Triumph der Bürgerrechte, vielleicht nicht direkt vergleichbar mit dem Tag, als mein Dad nach der Unterzeichnung des Civil Rights Act von 1964 an der Seite von Dr. King und Lyndon B. Johnson saß, aber es war trotzdem ein historischer Moment. Endlich hatte ich das Gefühl, wieder atmen zu können.

Ein Hassverbrechen löschte in der Mother Emanuel Church neun Menschenleben aus, doch es veränderte auch unsere Gemeinschaft und einen Bundesstaat. Dennoch empfinde ich immer noch Wut angesichts der vielen Probleme, die nach wie vor in South Carolina bestehen. Nachdem die Flagge entfernt wurde, erwarten alle von mir, dass ich in Jubel ausbreche, weil wir es geschafft haben, dabei gibt es noch so viel zu tun – von Problemen in der Bildung über verschmutztes Trinkwasser bis zu Frauen, die Opfer von häuslicher Gewalt werden. In der politischen Kultur von South Carolina muss sich noch vieles ändern. Wir sind noch lange nicht am Ziel.

X

Warum müssen die stärksten Frauen sterben?

Schwarze Menschen haben eine Bürde zu tragen: Wir müssen unsere Nächsten lieben, auch wenn sie uns nicht lieben. Das ist eine sehr schwere Last. Wir leben in einem System der Unterdrückung, müssen mit ansehen, wie die Ungerechtigkeit in unserer Gemeinschaft um sich greift, und wissen, dass unsere Leute ausgenutzt, angespuckt und herabgesetzt werden. Dagegen müssen wir ankämpfen, aber dennoch unsere Nächsten lieben, auch wenn sie Teil dieses Systems der Unterdrückung sind. Wir müssen das tun, auch wenn sie uns nicht lieben. Deshalb klammern wir uns auch an unsere Religion, weil wir einfach eine gewisse Hoffnung brauchen. Ich glaube, wenn wir die Liebe durch Hass ersetzen würden, würde uns dieser Hass schlicht auffressen. Wir würden niemals als Gemeinschaft überleben.

Die Bürde, von seinem Nächsten nicht geliebt zu werden, erfordert starke Arme, und es sind vor allem die schwarzen Frauen, die diese Last schultern.

Aber definieren wir zunächst einmal Stärke. Wenn ich eine typische schwarze Frau beschreiben soll, denke ich an meine Großtante Jennie Marie Sellers, die Matriarchin unserer Familie. Anfang des 20. Jahrhunderts geboren, arbeitete sie als Erzieherin am Voorhees College. Sie hatte bei ihrer Ausbildung die Philosophie der Booker T. Washington School kennengelernt und die Idee übernommen, dass man seine Persönlichkeit und seine Stellung im Leben durch harte Arbeit verbessern kann und dazu eine fundierte Ausbildung in der Landwirtschaft oder im Handwerk benötigt. Sie brachte Männern bei, mit ihrer eigener Hände Arbeit Geld zu verdienen, und unterrichtete Frauen in Ernährungslehre und Hauswirtschaft.

Meine Großtante war eine findige und geniale Köchin, die fast jedes Gericht, vom Käsekuchen bis zur Austernsuppe, mit »Goober« zubereitete (gekochte Erdnüsse, die in Afrika fester Bestandteil des Speiseplans sind). Wenn etwas unglaublich gut schmeckt, sagen wir in South Carolina »So good you wanna slap you mamma« (»So gut, dass man seine Mama hauen könnte«). Ihre köstlichen Süßkartoffeln und Kokos-Pies, für die man am liebsten seine Mama verhauen hätte, weil es so etwas nicht zu Hause gab, standen bei unseren Besuchen schon immer zum Abkühlen auf dem Fenstersims, sodass wir den verführerischen Duft von Muskat und Vanille in der Nase hatten, noch bevor wir überhaupt das Haus betraten.

Tante Jennie saß in der Kirche immer in der ersten Reihe. Sie war perfekt für den Gottesdienst herausgeputzt, trug immer einen großen Hut und so viel Parfüm, dass man nach einer Umarmung den ganzen Tag nach Chanel roch. Sie war stolz auf ihre Selbstständigkeit und fuhr auch noch mit Anfang neunzig Auto. Ich weiß noch, wie mein Vater schließlich zu ihr gehen und »das Gespräch« mit ihr führen musste, ein Gespräch, das eigentlich schon Jahre vorher hätte stattfinden müssen, weil sie im Dunkeln fast nichts mehr sah und mit dem Wagen alles Mögliche rammte.

Wenn ich an meine Tanten Jennie und Florence (die Tante in Washington, die mir das Rasieren beibrachte) denke, verbinde ich sie mit Würde, Stolz und Selbstfürsorge. Sie schreckten nie davor zurück, sich um andere zu kümmern, ob sie nun für einen in der Kirche beteten oder einen in den Arm nahmen, wenn man weinte. Mein Vater meinte oft, in der Bürgerrechtsbewegung sei die Mutter von Emmett Till diejenige für ihn gewesen, die ein Umdenken bewirkte, eine mutige Frau, die der Welt vor Augen führte, was Fanatismus und Hass bewirken, indem sie den brutal verstümmelten Leichnam ihres Sohnes in einem offenen Sarg zur Schau stellen ließ.

Mein Vater lehrte mich ganz bewusst, dass starke Persönlichkeiten, auch wenn sie vielleicht nicht so berühmt sind, das Rückgrat einer Bewegung ausmachen. Die Frauen der Bürgerrechtsbewegung waren diejenigen, die die Dinge in Bewegung setzten. Beispielsweise mussten Aktivisten erst bei den Frauenkomitees der Kirche vorsprechen, wenn sie einen (männlichen) Pastor überzeugen wollten, die Massen zu mobilisieren.

Fannie Lou Hamer, eine Farmpächterin mittleren Alters in Mississippi, sah man nicht an, was für eine brillante Strategin sie war. Obwohl sie, als sie 1963 zusammen mit anderen Aktivisten durch Mississippi reiste, brutal verprügelt wurde, kämpfte sie weiter gegen die bestehenden Machtstrukturen. Ihre Rede beim Parteitag der Demokraten 1964 machte Präsident Lyndon B. Johnson so nervös, dass er die Ausstrahlung im Fernsehen unterbrach. Sein Eingreifen erhöhte jedoch ihr Ansehen und machte sie als politische Akteurin im Kampf um Wähler- und Frauenrechte bekannt.

Ohne den Mut und Einsatz der Kongressabgeordneten Shirley Chisholm, die 1972 unter dem Slogan »Unbought and Unbossed« (»Nicht gekauft und nicht beherrscht«) Präsidentschaftskandidatin der Demokraten werden wollte, hätte es weder eine Hillary Clinton noch einen Barack Obama gegeben. Nur musste Shirley bei den Vorwahlen feststellen, dass ihr die Frauen und konservativ denkenden schwarzen Amerikaner die Unterstützung versagten, weil sie glaubten, sie könne ohnehin nicht gewinnen.

Ich habe diese Frauen vor Augen, die unser Leben so bereichern und uns als Leitsterne lenken. Sie stützen unsere Gemeinschaft, sie geben uns Nahrung, wenn wir Stärkung brauchen, sie trösten uns, wenn wir weinen. Und Gott weiß, ich weine viel.

*

Beim Schreiben dieser Sätze denke ich an meine Schwester, die mir zur Seite stand, als meine Frau Ellen nach der Geburt unserer Zwillinge mit dem Tod kämpfte. Ich denke an meine Frau, die entschlossen war, unsere Kinder zur Welt zu bringen, und mich ruhig und gelassen auf die schweren Zeiten vorbereitete, die uns erwarteten.

Zora Neale Hurston, die berühmte Schriftstellerin der Harlem Renaissance, beschrieb schwarze Frauen als »Maulesel für alle Welt«. Mit diesen Worten, gesprochen von Janie Crawford, der Protagonistin in Hurstons 1937 erschienenem Roman *Their Eyes Were Watching God (Vor ihren Augen sahen sie Gott),* wollte die Autorin jedoch keinesfalls schwarze Frauen beleidigen, sondern ihren Mitschwestern ihren Respekt bezeugen, ihnen einen symbolischen Kuss auf die Stirn drücken. Maulesel müssen sich zu Tode schuften und werden noch dazu misshandelt, dennoch waren sie dazu in der Lage, unermesslich schwere Lasten zu tragen – wie die schwarzen Frauen.

Schwarze Frauen hatten nie richtige Verbündete. Auch weiße Frauen kämpften in der Bürgerrechtsbewegung und brachten Opfer, aber es waren nur einige wenige. Schwarze Frauen mussten noch zusätzlich gegen die Unterdrückung durch schwarze Männer kämpfen. Und wo sind die schwarzen Männer, die sich für schwarze Frauen einsetzen?

Nach über fünfzig Jahren erkennt das Land allmählich, dass afroamerikanische Frauen bestimmen, wer unsere gewählten Volksvertreter sind oder wer sie sein könnten. 2016 erlebten wir, dass über fünfundneunzig Prozent der schwarzen Frauen Hillary Clinton wählten, die unsere erste Präsidentin hätte werden können. Doch dreiundfünfzig Prozent der weißen Frauen stimmten für Donald Trump, einen Mann, der eindeutig nicht für Frauenrechte steht. Ich will gar nicht erst versuchen, über die Gründe dafür zu spekulieren. Aber so viel kann ich sagen: Schwarze Frauen wählen immer in ihrem eigenen Interesse, andere Gruppen vielleicht nicht. Politiker müssen sich vor ihnen rechtfertigen, bei anderen ist das vielleicht nicht so. Sie sind der Grund, warum wir die Bürgerrechte durchgesetzt haben, und der Grund, warum wir Barack Obama wählen konnten.

Schwarze Frauen wählen natürlich auch weiße Politiker, wie etwa Doug Jones in Alabama, doch diese Geste wird selten belohnt.

Warum ihre Mitmenschlichkeit uns hilft

Trotz der Bedeutung dieser Frauen scheint sich niemand Gedanken um ihre Gesundheit zu machen. Wir schwingen große Reden über eine umfassende staatliche Gesundheitsversorgung, aber niemand sorgt dafür, dass schwarze Frauen Zugang zu Ärzten haben, die sie verstehen.

Die Müttersterblichkeitsrate in den USA steigt. Nach den Angaben der Weltgesundheitsorganisation aus dem Jahr 2015 hat sich die Sterblichkeit zwischen 1990 und 2013 mehr als verdoppelt und ist von zwölf auf achtundzwanzig Todesfälle pro 100 000 Geburten gestiegen. Und laut der amerikanischen Gesundheitsbehörde ist die Wahrscheinlichkeit bei schwarzen Frauen, in den USA durch Komplikationen bei der Schwangerschaft oder Geburt zu sterben, drei- bis viermal so hoch wie bei weißen Frauen.

Es gibt viele Gründe, warum die Sterblichkeit bei schwarzen Müttern im reichsten Land der Welt so hoch ist, unter anderem könnte man eine mangelnde medizinische Versorgung oder Armut anführen. Was sich jedoch nicht immer erklären lässt, ist die Tatsache, dass auch schwarze Frauen mit Zugang zu einer guten gesundheitlichen Versorgung häufiger aufgrund von Komplikationen bei der Schwangerschaft oder Geburt sterben als weiße Frauen. Tatsächlich ist laut der Gesundheitsbehörde die Wahrscheinlichkeit, während der Schwangerschaft oder Geburt zu sterben, für schwarze Frauen mit akademischem Abschluss höher als für alle anderen Frauen ohne akademischen Abschluss. Könnte Übergewicht ein Faktor sein? Doch auch schwarze Frauen mit »durchschnittlichem Körpergewicht« unterliegen einem höheren Risiko, während der Geburt oder Schwangerschaft zu sterben, als Frauen anderer Herkunft, die unter Übergewicht leiden. Und was ist mit dem Umfeld? Könnte das eine Rolle spielen? Aber selbst schwarze Frauen aus den reichsten Bezirken sterben häufiger bei der Geburt als arme Frauen jeder anderen Herkunft. Also, was ist da los?

Immer mehr Studien zeigen, dass Ärzte Schmerzen bei einer schwarzen Frau anders wahrnehmen als Schmerzen bei einer weißen Frau. Allzu oft werden Schwangerschaftskomplikationen bei einer schwarzen Frau einfach nicht umfassend behandelt.

Im Februar 2019 weigerte sich Ralph Northam, der Gouverneur von Virginia, von seinem Amt zurückzutreten, nachdem ein Foto aus seinem Jahrbuch von 1984 an die Öffentlichkeit gelangt war, das ihn mit schwarz geschminktem Gesicht neben einer Person in Ku-Klux-Klan-Kutte zeigte. Einen Tag nachdem er zugegeben hatte, dass er auf dem Foto zu sehen war, stritt er es wieder ab, um wenig später zu behaupten, mit dem Blackfacing habe er Michael Jackson imitieren wollen. Für mich und viele Afroamerikaner war vor allem der Umstand traumatisierend, dass Northam Arzt ist und das Foto aus dem Jahrbuch seiner Universität stammt, also während seines Medizinstudiums aufgenommen wurde.

Jake Tapper von CNN lud mich ein, an einer Diskussionsrunde zu dem Thema teilzunehmen. Ich betonte damals, dass wir einen Standard festlegen müssten, der Rassismus nicht länger toleriert, ich sei aber auch der Meinung, dass die Diskussion am Thema vorbeigehe. Northam ist Arzt. »Wir sprechen die ganze Zeit über systemischen Rassismus«, erklärte ich, »aber Blackfacing bei einem Arzt – wie wird sich dieser Arzt wohl um die afroamerikanischen Kinder in seiner Obhut kümmern, wenn er Afroamerikaner nicht einmal ansieht oder sie nicht als menschliche Wesen betrachtet? Deshalb ist Rassismus so umfassend, deshalb haben wir diese Ungleichbehandlung im Gesundheitswesen. Das ist ein viel größeres Thema als das Foto von Gouverneur Northam.«

Sadie und Stokely

7. Januar 2019. Meine Frau Ellen ringt mit dem Tod.

Postpartale Blutungen sind weltweit die häufigste Todesursache bei Frauen während und nach der Geburt. Sie waren auch der Grund, warum Ellen nach der Geburt unserer Zwillinge verzweifelt um ihr Leben kämpfte.

Wir waren um 15 Uhr im Krankenhaus angekommen. Unser Sohn Stokely, natürlich nach meinem »Onkel« Stokely Carmichael benannt, wurde um 17.28 Uhr geboren. Seine Schwester Sadie kam um 17.32 Uhr zur Welt.

Um 23.15 Uhr war Ellen nicht mehr ansprechbar.

Mir wurden zwei winzige Babys in den Arm gedrückt, während meine Frau mit dem Tod rang. Drei Stunden lang gab es nur mich und die Neugeborenen.

Der Tag hatte geschäftig und voller Vorfreude begonnen, es lag aber auch ein Gefühl der Anspannung in der Luft. Dabei hatten wir alles perfekt geplant. Wir kannten das Geschlecht unserer Babys, und wir hatten die Namen ausgesucht. Trotzdem waren wir nervös. Unsere Tochter sollte Sadie heißen, nach Ellens Großtante, die selbst nie Enkel hatte. Ellen und ich kannten die hohe Sterblichkeit bei schwangeren schwarzen Frauen unabhängig vom sozioökonomischen Status, weshalb Ellen zu einem Gynäkologie- und Geburtshilfeteam wechselte, das nur aus schwarzen Ärztinnen bestand, die aussahen wie sie und die sie verstehen und ihre Sorgen respektieren würden.

Aber trotz der Vorbereitungen lief alles anders als geplant. Wir schickten allen, die unsere Babys besuchen wollten, eine Nachricht aufs Handy, dass sie sich gegen Grippe impfen lassen sollten, auch wenn sich in Ellens großer Familie nicht alle daran hielten. Meine Schwester Nosizwe, die zwei kleine Kinder hat, rief an und sagte mir, mein Vater tigere in ihrem Wohnzimmer auf und ab. Er wollte uns besuchen und uns vor der Geburt noch einmal Mut zusprechen. Wir wollten ihm das nicht verwehren, aber wir hatten noch so viel zu erledigen. Ellen wollte sich die Wimpern machen lassen, ein Ritual bei vielen Frauen, die ich kenne. Ich wollte ins Fitnessstudio. Kai, meine dreizehnjährige Stieftochter, war in der Schule.

Ich rief meine Schwester an, um mich zu vergewissern, dass sie dabei sein würde, wenn Ellen die Narkose bekam (sie sollte per Kaiserschnitt entbinden), aber sie brachte es nicht übers Herz, mir zu sagen, dass sie nicht einfach im Kreißsaal dabei sein konnte, nur weil sie Ärztin war. Sie würde draußen warten müssen wie alle anderen auch.

Doch als sich die Dinge dann so ganz anders entwickelten, fragte sie sich, ob ich etwas geahnt hatte.

*

Ellen hatte sich eigentlich eine natürliche Geburt gewünscht, doch Gott hatte andere Pläne mit uns. Sie hatte ein Myom, was bei Frauen häufig auftritt, vor allem bei schwarzen Frauen. Myome sind gutartige Tumore, die im Uterus entstehen. Sie können so groß wie eine Cantaloupe-Melone oder klein wie eine Erbse sein. Ellens Myom hatte die Größe eines Pfirsichs. Beim Kaiserschnitt stellten die Ärztinnen fest, dass die Nabelschnur um Stokelys kleine Fußknöchel geschlungen war, außerdem saß er durch das

Myom fest. Auch Sadie war durch das Myom eingezwängt, sie musste an den Füßen herausgezogen werden.

Und jetzt kommt das Schöne bei all dem, was im Krankenhaus passierte. Außer mir war kein einziger Mann im Kreißsaal. Die Zwillinge wurden von Frauen auf die Welt geholt. Drei schwarze Ärztinnen führten den Kaiserschnitt durch und brachten die Kinder auf die Welt. Für jedes Kind standen drei OP-Schwestern, chirurgisch-technische Assistentinnen und Anästhesistinnen zur Verfügung.

Die Geburt war für Ellen nicht einfach, aber danach schien zunächst alles gut. Wir waren überglücklich über unsere zwei gesunden Kinder. Stokely, der vierhundertfünfzig Gramm mehr wog als seine winzige Schwester, sah den Mitgliedern meiner Familie unheimlich ähnlich. Ich erkannte in seinem kleinen Gesicht meinen Vater, mich, meinen Neffen und meinen Bruder. Sadie hatte so gar nichts von dem froschhaften Aussehen mancher Neugeborenen. Wenn ein Neugeborenes ein bisschen unansehnlich ist, sagen wir in den Südstaaten gern: »Gott segne seine [oder ihre] kleine Seele. Das wird schon noch.« Sadie hingegen war ganz eindeutig wunderschön.

Kurz vor 23 Uhr schickten wir alle nach Hause. Nur noch ich, Ellen, die Zwillinge und die Stillschwester waren im Zimmer. Sie saß auf der einen Seite des Bettes, ich auf der anderen. Wir übten das gleichzeitige Stillen. Während die Babys tranken, klagte Ellen plötzlich, sie fühle sich heiß und matt, also nahmen die Schwester und ich ihr die Babys ab. Ellen wurde immer schwächer und verlor schließlich das Bewusstsein, nachdem sie sich kurz zuvor heftig übergeben hatte. Sie wachte wieder auf, als ich ihr auf die Wangen klopfte.

»Schatz, du bist ohnmächtig geworden und hast dich übergeben. Alles okay?«, fragte ich.

Sie verlor immer wieder das Bewusstsein. Wir legten die Babys in die Bettchen und drückten den Notruf. Ich rannte hinaus auf den Flur und rief, so laut und kräftig ich konnte: »Kann jemand schnell zu meiner Frau kommen?!«

Eine Krankenschwester eilte herbei, aber ich war außer mir, weil mir alles viel zu langsam ging. Ich denke, dass die meisten Leute in meiner Situation ungeduldig gewesen wären, egal, wie schnell die anderen agierten.

Ich kontaktierte Dr. Cannon, Ellens Gynäkologin, per FaceTime und schickte ihr auch gleich eine SMS. Sie machte sich gerade Lockenwickler in die Haare, ließ aber alles stehen und liegen, um zurück ins Krankenhaus zu fahren.

Als Ellen wieder aufwachte, herrschte um sie herum hektische Betriebsamkeit. Eine weiße Geburtshelferin, zufällig unsere Nachbarin, beugte sich über sie. »Ihre Ärzte sind auf dem Weg. Ich habe den Notruf gehört und gesehen, dass es ihr Zimmer war ... Ellen, erkennen Sie mich?«, fragte sie.

»Ja«, murmelte Ellen.

Innerhalb weniger Minuten waren das Notfallteam und die Ärztinnen zur Stelle, die den Kaiserschnitt durchgeführt hatten. Dr. Paige eilte mit einem Ultraschallgerät herein; Dr. Cannon kontrollierte Ellens Blutdruck und andere Vitalfunktionen, und Dr. Freeman untersuchte den Muttermund.

Die Ärztinnen entschieden, dass sie sich Ellens Uterus noch einmal ansehen mussten. »Sind Sie sicher?«, fragte Ellen. Sie waren sich sicher.

Ellen wurde in ihrem Bett aus dem Zimmer geschoben. Sadie, Stokely und ich blieben zurück. Ich zog mir den Arztstuhl mit Rollen heran und setzte mich zwischen ihre Bettchen. Ich redete mit ihnen und fütterte sie, wenn ich dachte, dass es Zeit dafür wäre.

Eine Schwester hatte mir Babynahrung und Fläschchen gebracht. Ich musste schnell lernen, wie man sie füttert und ihre Windeln wechselt. Ich rief Nosizwe an, damit sie mir erklärte, was ich vielleicht nicht ganz verstand. Nachdem sie bei der Geburt im Krankenhaus gewesen war, war sie nach Hause gefahren und kam gerade heim, aber sie drehte sofort wieder um, obwohl sie neunzig Minuten entfernt lebte. Später sagte sie, sie habe noch nie so viel Angst in meiner Stimme gehört. Ich rief auch meinen Bruder an, der ebenfalls zum Krankenhaus kam. Nosizwe benachrichtigte Ellens Vater, damit ihre Familie Bescheid wusste. Auch zwei von Ellens Geschwistern eilten zum Krankenhaus. Drei oder vier Stunden lang saß die Familie unten in der Lobby, und ich war mit den Zwillingen allein oben auf dem Zimmer – und keiner von uns wusste, was mit Ellen war.

Mein Bruder Lumumba schickte mir eine SMS. »Wie fühlst du dich?«

»Ich habe Angst.«

»Ich geh kurz ein Stück und rufe dich an«, schrieb er zurück.

Mein Bruder ist der Religiöse in der Familie, der Pfarrer. »Atme möglichst gleichmäßig«, sagte er. »Im Moment sind alle auf dich angewiesen. Du musst jetzt stark sein. Du bist der Vater, der Ehemann, du musst jetzt den Laden schmeißen. Du musst jetzt stark sein.«

Seine Worte gaben mir den Mut, den ich brauchte, um lange mit Kai zu telefonieren. Sie hatte entsetzliche Angst. »Geht es Mom gut?«, fragte sie immer wieder.

Ich wusste wirklich nicht, was ich ihr sagen sollte. »Sie wird wieder gesund«, sagte ich dann.

»Bitte, Mommy soll nichts passieren. Mommy bedeutet mir alles«, wiederholte sie.

Da brach ich zusammen und fing an zu weinen. Ich wollte es nicht, aber ich konnte nicht anders. Und so versuchte Kai, mich zu trösten. »Das wird schon wieder«, sagte sie mir. Ein echter Rollentausch für eine Dreizehnjährige.

Während ich auf Nachrichten über Ellens Zustand wartete, kümmerte ich mich um unsere Kinder. Ich döste ein bisschen, wachte aber alle drei Stunden auf, um sie zu füttern, versuchte, sie in den Schlaf zu wiegen, ihre Windeln zu wechseln und herauszufinden, wie das alles funktionierte. Als Nosizwe kam, hatte ich schon so eine Art Routine entwickelt. Sie sagte, ich sei einfach meinem Instinkt gefolgt.

»Sadie trinkt alle drei Stunden fünf Milliliter, Stokely dagegen siebeneinhalb. Ich versuche, ihnen zehn bis zwölf Milliliter zu geben«, erklärte ich. »Sadie hat noch nicht gepupst, Stokely schon. Er hat schon dreimal gepupst.«

Meine Schwester sagte später: »Bakari ist innerhalb von zwei Stunden zum Vater geworden.«

*

Während Ellen in den OP gebracht wurde, war sie wieder bei Bewusstsein. Sie sagte den Ärztinnen, sie dürfe nicht sterben, sie müsse für ihre beiden neugeborenen Kinder leben und für ihre Tochter Kai, die sie unbedingt brauche, und für ihren Mann. Drei Jahre zuvor war Ellens Bruder, den sie sehr liebte, plötzlich gestorben. Selbst an der Schwelle des Todes dachte sie an ihre Familie und machte sich Sorgen, dass ihre Geschwister und ihre Eltern mit einem weiteren plötzlichen Verlust nicht fertigwerden würden. Außerdem gab es noch so viel im Leben, was sie erleben wollte.

Die drei Ärztinnen hörten ihr zu, hielten ihre Hand und beteten mit ihr. Ellen sagte mir später, in dem Moment habe sie gewusst, warum sie sich genau diese Ärztinnen ausgesucht hatte. Sie wusste, dass sie sich nicht nur um sie kümmern und ihr zuhören würden, sondern alles unternehmen würden, was in ihrer Macht stand, um ihr Leben zu retten.

Ellen hatte sich zuvor mit der Anästhesistin darüber unterhalten, wie gern sie sich die Wimpern verlängern ließ. Als die Anästhesistin nun zurückkehrte, sagte sie gleich: »Wie ich gehört habe, haben Sie ein paar Wimpern verloren.« Ellen musste lachen. Die Anästhesistin versicherte ihr, dass sie in guten Händen sei. Ellen hörte, wie die Anästhesistin Blutkonserven orderte und den Leuten erklärte, was zu tun war und dass sie sich beeilen sollten. Ellen war dankbar, dass die Ärztin alles so ernst nahm, hörte in ihrer Stimme aber auch die Anspannung. Und dann versank sie in der Narkose.

Die Ärztinnen öffneten erneut den Uterus meiner Frau und stellten eine massive Blutung fest. Das Blut hatte sich bereits im Uterus verklumpt. Ein Klumpen nach dem anderen wurde herausgezogen. Ellen erhielt 3,5 Liter Blut, die meisten Menschen haben nur 4,5 bis 6 Liter in ihrem gesamten Körper.

Wenn wir in Denmark in South Carolina gewesen wären, wo es nicht einmal mehr ein Krankenhaus gibt, hätte Ellen nicht überlebt. Wenn wir in Orangeburg gewesen wären und sie nach Charleston oder Columbia gefahren worden wäre oder wenn sie in einer anderen kleinen Stadt im ländlichen Alabama gewesen wäre und mit dem Hubschrauber transportiert hätte werden müssen, wäre sie heute nicht mehr hier.

Die Ärztinnen führten einen sogenannten Bakri-Ballon in den Uterus ein, mit dem postpartale Blutungen zum Stillstand gebracht werden. Ellen glaubt, dass mein schneller Anruf bei ihrer Ärztin und meine Hilferufe auf dem Flur dazu beitrugen, ihr das Leben zu retten, daher ist es ihrer Meinung nach kein Zufall, dass ein Ballon, der einen ganz ähnlichen Namen wie ich hat, ihr Leben rettete. Während der Schwangerschaft hatten wir einen Geburtsvorbereitungskurs besucht. Die Kursleiterin fragte die Väter immer, worauf sie sich freuten, und ich sagte jedes Mal: »Ich mache mir einfach nur Sorgen um meine Frau.«

Auch Ellen machte sich Sorgen. Einmal setzten wir uns zu einem Gespräch zusammen. »Es wird auch Momente geben, in denen wir beide ganz allein sind. Dann musst du bei mir bleiben«, sagte sie. »Ich werde dich als Beistand an meiner Seite brauchen.«

Heute glaubt sie, dass Gott uns auf diese Situation vorbereitete. Wir waren beide in Alarmbereitschaft und trafen jede nur mögliche Vorsichtsmaßnahme, ohne dass man uns dazu geraten hätte. Sie erinnert mich daran, als sie in ihrem

Krankenzimmer das Bewusstsein verlor, hätte ich so laut gerufen, dass jeder mich hörte und innehielt.

Beim Aufwachen nach der OP war Ellen in Kampfbereitschaft und versuchte, sich den Beatmungsschlauch aus dem Hals zu ziehen. Sechsunddreißig Stunden lang war sie an lebenserhaltende Systeme angeschlossen. Ich wanderte hin und her zwischen dem Krankenbett meiner Frau und den Bettchen unserer Babys. Ellen erinnert sich, dass ich sie küsste und sagte, sie müsse sich beruhigen. Obwohl ihre Hände festgebunden waren, organisierte sie sich einen Stift von ihrer Freundin Tara, die mir und den Babys zur Seite stand, und schrieb: *Was soll das Scheißtheater hier?* Und: *Sag denen, sie sollen das Ding aus meinem Hals nehmen.*

Die Ärztinnen und Schwestern waren überrascht, dass sie so aktiv und klar war. »Aber ich war fest entschlossen«, sagte sie später. Sie wollte so schnell wie möglich wieder zurück zu ihrer Familie. Als die Ärztinnen sagten, sie müsse mehrere Tage auf der Intensivstation bleiben, sträubte sie sich. Wir durften die Babys nur einmal im Brutkasten zu ihr bringen, weil sie Angst hatte, dass sie sich Keime einfangen könnten. Außerdem wollte sie nicht, dass Kai sie in diesem Zustand sah, mit Schmerzen und aufgedunsen; sie dachte, das würde ihr Angst machen, deshalb durfte Kai nur die Babys besuchen.

Als Ellen nach einer Dosis Oxycodon übel wurde, sagte sie den Schwestern, sie sollten ihr nur noch Paracetamol geben. Sie wollte alles ganz bewusst wahrnehmen, auch die starken Schmerzen. Sie fürchtete, wenn sie einschlief, würde sie nicht mehr aufwachen.

Ich besuchte sie weiter auf der Intensivstation, versuchte aber, die Kleinen nicht länger als dreißig Minuten allein zu lassen. Das Krankenhaus achtete sehr auf Sicherheit. Jeder Patient benötigte ein Armband, um sich frei zu bewegen, und bei den Babys musste immer eine Schwester oder ein Elternteil sein.

Nach nur sechsunddreißig Stunden konnte Ellen die Intensivstation verlassen. Es war Mittwoch, der 9. Januar 2019. Zwei Tage später durften wir schon nach Hause.

»Ich weiß, ich hatte Glück«, sagt Ellen. »Ich weiß, wenn auch nur ein kleines Detail in der Ereigniskette schiefgegangen wäre, wäre ich aller Wahrscheinlichkeit nicht mehr hier, um meine Geschichte zu erzählen. Gott hat mir am 7. Januar 2019 gleich zwei wunderbare Geschenke in Gestalt unserer Zwillinge Sadie und Stokely gemacht. Gott hat mich auch auf die Probe gestellt, damit ich nun Zeugnis von meinem Glauben ablegen kann. Ich danke Gott jeden Tag, dass er mein Leben in jener Nacht verschont hat, weil ich noch so viel im Leben erleben und noch so viel erledigen will.«

Meine Frau und ich gehören keineswegs der Oberschicht an. Wir führen ein angenehmes Leben, aber wir sind nicht reich. Doch wir können es uns leisten, uns die Ärzte auszusuchen, die uns zusagen. Und das ist vielleicht noch wichtiger als das Krankenhaus oder die Zahl der Ärzte, die sich um einen kümmern. Wir fanden Ärztinnen, die wie meine Frau aussahen, die sich in sie hineinversetzen konnten und sich sehr um ihre Gesundheit bemühten.

Alle Ärzte, die meiner Frau geholfen haben, zählen zu unserem Bekanntenkreis; wir gehen auf dieselben Partys und verkehren in denselben Kreisen. Sie konnten verstehen, was sie durchmachte, sie verstanden ihre Schmerzen, merkten, dass etwas nicht stimmte, und erkannten, dass schnell gehandelt werden musste. Weil sie uns kannten, hörten sie uns zu.

Wenn wir von Maßnahmen gegen die sozial bedingte Ungleichheit im Gesundheitswesen sprechen, geht es darum, die Menschen dort abzuholen, wo sie stehen, und ihnen unabhängig von ihrer Herkunft eine qualitativ hochwertige Versorgung zu bieten. In unserem Fall war das eine Frage von Leben oder Tod. Wir waren in der glücklichen Situation, selbst zu entscheiden, wer uns betreuen sollte. Die meisten weißen Menschen haben diesen Vorteil aufgrund von Privilegien. Den meisten schwarzen Menschen bleibt er unabhängig von ihrer sozioökonomischen Situation verwehrt.

XI

Das Wahlergebnis von 2016 und die Macht der Rhetorik

Hier kommt ein Ausschnitt aus einem Schulbuch über die Geschichte South Carolinas, das mein Vater in der Middle School verwendete:

Im Bundesstaat gab es mehr Neger als Weiße. Die Neger waren ungebildet, sie wussten nichts über Regierungsführung und sie wussten nicht, wie man seinen Lebensunterhalt ohne die Aufsicht der Weißen verdient, sie waren so daran gewöhnt, dass man sich um sie kümmert, dass sie keine Ahnung hatten, wie man sich in Freiheit verhält. Sie stahlen Vieh, Hühner und Schweine und setzten Scheunen und Ställe in Brand. Sie wollten nicht arbeiten. Sie waren wie Kinder, die Unfug machen, sobald der Lehrer ihnen den Rücken zudreht. Es gab so viel mehr Neger als

Weiße, dass sie die Kontrolle gehabt hätten, wenn man ihnen erlaubt hätte zu wählen. In den Jahren, in denen sie wählen durften, hätten sie den Bundesstaat fast ruiniert. Die Weißen waren entschlossen, das nicht wieder zuzulassen. Daher wurden Bestimmungen festgelegt, um Neger vom Wählen abzuhalten. Bis heute hat South Carolina eine Regierung, die aus weißen Männern besteht.

Der Text stammt von Mary C. Simms Oliphant, einer Enkelin des Sklavenhalters und Autors William Gilmore Simms. In diesem Auszug aus dem Geschichtsbuch, das auf einem der Bücher von Oliphants Großvater aus den 1860er-Jahren basiert, beschreibt sie die Jahre des Wiederaufbaus nach dem Bürgerkrieg und der Abschaffung der Sklaverei. Ihr Buch, das sich an Kinder richtet, rechtfertigt sogar die Entstehung des Ku-Klux-Klans und die Verweigerung des Wahlrechts für Afroamerikaner. Zum Glück stellten die afroamerikanischen Lehrer meines Vaters diese Aussagen richtig. Dennoch muss man sich klarmachen, dass viele weiße Lehrer diese Botschaft ihren Schülern über Jahrzehnte wie ein Evangelium predigten, bis in die 1960er-Jahre und darüber hinaus. Wenn dieses verzerrte Geschichtsbild jahrhundertelang und bis vor gar nicht allzu langer Zeit als Tatsache verbreitet wurde, muss man sich da noch wundern, warum so viele weiße Amerikaner ihre afroamerikanischen Mitbürger immer noch geringschätzen?

*

Ich lasse mich nicht aus der Ruhe bringen, wenn man mich »Nigger« nennt, obwohl ich das oft zu hören bekomme.

Ich rufe mir in Erinnerung, was Stokely Carmichael einmal über Rassismus und unsere Reaktion darauf gesagt hat: »Wenn mich ein Weißer lynchen will, dann ist das sein Problem, aber wenn er die Macht hat, mich tatsächlich zu lynchen, dann ist es mein Problem.« Also lasse ich mich nicht von sensationsheischender Rhetorik oder Beleidigungen aus dem Konzept bringen, die man mir entgegengeschleudert. Stattdessen konzentriere ich mich auf die Menschen, die die Macht haben, Systeme der Unterdrückung aufrechtzuerhalten oder aufzubauen.

Im Präsidentschaftswahlkampf 2016 missfiel Präsidentschaftskandidat Donald Trump, dass ich am 8. September auf CNN meine Unterstützung für Hillary Clinton bekundete, daher trollte er mich und twitterte:

> *@realDonaldTrump Henry McMaster, Vizegouverneur von South Carolina, der mich unterstützt, hat den gescheiterten @CNN-Kommentator Bakari Sellers vernichtend geschlagen. Funny.*

Dann blockierte er mich, damit ich nicht darauf antworten konnte. Trotzdem twitterte ich zurück.

> *Temperament. Wenn ich Sie auf @CNN ärgern kann, wie wollen Sie dann Putin begegnen, @realDonaldTrump? 60 Tage bis zur Wahl, und Sie regen sich über einen Jungen aus SC auf. Traurig.*

Ich sehe einen großen Unterschied zwischen diesem Geplänkel und Trumps gefährlicher Rhetorik sowie seinen Handlungen, etwa wenn er Einwandererkinder von ihren

Eltern trennt und in Käfige sperrt, eine Mauer nach Mexiko bauen will, die historischen afroamerikanischen Colleges ausbluten lassen will und … Die Liste ließe sich natürlich noch beliebig lange fortsetzen. Was mich wirklich beschäftigt, sind Regierende, die ihren eigenen Bürgern den Zugang zu Krankenhäusern, anständigen Schulen und sauberem Trinkwasser verwehren.

Trotz Trumps Kritik an meiner Unterstützung für Hillary Clinton werde ich von CNN weiter als politischer Kommentator dafür bezahlt, meinen Standpunkt und meine Sicht der Dinge aufgrund meiner Erfahrungen im Leben darzulegen – politischer oder anderer Erfahrungen.

Ich war überzeugt, dass Hillary die Wahlen 2016 gewinnen würde. Wie viele Menschen im Land dachte ich, dass sich zumindest die weißen Frauen mit den nicht weißen Wählern zusammentun und eine Frau anstelle von Trump wählen würden, der keinen Hinweis darauf gab, dass ihm die Interessen der Frauen am Herzen lagen.

Im Wahljahr machte ich Wahlkampf für Hillary Clinton und lernte die ehemalige First Lady, US-Senatorin und Außenministerin näher kennen. Sie trat auch in Denmark auf, wo sie an der Denmark-Olar Elementary School sprach. Ihre Anhänger drängten sich in der Sporthalle der Schule, um ihre Vision zu einem Thema zu hören, das mir ganz klar am Herzen liegt: Wie hilft man Not leidenden Kommunen, etwa unseren Landstädtchen in Bamberg County? Die dreihundert Zuhörer, die meisten Afroamerikaner, wollten wissen, ob Hillary das System der Sozialversicherung reformieren und ihnen sauberes Trinkwasser bescheren würde. Ich erklärte den versammelten Medienleuten, ihr Besuch beweise, dass nicht nur die Stadt Flint in Michigan Probleme mit verunreinigtem Trinkwasser habe.

Hillary lud mich auch ein, beim Nationalen Parteitag der Demokraten zu sprechen; eine Gelegenheit, die ich dankbar wahrnahm. Noch dazu konnte ich ihren Auftritt für CNN von der Pressetribüne begleiten.

Für politische Kommentatoren ist die Berichterstattung in der Wahlnacht quasi der Superbowl. Vor der magischen Nacht hofft natürlich jeder, einen Anruf von den CNN-Chefs zu erhalten, dass man zusammen mit John King und der »Magic Wall« zu sehen sein wird, mit Wolf Blitzer, Jake Tapper, Dana Bash oder Anderson Cooper – so ein Auftritt ist einfach unvergleichlich. Ich wollte ihn unbedingt. Ich wollte Teil dieses Wahlnacht-Superbowls sein, wenn dreißig Millionen Zuschauer CNN einschalten.

Ich war aufgeregt und fühlte mich geehrt, als ich den ersehnten Anruf von Rebecca Kutler erhielt, der CNN-Vizepräsidentin, und mein Name im Mail-Verteiler stand, als unser Einsatzplan für den Wahltag festgelegt wurde. Ganz ehrlich: Alle am Set glaubten, dass Donald Trump eine vernichtende Niederlage kassieren würde. Meine Prognose lautete, dass Hillary Clinton dreihundertdreißig Wahlmännerstimmen erhalten würde, ähnlich wie Barack Obama bei den Wahlen 2012, der damals einen erdrutschartigen Sieg verbuchen konnte.

Am Abend vor der Wahl unterhielt ich mich mit Steve Schale, einem Politikstrategen und -guru in Florida. Er hatte Obamas Wahlkampf 2008 im »Sunshine State« geleitet und 2012 als Wahlkampfberater fungiert. Gloria Borger, die leitende politische Analystin bei CNN, hatte ebenfalls am Vorabend mit Schale gesprochen. Er sagte uns beiden, er habe dreizehn Wahlsimulationen durchgeführt, und Hillary habe in allen außer einer gewonnen. Wir waren wirklich zuversichtlich.

Einige Tage vor der Wahl hatte mich eine Kommunikationsstrategin aus Hillarys Team angerufen, Adrienne Elrod. »Hillary Clinton würde Sie gern zu einer vierstündigen Wahlparty im Javits Center einladen. Sie würde sich wirklich sehr über Ihr Kommen freuen. Und sie würde Ihnen bei dieser Feier gern gratulieren und Ihnen für die großartige Arbeit danken, die Sie geleistet haben.«

Ich wusste, dass ich beim Sender sein musste, ich war für 16 bis 19 Uhr eingeteilt, was bedeutete, dass wir die Primetime einleiteten. Ich wollte natürlich dabei sein, wenn Geschichte geschrieben werden würde, aber ich wollte den Moment aus dem Blickwinkel der Medien in Washington D.C. verfolgen, am Set von CNN. Doch bevor ich die Einladung ablehnte, sprach ich mit Ellen und Kai. Ich wollte sie am Wahltag in meiner Nähe haben, aber ich wusste auch, wie sehr sie sich darauf freuten, dass bald eine Frau an der Spitze der freien Welt stehen würde. Vielleicht wollten sie doch lieber die Chance nutzen, um in New York City bei der Präsidentschaftskandidatin selbst zu sein. Doch Ellen war mit allem einverstanden und überließ mir die Entscheidung. Also entschied ich mich für CNN.

In der Wahlnacht keimte Hoffnung auf, als Hillary den Staat Virginia gewann. Und natürlich zählten wir auf die »Blaue Mauer« – Bundesstaaten mit demokratischer Mehrheit wie Pennsylvania, Wisconsin und Michigan –, doch als Trump immer mehr Blöcke aus dieser Mauer löste, wurde mir klar, dass es alles andere als gut lief.

Nach meiner Sendezeit sollte ich ein Public Viewing in einem Club in D. C. moderieren. Wir schmuggelten Kai mit rein, die damals erst zehn war, doch ich wollte sie unbedingt bei mir haben, wenn erstmals eine Frau zur Präsidentin der Vereinigten Staaten gewählt werden würde. Aber natürlich kam es nicht dazu. Ich hatte das Gefühl, ich hätte Kai im Stich gelassen. Ich hätte ihr diese Enttäuschung gern erspart, denn wie so viele andere war sie am Boden zerstört. Ellen, Kai und ich brachen auf, bevor der Sieger endgültig feststand, und gingen zurück in unser Hotel. Ich ließ den Fernseher aus. Ich glaube, Trumps Sieg wurde um 3 Uhr morgens verkündet, aber wir lagen schon um 1 Uhr im Bett – ich hatte »einen in der Krone«, wie man so schön sagt, irgendwie musste ich meinen Kummer ertränken.

Kai wachte am nächsten Morgen weinend auf und hatte Angst, dass ihr Tennislehrer ausgewiesen werden würde. Ihre Angst war echt – sie gründete auf Trumps Rhetorik, der Fremdenfeindlichkeit und dem Fanatismus, den er schürte. Ein zehnjähriges Mädchen hatte deswegen Angst. Wenn ich heute auf diesen Moment zurückblicke, ist er ein Sinnbild für die tiefen Risse, die unser Land durchziehen.

Der Mythos

Von Barack Obama zu Donald Trump gibt es eine direkte, hässliche Verbindung. Die Obama-Ära war eine Zeit, die Jamelle Bouie vom Online-Magazine *Slate* als Détente zwischen Schwarzen und Weißen bezeichnete, als vorübergehende Phase der Entspannung, in der die Feindseligkeiten zu Beginn von Obamas Präsidentschaft abebbten, aber dann wieder hochkochten und schließlich zur Wahl Donald Trumps führten. Ich erwähne das, weil ich ein für alle Mal mit der sogenannten Theorie aufräumen will, dass die Wähler in diesem Land aufgrund wirtschaftlicher Ängste für Trump gestimmt hätten. Das glaube ich einfach nicht. Man müsste schon von sehr massiven finanziellen Sorgen geplagt sein, um vor dem Rassismus, Fanatismus, der Frauenfeindlichkeit und Fremdenangst dieses Kandidaten die Augen zu verschließen. Die Angst, die alle anderen Faktoren ausschaltete, war nicht wirtschaftlicher, sondern kultureller Natur – die Angst, dass schwarze und andere Menschen irgendwie die Weißen verdrängen könnten. 2042 werden die sogenannten Minderheiten in den USA in der Mehrheit sein, es wird also mehr nicht weiße als weiße US-Bürger geben, was manchen Menschen eine gehörige Angst einjagt. Diese Angst befeuert sowohl unseren aktuellen politischen Diskurs als auch die Rhetorik. Donald Trump spricht diese Angst an und konnte damit die größte politische Bauernfängerei der Welt bewerkstelligen.

Trotzdem glaube ich nicht, dass die Wähler so dumm sind. Ich glaube nicht, dass jemand, der eine goldene Toilette für sein tägliches Geschäft benutzt, plötzlich sein Herz für Fabrikarbeiter entdeckt und für all diejenigen sprechen kann, die tagtäglich in der Fabrik oder auf einer Farm schuften. Ich glaube nicht, dass jemand, dessen Unternehmen auf einem millionenschweren Kredit des eigenen Vaters gründet, die Not und das Elend der arbeitenden Amerikaner versteht. Und ich kann mir auch nicht vorstellen, dass alle Trump-Anhänger Rassisten sind; allerdings waren seine Wähler durchaus bereit, Trumps Ansichten dazu zu ignorieren.

Nach der Wahl Barack Obamas kursierte die These von einem »postrassischen Amerika«. Doch in seiner Abschiedsrede 2017 sagte Obama, »diese Vision, so gut gemeint sie auch gewesen sein mag, war nie realistisch. [Das Konstrukt] Rasse bleibt eine mächtige und häufig spalterische Kraft in unserer Gesellschaft.«

Obama wurde Präsident, weil er eine vielfältige Wählerschaft mobilisieren konnte, die auf der bestehenden demokratischen Wählerschaft aufbaute, außerdem war er ein politisches Ausnahmetalent, das man nur einmal in einer Generation findet. Dennoch kann man die Entwicklung der letzten Jahre oder Trumps Wahl zum Präsidenten nur verstehen, wenn man das Konstrukt »Rasse« und seine Rolle in der amerikanischen Politik begreift.

Gewiss, Rassismus gab es schon immer, doch allein die Tatsache, dass die USA einen schwarzen Präsidenten hatten, trieb die politische Spaltung massiv voran. Die toxische Stimmung in Washington erfasste auch die Politik in den Bundesstaaten. In South Carolina waren die Politiker, darunter auch meine alte Freundin Nikki Haley und mein alter Gegner Henry McMaster, der mittlerweile Gouverneur war, nicht bereit, Maßnahmen in Betracht zu ziehen, die weiße Wähler im wahrsten Sinne des Wortes am Leben erhalten und all unsere Krankenhäuser gerettet hätten. Die Erweiterung von Medicaid hätte 400 000 Arbeitsplätze in South Carolina und Milliarden Dollar an Einnahmen geschaffen. Doch Haley und McMaster und praktisch alle anderen Republikaner waren dagegen, weil sie gegen Obamas Affordable Care Act waren. Trumps Sieg ist ein eindeutiger Beleg dafür, dass Wähler gegen ihre eigenen Interessen stimmen. Das Phänomen ist gewiss nicht neu, doch es war noch nie wahlentscheidend – bis zu Trumps Wahlsieg.

Der Rassismus ist tief in unserer Politik und in unseren politischen Verhältnissen verwurzelt, wie das Schulbuch meines Vaters zeigt. Arme Weiße sind in South Carolina nicht besser dran als arme Schwarze – ich bin mir allerdings nicht sicher, ob ihnen das klar ist. Mein Vater erzählt oft von einem älteren Ehepaar in Bamberg County, das so arm ist, dass die beiden mit dem Rasentraktor zum Einkaufen fahren – genau wie ihre schwarzen Nachbarn. Sie legen ein Holzbrett hinten auf den Mäher, damit sie zu zweit draufsitzen können.

Dieses Ehepaar hat wie alle anderen im ländlichen Süden Mühe, sich über Wasser zu halten. Da South Carolina fest in der Hand der Republikaner ist, wählen ihre Freunde und Verwandten die Republikaner und haben sie schon immer gewählt – und entscheiden sich damit gegen eine Politik, die ihnen helfen könnte, täglich eine Mahlzeit auf den Tisch zu bringen und zu überleben. Denn die von ihnen gewählten Abgeordneten stimmen gegen derartige Maßnahmen, weil bestimmte Gruppen in der Politik und in den Medien glauben, dass diese Politik nur armen Schwarzen helfen würde. Wie lässt sich erklären, dass arme Weiße bei der Wahl gegen ihre eigenen Interessen stimmen?

Mein Vater ist der Ansicht, dass es am Ende auf Stereotype und das »alternative« Geschichtsbild hinausläuft, das den Schülern in South Carolina vermittelt wird – dass wir, die schwarzen Bürger, nicht den geringsten Anteil daran gehabt hätten, dieses Land aufzubauen, dass wir faul seien und uns wie kleine Kinder aufführen würden und dass die Sklavenhalter uns gut behandelt hätten. Manche Leute glauben bis heute, dass der Bürgerkrieg nicht wegen der Sklavenfrage ausgetragen wurde und dass wir South Carolina in der Reconstruction-Ära fast zerstört hätten. Manche Autoren bezeichnen South Carolina deshalb als ein Art Paralleluniversum. Und, na ja, vielleicht hat das auch etwas mit falscher Erziehung und mangelnder Bildung zu tun.

Sei nicht selbstsüchtig im Kampf

Meine Großmutter sagte immer: »Vom Boden kann man nicht runterfallen.« Für mich war das früher eine dieser Weisheiten älterer Leute, die man als Kind nicht so richtig versteht. Doch im Lauf der Zeit, mit mehr Reife, verstand ich genau, was sie meinte.

Viele meiner schwarzen Mitbürger waren nach Donald Trumps Wahlsieg, der ihnen einen Schlag in die Magengrube verpasste, am Boden. Doch da unten befinden wir uns in guter Gesellschaft: homosexuelle Amerikaner, muslimische Amerikaner, Amerikaner mit Behinderung und Frauen jeder Herkunft. Die armen Weißen vom Land sind ebenfalls da unten, der einzige Unterschied besteht darin, dass sie entgegen aller Vernunft erwarten, dass ihnen jemand, zum Beispiel Donald Trump, wieder aufhilft. Wir wurden also zu Boden geworfen – aber tiefer können wir jetzt nicht mehr fallen und auch nicht gestoßen werden.

Die Herausforderung besteht nun darin, den Menschen zu zeigen, dass wir in unserem Kampf nicht selbstsüchtig sein dürfen. Dennoch agieren viele meiner politischen Verbündeten aus den unterschiedlichsten Gründen selbstsüchtig.

Ich sage den Leuten immer, sie werden niemanden finden, der mehr an das Selbstbestimmungsrecht der Frauen glaubt als ich. Ich bin an vorderster Front mit dabei und demonstriere; aber wenn ein weiterer junger schwarzer Mann auf der Straße ermordet wird, ein Mann, der aussieht wie ich, dem man nicht zugesteht, dass er ein menschliches Wesen ist, dann erwarte ich von den gleichen weißen Frauen, mit denen ich demonstriert habe, dass sie auch mit mir demonstrieren. Der Kampf gegen eine unterdrückerische politische Macht erfordert, dass wir füreinander einstehen.

*

Ich könnte ein ganzes Buch zum Thema Rassismus und Religion füllen. Darin würde ich beschreiben, wie sehr mich bei der Spaltung unseres Landes das Schweigen der weißen, männlichen evangelikalen Christen enttäuscht hat. Viele werden jetzt vielleicht die Augen verdrehen, aber ich bin der festen Überzeugung, wahrscheinlich vor Jerry Falwell Jr. und anderen evangelikalen Predigern wie Franklin Graham III (ein Sohn Billy Grahams) an die Reihe zu kommen, wenn es um einen Platz im Himmel geht.

Warum melden sich diese christlichen Anführer nicht zu Wort, als schwarze Männer von der Polizei getötet wurden? Warum unterstützen sie nicht die #MeToo-Bewegung oder kritisieren lautstark, dass Einwandererkinder ihren Familien entrissen werden? Warum haben sie nach dem Aufmarsch der White-Supremacy-Bewegung 2017 in Charlottesville, Virginia, geschwiegen?

Rassismus, Religion und Macht mögen komplexe Themen sein, doch mangelndes Mitgefühl ist ein Vergehen.

*

Barack Obama war im Hinblick auf die Rassenproblematik viel zu vorsichtig, weshalb sich die schwarzen Amerikaner oft mit Reaktionen des Präsidenten abfinden mussten, die für die Situation zu verhalten ausfielen. Wenn man jedoch Konservative und viele Weiße fragt, erhält man zur Antwort, Obama habe sich viel zu oft auf die Seite der Afroamerikaner und gegen die Polizei gestellt. Der Umgang mit der Black-Lives-Matter-Bewegung war daher für Obama besonders heikel. Die Bewegung an sich, die Angriffe der Polizei, gegen die sich die Bewegung richtete, und die Ressentiments, die dadurch bei weißen Bürgern geweckt wurden, werden mit als Gründe für Donald Trumps Wahlsieg 2016 genannt. Ein Großteil der Frustration bei den weißen Bürgern erwuchs aus dem Aufstieg dieser neuen Bewegung und aus Obamas verhaltener Reaktion darauf. Ich bin der Ansicht: Wenn man sich schon auf eine Sache einlässt, dann sollte man sich ihr voll und ganz verschreiben, weil man am Ende sowieso dafür verantwortlich gemacht wird.

Oft handelt es sich um eine Gruppe Menschen, die schon sehr lange so laut schreien, wie sie nur können, aber nicht gehört werden. In den 1960er-Jahren trugen Protestierende und Marschierende der Bürgerrechtsbewegung manchmal ein Schild, auf dem schlicht stand: »Ich bin ein Mensch.« Jetzt haben wir eine neue Welle der Black-Lives-Matter-Bewegung, die das Engagement neu entfacht hat – nicht aus irgendeinem inneren Bedürfnis heraus, sondern aus purer Notwendigkeit.

Die Frage lautet: Wie viele von uns müssen noch ermordet werden, bevor sich etwas tut? Wenn wir darauf warten, dass die ältere Generation der Amerikaner etwas unternimmt, dann ist die Wahrscheinlichkeit, dass sich etwas ändert, sehr gering. Man kann einfach nicht leugnen, dass schwarze Leben zählen, auch wenn manche Leute nun einwenden, dass »*alle* Leben zählen«. Als würde man bei einer Kampagne, die das Bewusstsein für Brustkrebs schärfen soll, erklären, dass jede Krebsform berücksichtigt werden müsse. Natürlich stimmt es, dass alle Leben zählen, doch in unserem Land wird nicht der Wert von Polizistenleben infrage gestellt und auch nicht der Wert von weißen Leben. Der Wert von schwarzen Leben allerdings schon – wie bereits seit vierhundert Jahren.

Ich bin vielleicht kein prominentes Mitglied von Black Lives Matter oder Organisator der Bewegung, aber ich unterstütze sie mit allem, was ich tue. Wir sind uns in bestimmten politischen Punkten und beim Vorgehen nicht ganz einig, aber so ist das nun einmal bei Protestbewegungen – sie sind ungeordnet.

Viele meiner Kollegen sind der Meinung, dass Aktivismus außerhalb des Systems stattfinden sollte. In manchen Fällen ist das sicher angebracht, aber wenn ich mir Menschen wie Julian Bond oder Andrew Young ansehe, dann weiß ich, dass ich als Aktivist von innen heraus wirken will.

Und ich bin nicht allein. Da wäre etwa Wes Bellamy, der im Stadtrat von Charlottesville sitzt; Mandela Barnes, der Vizegouverneur von Wisconsin; Michael Blake, ein Abgeordneter im Parlament des Bundesstaats New York, und viele andere wie beispielsweise Andrew Gillum in Florida und Stacey Abrams in Georgia. Wir sind eine neue Generation von Aktivisten und sehen unsere Aufgabe darin, die Systeme der Unterdrückung von innen heraus abzubauen.

Es gibt viele Menschen und Gruppen, die sich nicht als Antithese zueinander verstehen, sondern in ihrem Kampf gegen Hass, Rassismus und Fanatismus verschiedene Blickwinkel einnehmen. Das alles ist notwendig. Wir hätten heute keinen Civil Rights Act und keinen Voting Rights Act, wenn es nicht die Black-Power-Bewegung und die Southern Christian Leadership Conference sowie all die anderen Organisationen und Aktivisten gegeben hätte. Warum von allen Fronten angreifen? Weil man nicht einfach nur auf der Straße protestieren kann, man braucht auch politische Maßnahmen. Demonstrationen, bei denen mit »I can't breathe«-Rufen gegen den Tod von Eric Garner protestiert wird, bleiben wirkungslos, wenn die Polizei nicht zur Verantwortung gezogen wird, juristisch und mit den entsprechenden Gesetzen.

Ich will dasselbe, was schon mein Vater wollte. Ich will, was alle meine »Tanten« und »Onkel« mit ihrem Einsatz für die Bürgerrechtsbewegung wollten.

Ich will Freiheit.

Wie sieht diese Freiheit aus? Freiheit von Diskriminierung, auch an der Wahlurne. Freiheit von Gewalt – Gewalt in Form von Inlandsterrorismus und Attentaten wie dem, bei dem Clem Pinckney sein Leben verlor, aber auch

Gewalt durch Polizisten, die unbewaffnete Schwarze wie Michael Brown, Eric Garner, Keith Lamont Scott und Walter Scott töteten. Die Freiheit, in Städten und Gemeinden zu leben, in denen unsere Kinder kein mit Blei belastetes Wasser trinken müssen, in denen es Krankenhäuser gibt und die Wohngebiete sicher sind. Ich möchte, dass wir unser Potenzial ausschöpfen können, was bedeutet, dass Chancengleichheit in der Bildung, Wirtschaft und bei den Unternehmen besteht.

Unsere Forderungen sind vielseitiger als zur Zeit meines Vaters. Seine Generation konzentrierte sich auf gleichberechtigten Zugang, ihre Gemeinschaften sollten wirtschaftlich, politisch und sozial ermächtigt werden – sie wollten aber auch an denselben Tischen im Restaurant sitzen, aus denselben Wasserspendern trinken und in dieselben Schulen gehen wie die Weißen.

Ich möchte, dass dieses Land, das ich liebe, Wiedergutmachung leistet für die Sklaverei, die Jim-Crow-Gesetzgebung, die massenhafte Inhaftierung von Schwarzen und für seine ambivalente Haltung zur Polizeigewalt gegen unbewaffnete schwarze Männer.

Wie mein Vater und dessen Vater und auch – da habe ich keine Zweifel – dessen Vater: Wir alle verdienen es, frei und gleich zu sein.

Nachwort

Und ihre Augen schauen

Wir wissen nicht so recht, woher Stokely und Sadie ihre großen Augen haben. Wenn sie einen anschauen, hat man das Gefühl, sie könnten einem direkt in die Seele blicken. Vielleicht rührt die Weisheit in ihrem Blick daher, dass sie kämpfen mussten, um auf die Welt zu kommen, dass sie Hindernisse überwinden mussten, und jetzt verfolgen sie mit großen Augen, was ihre Mom und ihr Dad als Nächstes tun werden.

Nachdem meine Frau die Geburt im Januar 2019 nur knapp überlebt hatte, durften wir alle nach Hause, doch unsere Ängste und Sorgen waren noch lange nicht ausgestanden. Ellen und ich mussten mit ansehen, wie Sadie jeden Tag ein bisschen schwächer wurde. Sadie war mit einer Gallengangsatresie geboren worden, einer seltenen Erkrankung, die ausschließlich bei Neugeborenen auftritt. Einfach ausgedrückt sind die Gallenwege blockiert, wodurch nach und nach die Leber geschädigt wird. Etwa eins von 12 000 Kindern in den USA ist davon betroffen.

Sadies erstes Lebensjahr war für uns alle brutal, aber sie ist eine Kämpfernatur wie Ellen. Es liegt eine echte Tragik darin, dass Sadies Mutter um ihr Leben kämpfen musste, um unsere beiden Kinder auf die Welt zu bringen, und dass die kleine Sadie genauso kämpfen muss, um bei uns zu bleiben. Unser Sohn Stokely hat seine eigene, besondere Stärke entwickelt. Weil wir wegen Sadie so oft unterwegs waren, musste er lange ohne uns auskommen. Ihr Zustand verschlechterte sich immer weiter, und wir konnten nichts dagegen unternehmen. Es gab Nächte, in denen Ellen fragte: »Hat Gott uns dieses Kind geschenkt, um es uns wieder zu nehmen?« Wir zweifelten an unserem Glauben und an den Ärzten – wir zweifelten an allem. Doch am Ende blieb uns nichts anderes, als auf Gott, unseren Glauben und die hervorragenden Ärzte des Duke University Hospital zu vertrauen.

Wir warteten und warteten auf eine Transplantation. Ich musste dafür sorgen, dass Ellen den nächsten Tag überstand. Sadies Bauch schwoll immer mehr an, sie war furchtbar dünn, und ihre Haut war ganz gelb. Dieses monatelange Warten war die Hölle.

Dreiundneunzig Tage standen wir auf der Warteliste für ein Spenderorgan. Jeder Tag war extrem schwierig, weil wir zusehen mussten, wie unsere Tochter starb. Aber manchmal schlägt das Schicksal auf besondere Weise zu.

Am Freitag, dem 30. August, erhielt ich einen panischen Anruf von meiner Nichte Skyla. Im Hintergrund hörte ich meine Frau weinen. Ellens Vater Dr. Rucker war gestorben. Sie hatten ihn auf seinem Traktor gefunden. Er hatte zur Vorbereitung auf die Rotwildjagd Felsen und Steine im Wald weggeräumt und dabei einen Herzinfarkt erlitten. Er starb mitten bei einer Tätigkeit, die er liebte. Also fuhr ich so schnell ich konnte eineinhalb Stunden nach Hause. Ich rief auch meinen Bruder und meine Schwester an, die sich ebenfalls auf den Weg machten. Ellen fuhr schließlich nach Lancaster zu ihrer Familie, doch ich blieb bei den Zwillingen. Kai übernahm die Rolle der Beschützerin ihrer Mutter. Während ich bei Sadie und Stokely war, kümmerte sie sich um Ellen.

Noch am selben Tag rief Ellen an und berichtete, das Duke University Hospital habe sich bei ihr gemeldet, es gebe eine Leber für Sadie. Ich sagte ihr, sie solle sich nicht zu sehr freuen, manchmal kommt in letzter Minute doch noch etwas dazwischen und die Transplantation kommt nicht zustande. Ich erklärte, wir sollten einfach tun, was notwendig war. Am Sonntag packten wir unsere Sachen ins Auto und fuhren zum Krankenhaus. Dort waren wir den ganzen Tag mit Vorbereitungen für die Transplantation beschäftigt. Wir erfuhren, dass die Leber eingetroffen war, wir hörten den Hubschrauber landen. Das gesamte Verfahren ist beeindruckend. Einschließlich der Operation ist alles minutengenau getaktet. Sadie wird vorbreitet, ihre Leber wird entnommen und die andere Leber ist da, um sie ihr einzupflanzen. Keine Sekunde wird vergeudet. Dennoch ist es ein quälender Vorgang für die Angehörigen. Unser kleines Mädchen wird operiert, und ich kann zusammen mit Ellen nur nervös herumsitzen. Aber Ellen war nicht nervös. Sie war in Gedanken damit beschäftigt, die Beisetzung ihres Vaters zu planen. Nach der Transplantation sagte ich Ellen, sie solle zurück nach Lancaster fahren, um mit ihrer Familie zu trauern, während ich drei Tage im Krankenhaus bei Sadie blieb. Kais Vater Vince Carter war eine große Unterstützung. Er kümmerte sich vor und nach der Beerdigung, die am 7. September stattfand, um seine Tochter. Unsere Familie ist vielleicht etwas unkonventionell, aber wir sind immer füreinander da.

Nachdem wir beobachten durften, wie Sadie nach der Transplantation auflebte, wollten wir, dass diese Behandlung allen Kindern mit einem Leberleiden ermöglicht wird, daher gründeten wir am Duke Children's Hospital den *Sadie Ellen Sellers Fund*.

Heute rennt Sadie durchs Haus und gibt fröhlich Küsschen. Sie ist sehr gesprächig, doch Stokely spricht sogar noch mehr. Er sagt einem genau, wie er sich fühlt, und Sadie folgt ihrem Bruder und lacht dabei die ganze Zeit.

Sie hat ihre Krankheit überwunden, und nun ist es an mir, dafür zu sorgen, dass sie auch die Ungerechtigkeiten in unserer Gesellschaft überwinden kann. Ellen und ich sind Eltern dreier schwarzer Kinder in Trumps Amerika, daher müssen wir uns an die Arbeit machen und die Welt verändern. Wir müssen mithelfen, die Systeme der Unterdrückung abzubauen, die so vielen Afroamerikanern das Leben schwer machen. Diese Herausforderung tritt uns klar vor Augen, wenn wir auf unsere Kinder blicken. Wir wollen nicht, dass Sadie und Stokely in einer Welt aufwachsen, in der das Trinkwasser verunreinigt ist oder in der es keine Krankenhäuser gibt. Und ehrlich gesagt: Ich will auch nicht, dass Sadie oder Kai so enden wie Sandra Bland (die wegen eines Verkehrsdelikts verhaftet wurde und später in der Zelle erhängt aufgefunden wurde) oder dass Stokely so endet wie Philando Castile (der bei einer Verkehrskontrolle von der Polizei erschossen wurde). Ich möchte, dass sie leben und eines Tages ihr Potenzial voll ausschöpfen können. Ich möchte, dass sie ihre Chancen erkennen und ihre Träume verwirklichen können.

Ellen und ich stehen vor einer großen Herausforderung. Die Nachwirkungen von Trumps Politik werden auch über seine Amtszeit hinaus zu spüren sein – viele werden uns dauerhaft erhalten bleiben. Das Land wird einen Exorzismus brauchen. Oder wie meine Mutter sagt: »Wir werden viel Weisheit benötigen.«

In einem Interview, das ich John Berman von CNN zu Sadies Transplantation gab, wurde ich auch auf die Zukunft meiner Kinder angesprochen. Ich stellte mir vor, für meine Tochter den Weg zu ebnen. Ich hoffe und glaube, dass sie eines Tages den Schlüssel zu ihrer Zukunft in den Händen halten wird.

»Diese neunzig Tage waren die Hölle«, sagte ich Berman. »Daher sorgen wir jetzt einfach dafür, dass Sadie die nächste Präsidentin der Vereinigten Staaten werden kann.«

Liebe Spenderfamilie,

wir möchten Ihnen mit diesem Schreiben unseren tiefsten Dank aussprechen. Es gibt gar nicht genug Worte, um die Wertschätzung auszudrücken, die wir für Ihre Familie empfinden. Unsere Sadie war sehr krank und brauchte unbedingt eine neue Leber. Ihr Familienmitglied hat unserem kleinen Mädchen ein zweites Leben geschenkt.

Sadie ist ein Zwilling und wurde mit einer seltenen Krankheit geboren, einer Gallengangsatresie. Bis zu ihrer Lebertransplantation war sie ihr ganzes Leben lang krank. Wir standen dreiundneunzig qualvolle Tage lang auf der Warteliste für eine Transplantation, beteten und hofften. Am 30. August veränderte sich unser Leben gleich in mehrerlei Hinsicht. Der Patriarch unserer Familie, Sadies Großvater, starb völlig unerwartet um 9 Uhr morgens, und um 17 Uhr riefen Sadies Ärzte an und sagten, es gebe eine Leber für unser kleines Mädchen.

Wir wissen, dass diese Zeit in Ihrem Leben sehr schmerzlich ist, auch wenn wir Ihre Trauer wohl nie wirklich nachempfinden können. Ihr Verlust tut uns furchtbar leid. Daher möchten wir Ihnen sagen, dass wir größte Hochachtung für Ihre Familie empfinden und Ihnen ewig dankbar sein werden für das Geschenk, das Sie unserem kleinen Mädchen gemacht haben. Ihr Leben wurde dank Ihnen gerettet. Dafür sind wir Ihnen aus tiefstem Herzen dankbar.

Vielen, vielen Dank!

Dank

Im meinem Buch steckt sehr viel Liebe, denn es wäre ohne die Unterstützung, die Ermutigung und das Vertrauen, das so viele Menschen in mich setzten, nie zustande gekommen. Ich kann sie unmöglich alle aufzählen, aber natürlich muss ich zunächst meine Verwandten nennen. Ich habe keine große Familie, aber meine Mutter und mein Vater sind meine Helden, meine Leitsterne im Leben. Sie taten alles, was nötig war, um mir die Werkzeuge an die Hand zu geben, damit ich meine größten Ziele umsetzen konnte. Meine Schwester Nosizwe und mein Bruder Lumumba waren immer für mich da, auch wenn wir unterschiedlichen Zielen im Leben nachgehen. Wir möchten unsere Eltern einfach stolz machen. Und obwohl meine Großeltern nicht mehr am Leben sind, verdanke ich ihnen viel, weil sie als Prediger, beim Militär, als Unternehmer und im Klassenzimmer so viel für uns getan haben. Ihr Dienst an der Gemeinschaft lieferte mir ein wichtiges Vorbild für mein Engagement, aber auch einen Grund, stolz und selbstbewusst zu sein.

Ich bin überzeugt, dass ich ein Kind »der Bewegung« bin. Für alle, die so viel für die Freiheiten, die wir heute haben, geopfert haben: Das ist eine Ode an euch.

»Freundschaft« ist ein viel strapaziertes Wort, doch ich kann den Beitrag, den Jamil »Pop« Williams, Jarrod Loadholt, Brandon Childs, Brian Fitch, Jason Mercer, Rob Hewitt und Anthony Locke zu meinem Leben leisteten, gar nicht genug betonen. Nun, da wir Väter und Ehemänner sind, hoffe ich, dass ihr eines Tages nach diesem Buch greift, den Staub vom Deckel wischt und euren Kindern mit diesen Zeilen zeigt, wie wir alle von Jungen zu Männern wurden.

Auch HarperCollins und meinem dortigen Team gebührt großer Dank. Ich habe bei zwanzig Verlagen in der Hoffnung angefragt, dass sie für meine Ideen empfänglich wären, wurde aber immer abgewiesen. Doch Tracy Sherrod, Judith Curr und Patrik Henry Bass nahmen nicht nur meinen Anruf entgegen, sondern luden mich auch nach New York ein, damit ich mich und meine Geschichte vorstellen konnte. Paul Fedorko, Tatsha Robertson und Crystal Johns haben mich nie aufgegeben und mit mir zusammen trotz aller Rückschläge ein Buch geschaffen, von dem ich hoffe, dass es das Leben vieler künftiger Generationen beeinflussen wird. Ich danke auch Jeff Ourvan für sein sorgfältiges Gegenlesen.

Durch meine vier Jahre am Morehouse College wurde ich zu dem Mann, der ich heute bin. Morehouse hat mir gezeigt, was möglich war, und mich gefordert, damit ich weiterarbeite und wachse, um meine Ziele zu erreichen.

Und zu guter Letzt kommen die emotionalsten Sätze des ganzen Buchs. Ellen, ich liebe dich so sehr. Du bist alles für mich und mir eine echte Partnerin. Weil du mir täglich die Kraft gibst, um die Herausforderungen des Lebens zu bewältigen, kann ich nun mein Herz auf dem Papier ausschütten. Kai, Stokely und Sadie, ich werde jeden Tag alles geben, damit ihr frei sein könnt. Euer Daddy hat euch sehr lieb.